司法試験&予備試験 論文5年過去問

再現答案から 出題趣旨を読み解く。

商法

はしがき

　本書は，平成27年から令和元年まで実施された司法試験の論文式試験のうち，商法科目の問題・出題趣旨・採点実感及びその再現答案と，同じく平成27年から令和元年まで実施された司法試験予備試験の論文式試験のうち，商法科目の問題・出題趣旨及びその再現答案を掲載・合冊した再現答案集です。

　論文式試験において「高い評価」を得るためには，「出題趣旨」が求める内容の答案を作成する必要があります。しかし，単に「出題趣旨」を読み込むだけでは，「出題趣旨」が求める内容の答案像を具体的にイメージするのは困難です。出題趣旨の記述量が少ない予備試験では特にそのように言えます。

　そこで，本書では，極めて高い順位の答案から，不合格順位の答案まで，バランス良く掲載するとともに，各再現答案にサイドコメントを多数掲載しました。サイドコメントは，主観的なコメントを極力排除し，「出題趣旨」から見て，客観的にどのような指摘が当該答案にできるかという基本方針を徹底したものとなっています。順位の異なる各再現答案を比較・検討し，各再現答案に付されたサイドコメントを読むことによって，**「出題趣旨」が求める内容の答案とはどのようなものなのかを具体的に知ることができます。**そして，再現答案から「出題趣旨」を読み解き，当該答案がどうして高く，又は低く評価されたのかを把握することによって，いわゆる**「相場観」**や**「高い評価」**を獲得するためのコツ・ヒントを得ることができるものと自負しております。

　本書をご活用して頂くことにより，皆様が司法試験・司法試験予備試験に合格なさることを心から祈念致します。

2020年4月吉日

株式会社　東京リーガルマインド
ＬＥＣ総合研究所　司法試験部

目次

【司法試験予備試験】

平成 27 年

平成 28 年

平成 29 年

平成 30 年

令和元年

司法試験

平成27年

[民事系科目]

〔**第2問**〕（配点：１００〔**設問１**〕から〔**設問３**〕までの配点の割合は，４：４：２〕）

次の文章を読んで，後記の〔**設問１**〕から〔**設問３**〕までに答えなさい。

1. 甲株式会社（以下「甲社」という。）は，A，B及びS株式会社（以下「S社」という。）の出資により平成１９年に設立された取締役会設置会社である。甲社では，設立以来，Aが代表取締役を，B及びCが取締役をそれぞれ務めている。

   甲社の発行済株式の総数は８万株であり，Aが４万株を，Bが１万株を，S社が３万株をそれぞれ有している。甲社は，種類株式発行会社ではなく，その定款には，譲渡による甲社株式の取得について甲社の取締役会の承認を要する旨の定めがある。

2. 甲社は，乳製品及び洋菓子の製造販売業を営んでおり，その組織は，乳製品事業部門と洋菓子事業部門とに分かれている。

   乳製品事業部門については，Aが業務の執行を担当しており，甲社の工場で製造した乳製品を首都圏のコンビニエンスストアに販売している。

   また，洋菓子事業部門については，Bが業務の執行を担当しており，甲社の別の工場（以下「洋菓子工場」という。）で製造した洋菓子を首都圏のデパートに販売している。甲社は，世界的に著名なP社ブランドの日本における商標権をP社から取得し，その商標（以下「P商標」という。）を付したチョコレートが甲社の洋菓子事業部門の主力商品となっている。

3. S社は，洋菓子の原材料の輸入販売業を営んでおり，S社にとって重要な取引先は，甲社である。

4. 平成２２年１月，甲社は，関西地方への進出を企図して，マーケティング調査会社に市場調査を委託し，委託料として５００万円を支払った。

5. Bは，関西地方において洋菓子の製造販売業を営む乙株式会社（以下「乙社」という。）の監査役を長年務めていた。Bの友人Dが乙社の発行済株式の全部を有し，その代表取締役を務めている。

   平成２２年３月，Bは，Dから乙社株式の取得を打診され，代金９０００万円を支払って乙社の発行済株式の９０％を取得した。Bは，この乙社株式の取得に際して，A及びCに対し，「乙社の発行済株式の９０％を取得するので，今後は乙社の事業にも携わる。」と述べたが，A及びCは，特段の異議を述べなかった。Bは，この乙社株式の取得と同時に，乙社の監査役を辞任して，その顧問に就任し，その後，連日，乙社の洋菓子事業の陣頭指揮を執った。また，Bは，同年４月以後，月１００万円の顧問料の支払を受けている。

   平成２２年４月，乙社は，業界に知人の多いBの紹介により，チョコレートで著名なQ社ブ

ランドの商標（以下「Ｑ商標」という。）を日本において独占的に使用する権利の設定を受けた。

6．平成２２年５月，Ｂは，甲社におけるノウハウを活用するため，洋菓子工場の工場長を務めるＥを甲社から引き抜き，乙社に転職させた。Ｅの突然の退職により，甲社の洋菓子工場は操業停止を余儀なくされ，３日間受注ができず，甲社は，その間，１日当たり１００万円相当の売上げを失った。

7．その後，乙社は，関西地方のデパートへの販路拡大に成功し，平成２１事業年度（平成２１年４月から平成２２年３月まで）に２００万円であった乙社の営業利益は，翌事業年度には１０００万円に達した。

8．平成２３年４月，甲社は，乙社が関西地方においてＱ商標を付したチョコレートの販路拡大に成功したことを知り，関西地方への進出を断念した。

〔設問1〕　上記1から8までを前提として，Ｂの甲社に対する会社法上の損害賠償責任について，論じなさい。

9．平成２３年７月，Ｂは，甲社の取締役を辞任した。Ｂに代わり，Ｆが甲社の取締役に就任し，洋菓子事業部門の業務の執行を担当するようになったが，Ｂの退任による影響は大きく，同部門の売上げは低迷した。

10．平成２４年５月，甲社は，洋菓子事業部門の売却に向けた検討を始め，丙株式会社（以下「丙社」という。）との交渉の結果，同部門を代金２億５０００万円で丙社に売却することとなった。その際，甲社の洋菓子事業部門の従業員については，一旦甲社との間の雇用関係を終了させた上で，その全員につき新たに丙社が雇用し，甲社の取引先については，一旦甲社との間の債権債務関係を清算した上で，その全部につき新たに丙社との間で取引を開始することとされた。その当時，甲社が依頼した専門家の評価によれば，甲社の洋菓子事業部門の時価は，３億円であった。

11．上記の洋菓子事業部門の売却については，その代金額が時価評価額より安価である上，株主であるＳ社が得意先を失うことになりかねず，Ｓ社の反対が予想された。

　　平成２４年７月２日，Ａは，洋菓子事業部門の売却をＳ社に知らせないまま，甲社の取締役会を開催して，取締役の全員一致により，洋菓子工場に係る土地及び建物を丙社に代金１億５０００万円で売却することを決議した上で，丙社と不動産売買契約を締結し，丙社は，甲社に対し，直ちに代金を支払った（以下「第１取引」という。）。

　　また，その１０日後の平成２４年７月１２日，Ａは，甲社の取締役会を開催して，取締役の全員一致により，Ｐ商標に係る商標権を丙社に代金１億円で売却することを決議した上で，丙社と商標権売買契約を締結し，丙社は，甲社に対し，直ちに代金を支払った（以下「第２取引」

という。)。

　　第１取引及び第２取引に係る売買契約においては，甲社が洋菓子事業を将来再開する可能性
を考慮して，甲社の競業が禁止されない旨の特約が明記された。

　　なお，甲社の平成２４年３月３１日時点の貸借対照表の概要は，資料①のとおりであり，そ
の後，同年７月においても財務状況に大きな変動はなかった。また，同月２日時点の洋菓子事
業部門の資産及び負債の状況は，資料②のとおりであり，資産として，洋菓子工場に係る土地
及び建物（帳簿価額は１億５０００万円）並びにＰ商標（帳簿価額は１億円）があるが，負債
はなかった。

12. 平成２４年７月下旬，第１取引及び第２取引に基づき，洋菓子工場に係る不動産の所有権
移転登記及びＰ商標に係る商標権移転登録がされた。

13. 平成２４年８月，甲社が第１取引及び第２取引をしたことを伝え聞いたＳ社は，Ａに対し，
甲社において株主総会の決議を経なかったことにつき強く抗議し，翻意を促した。

〔設問２〕　第１取引及び第２取引の効力に関する会社法上の問題点について，論じなさい。

14. 平成２５年６月，甲社は，将来の株式上場を目指して，コンビニエンスストア市場に精通
した経営コンサルタントであるＧとアドバイザリー契約を締結した。その際，甲社は，このア
ドバイザリー契約に基づく報酬とは別に，甲社株式が上場した場合の成功報酬とする趣旨で，
Ｇに対し，新株予約権を発行することとした。

15. 上記の新株予約権（以下「本件新株予約権」という。）については，①Ｇに対して払込みを
させないで募集新株予約権１０００個を割り当てること，②募集新株予約権１個当たりの目的
である株式の数を１株とすること，③各募集新株予約権の行使に際して出資される財産の価額
を５０００円とすること，④募集新株予約権の行使期間を平成２５年７月２日から２年間とす
ること，⑤募集新株予約権のその他の行使条件は甲社の取締役会に一任すること，⑥募集新株
予約権の割当日を同月１日とすること等が定められた。

　　平成２５年６月２７日，甲社の株主総会において，Ｇに特に有利な条件で本件新株予約権を
発行することを必要とする理由が説明されたところ，Ｂは，募集新株予約権のその他の行使条
件を取締役会に一任することはできないのではないかと主張し，これに反対したが，Ａ及びＳ
社の賛成により，上記の内容を含む募集事項が決定された。これを受けて，甲社の取締役会が
開催され，取締役の全員一致により，「甲社株式が国内の金融商品取引所に上場された後６か
月が経過するまでは，本件新株予約権を行使することができない。」とする行使条件（以下「上
場条件」という。）が定められた。

　　平成２５年７月１日，甲社は，Ｇとの間で新株予約権割当契約を締結し，Ｇに対し，本件新

株予約権１０００個を発行した。

16. その後，Gは，上記のアドバイザリー契約に基づき，甲社に様々な施策を提言し，Gのアドバイスにより製造した低カロリーのヨーグルトが好評を博するなど，甲社の業績は向上したが，本件新株予約権の行使期間内に上場条件を満たすには至らない見込みとなった。

平成２６年１２月上旬，Aは，Gから，「上場すると思っていたのに，これでは割に合わない。せめて株式を取得したいので，上場条件を廃止してほしい。」との強い要請を受けた。Aは，取締役会で上場条件を廃止することができるのか疑問を持ったが，Gの態度に押され，同月１１日，C及びFを呼んで甲社の取締役会を開催し，取締役の全員一致により上場条件を廃止する旨の決議をした。同日，甲社は，Gとの間で，上場条件を廃止する旨の新株予約権割当契約の変更契約を締結した。

平成２６年１２月１２日，Gは，行使価額である５００万円の払込みをして本件新株予約権を行使し，Gに対し，甲社株式１０００株が発行された。

〔設問３〕 上記16で発行された甲社株式の効力に関する会社法上の問題点について，論じなさい。

【資料①】

貸借対照表の概要
（平成２４年３月３１日現在）

（単位：円）

科目	金額	科目	金額
（資産の部）		（負債の部）	
流動資産		（略）	（略）
（略）	（略）	負債合計	200,000,000
		（純資産の部）	
固定資産		株主資本	500,000,000
有形固定資産	（略）	資本金	400,000,000
建物	100,000,000	資本剰余金	100,000,000
土地	400,000,000	資本準備金	100,000,000
（略）	（略）	その他資本剰余金	－
無形固定資産	（略）	利益剰余金	－
商標権	100,000,000	利益準備金	－
（略）	（略）	その他利益剰余金	－
		純資産合計	500,000,000
資産合計	700,000,000	負債・純資産合計	700,000,000

（注）「－」は，金額が０円であることを示す。

【資料②】

洋菓子事業部門の資産及び負債の状況
（平成２４年７月２日現在）

（単位：円）

資産		負債	
項目	帳簿価額	項目	帳簿価額
建物	50,000,000		
土地	100,000,000		
商標権	100,000,000		
資産合計	250,000,000	負債合計	－

（注）「－」は，金額が０円であることを示す。

▶ MEMO

【民事系科目】

〔第２問〕

　本問は，会社法上の公開会社でない取締役会設置会社（甲社）において，取締役の競業行為等についての競業避止義務違反又は忠実義務違反の成否とその違反が成立する場合における取締役の損害賠償責任（設問１），会社の重要な事業の一部を二つの資産売買に分けて第三者に売却する取引についての会社法上の規律とそのような取引の効力（設問２），株主総会の決議により新株予約権の行使条件の決定を取締役会に委任すること及び取締役会の決議により当該行使条件を廃止することについての法的瑕疵の有無とそのような新株予約権の行使により発行された株式の効力（設問３）に関し，会社法上の規律の基礎的な理解とともに，その応用を問う問題である。

　設問１では，まず，首都圏で洋菓子の製造販売業を営む甲社の取締役Ｂが，関西地方において同種の事業を営む乙社の事業に関連して行った競業行為に関し，競業避止義務違反（会社法第３５６条第１項第１号，第３６５条第１項）が成立するかどうかについて，事案に即して丁寧に論ずることが求められる。

　会社法第３５６条第１項第１号所定の「自己又は第三者のために・・・取引をしようとするとき」については，その「取引」が個々の取引行為をいうものとされていること，「自己又は第三者のために」の解釈につき計算説と名義説とがあることを意識しつつ，取締役Ｂが自己又は第三者のために取引をしたかどうかを検討する必要がある。その際，個々の取引は乙社名義で行われ，Ｂは乙社の代表取締役ではないことを踏まえながら，Ｂは，乙社の発行済株式の９０％を取得し保有していること，Ｂは，連日，乙社の洋菓子事業の陣頭指揮を執っていたこと，Ｂは，乙社の顧問として，毎月１００万円の顧問料の支払を受け，洋菓子工場の工場長Ｅの引き抜きやＱ商標の取得に関与したことなどの事情（事実上の主宰者性）に着目すべきである。

　甲社と乙社の市場は，設問１の時点では，地理的に競合しているとはいえない。そこで，甲社が乙社の市場（関西地方）への進出を具体的に企図していた場合に，Ｂによる乙社の取引が甲社の「事業の部類に属する取引」（会社法第３５６条第１項第１号）に該当するかどうかについても論ずるべきであり，乙社が，甲社と同様に，洋菓子の製造販売業を営み，著名な商標を付したチョコレートをデパートに販売していることのほか，甲社は，既にマーケティング調査会社に関西地方の市場調査を委託し，委託料５００万円を支払済みであることを具体的に指摘する必要がある。

　取締役会設置会社において取締役が競業取引をしようとする場合には，取締役会において当該取引につき重要な事実を開示し，その承認を受けることを要する（会社法第３５６条第１項，第３６５条第１項）。Ｂが，Ａ及びＣに対し，「乙社の発行済株式の９０％を取得するので，今後は乙社の事業にも携わる。」と述べたところ，Ａ及びＣは特段の異議を述べなかったという事実関係の下で，このような手続的要件が満たされるかどうかを論じなければならない。

　会社法第３５６条第１項違反が成立する場合には，その取引によって取締役又は第三者が得た利益の額が，甲社の損害の額と推定される（同法第４２３条第２項）。本件では，このように推定される損害の額は幾らなのか，すなわち，第三者である乙社の得た利益の額とみるべきか，又は取締

役Bが得た利益の額とみるべきかについて，「自己又は第三者のために・・・取引をしようとするとき」という要件の当てはめとの論理的な整合性も意識しつつ，論ずることが求められる。そして，具体的な損害の額に関しては，乙社が得た利益としては，平成２２事業年度における営業利益の増額分８００万円を，Bが得た利益としては，上記８００万円にBの持株比率である９０％を乗じた額（７２０万円）ないしBが乙社から受領した顧問料（１００万円に月数を乗じた額）を挙げることなどが考えられ，これらと本件競業取引との間の相当因果関係について検討する必要がある。

本件では，甲社の取締役Bの競業行為の結果，会社法第４２３条第２項により推定される損害の額とは別に，現に甲社に損害が生じているとして，同条第１項に基づく損害賠償請求が可能かどうかについても，検討する必要がある。具体的には，甲社がマーケティング調査会社に支払った５００万円の委託料について，Bの任務懈怠との間に相当因果関係があるかどうかなどを論ずることとなる。仮に，Bについて同法第３５６条第１項違反が成立しないとの結論を採った場合においても，甲社に生じた損害について，別途，同法第４２３条第１項に基づく損害賠償請求の可否を論ずることとなる。

次に，Bによる洋菓子工場の工場長Eの引き抜きについては，引き抜き行為自体を「競業取引」と評価することは困難であるが，会社法第３５５条所定の忠実義務違反を原因とする同法第４２３条第１項に基づく損害賠償請求の可否が検討されるべきである。Eが甲社において重要な地位にあったこと，Eの突然の退職により甲社の洋菓子工場は操業停止を余儀なくされ，３日間受注ができず，１日当たり１００万円相当の売上げを失ったこと，Bは甲社の洋菓子事業部門の業務執行担当取締役であり，当該事業部門の利益を守るべき立場にあったことなどを踏まえると，Bには任務懈怠が認められるであろう。この場合には，損害の額に関する推定規定はなく，損害賠償責任の有無及びその額について丁寧に論ずる必要がある。

設問２では，まず，甲社が，会社の事業の一部（洋菓子事業部門）を二つの資産売買に分けて丙社に売却した取引に関し，これらを全体として事業譲渡と評価すべきかどうか，株主総会の特別決議が必要となる「事業の重要な一部の譲渡」（会社法第４６７条第１項第２号）に該当するかどうかについて，事案に即して論ずることが求められる。

甲社の洋菓子事業部門が二つの資産売買に分けて丙社に譲渡されたことに関しては，洋菓子工場に係る不動産とP商標に係る商標権とにつき，各別の売買契約が締結され，それぞれ各別に債務が履行されたという形式を重視すれば，二つの「重要な財産の処分」（会社法第３６２条第４項第１号）がされたものと評価することとなる。これに対し，当初，甲社と丙社との間では，甲社の洋菓子事業部門の全体を代金２億５０００万円で売却する旨の交渉がされていたという経緯，上記の各売買契約及びそれぞれの取締役会決議の時間的近接性，甲社の洋菓子事業部門に従事する従業員の全員が引き続き丙社に雇用されたこと，甲社の取引先についても実質的にその全部が丙社に引き継がれたこと，甲社の代表取締役Aは，株主であるS社が洋菓子事業部門の売却に反対する可能性が高いため，株主総会の特別決議を潜脱する意図で本件の取引を行ったと推測されることなどの事情を重視すれば，実質的に全体として「事業の重要な一部の譲渡」（会社法第４６７条第１項第２号）がされたものと評価することとなる。この点についての問題意識が明らかにされる必要がある。

会社法第４６７条（旧商法第２４５条）により株主総会の特別決議による承認を必要とする事業譲渡の意義について，判例（最高裁昭和４０年９月２２日大法廷判決・民集１９巻６号１６００頁参照）は，会社法第２１条（旧商法第２４条）以下と同一の意義であって，①一定の営業目的のた

めに組織化され，有機的一体として機能する財産（得意先関係等の経済的価値のある事実関係を含む。）の全部又は重要な一部を譲渡し，②これによって，譲渡会社がその財産によって営んでいた営業的活動の全部又は重要な一部を譲受人に受け継がせ，③譲渡会社がその譲渡の限度に応じ法律上当然に競業避止義務を負う結果を伴うものをいう旨判示している。この点について，①の要件が不可欠であることにほぼ争いはないが，②及び③の要件が不可欠であるかどうかについては解釈上の争いがあるところ，事業譲渡に株主総会の特別決議が要求される趣旨を踏まえ，いずれかの立場に立った上で，本件の事案に当てはめて，会社法第467条所定の事業譲渡に該当するかどうかを論ずることが求められる。特に，本件では，当事者間の特約により，競業避止義務が明示的に排除されていることに留意すべきである。

　事業譲渡に該当するとした場合には，更に，事業の「重要な」一部の譲渡に当たるかについても，論ずる必要がある。その際には，重要性の判断基準を示した上で，質的・量的な側面から問題文の事実を具体的に当てはめるとともに，貸借対照表等の資料を分析して，株主総会の特別決議を要しないこととなる形式基準（会社法第467条第1項第2号括弧書き，同法施行規則第134条第1項）を満たすかどうかについても，検討することが求められる。この資料によれば，譲り渡す資産の帳簿価額は2億5000万円であり，甲社の総資産額は7億円であって，前者が後者の5分の1を上回るから，上記の形式基準を満たさない。

　次に，本件では，会社法上の必要な手続を欠く場合の事業譲渡の効力について，論ずる必要がある。この点について，会社法上特別の規定はないところ，判例（最高裁昭和61年9月11日第一小法廷判決・民集148号445頁参照）は，事業譲渡契約は，株主総会の特別決議によって承認する手続を経由していなければ，無効であり，その無効は，広く株主・債権者等の会社の利害関係人の保護を目的とするものであるから，何人との関係においても常に無効である旨判示している。このような考え方のほかに，善意無過失の譲受人を保護するために相対的無効とみる考え方などもあり得るが，甲社の株主であるS社の保護，譲受人である丙社の保護の観点等を考慮しつつ，説得的な論述をすることが求められる。

　仮に，本件について事業譲渡に該当しないとした場合には，本件の取引が「重要な財産の処分」（会社法第362条第4項第1号）に該当するかどうかを検討することとなる。その際には，重要性の判断基準について，判例（最高裁平成6年1月20日第一小法廷判決・民集48巻1号1頁参照）は，当該財産の価額，その会社の総資産に占める割合，当該財産の保有目的，処分行為の態様及び会社における従来の取扱い等の事情を総合的に考慮して判断すべきものと判示しているところ，本件でも，事案に即して論ずる必要がある。結論として，第1取引及び第2取引のいずれも「重要な財産の処分」に該当すると評価することになろうが，その場合には，いずれについても取締役会の決議を経ているので，会社法上の手続的要件は満たされていることとなる。

　第3問では，会社法上の公開会社でない会社における新株予約権の発行に関する規律を念頭に置きつつ，①株主総会の決議により新株予約権の行使条件（上場条件）の決定を取締役会に委任することの可否，②仮に，このような委任ができるとした場合に，当該行使条件を取締役会の決議により廃止することの可否を論じた上で，③瑕疵のある手続により発行された新株予約権の行使により発行された株式の効力，又は行使条件に反した新株予約権の行使により発行された株式の効力について，論理的に整合した論述をすることが求められる。

　まず，会社法上の公開会社でない会社においては，同法第238条第1項第1号所定の「募集新

株予約権の内容」の決定は，株主総会の特別決議を要し，取締役会に委任することができない（同法第238条第2項，第239条第1項第1号）ところ，新株予約権の行使条件は「募集新株予約権の内容」に含まれ，その決定を取締役会に委任することができないという考え方と，取締役会への委任を許容する考え方とがあるが，いずれの考え方によるかを明らかにしつつ，新株予約権の発行手続における瑕疵の有無を論ずることが求められる。そして，仮に，新株予約権の行使条件の決定を取締役会に委任することが可能であるとした場合でも，取締役会において当該行使条件の廃止を決議することができるかどうかについては，株主総会による委任の趣旨を検討しつつ，論ずる必要がある。本件では，経営コンサルタントGに対する新株予約権の発行が，甲社株式が上場した場合の成功報酬とする趣旨であったことから，取締役会における上場条件の廃止の決議は，株主総会による授権の範囲を超えて無効であると解することもできるであろう。

　新株予約権の発行手続に瑕疵があるとした場合には，そのような発行手続の法令違反が新株予約権の発行の無効原因となるか（なお，新株予約権の発行の無効の訴えの出訴期間である1年は既に経過している（会社法第828条第1項第4号）。），そのような新株予約権の行使により発行された株式が無効となるかについて，検討する必要がある。これに対し，新株予約権の発行は適法であるが，上場条件の廃止が無効であるとした場合には，甲社において上場条件は新株予約権の重要な内容を構成しており，上場条件に反した新株予約権の行使による株式の発行については，既存株主の持株比率がその意思に反して影響を受けるため，重大な瑕疵があるものとして，当該株式が無効となるのではないかという点について，検討する必要がある。

　第3問については，旧商法の下における判例（最高裁平成24年4月24日第三小法廷判決・民集66巻6号2908頁参照）を参考にしながら，会社法上の公開会社でない会社における新株予約権の発行等について，会社法の条文及び制度趣旨を踏まえた検討が望まれる。

採点実感等に関する意見

1 出題の趣旨等

既に公表されている「平成２７年司法試験論文式試験問題出題趣旨」に，特に補足すべき点はない。

2 採点方針及び採点実感

(1) 民事系科目第２問は，商法分野からの出題である。これは，事実関係を読み，分析し，会社法上の論点を的確に抽出して各設問に答えるという，基本的な知識と，事例解析能力，論理的思考力，法解釈・適用能力等を試すものであり，従来と同様である。

その際，論点について過不足なく記述があり，多少の不足があっても，記載順序が論理的である答案や，法律要件と法律効果とが整理されている答案は，高く評価した。また，制度趣旨を示しつつ，条文解釈を行い，問題文中にある積極方向・消極方向の様々な事情を摘示しながら適切に当てはめを行う答案も，高く評価した。これらも，従来と同様である。

(2) 設問１について

ア 全体的な採点実感

設問１は，取締役の競業に関する行為等の競業取引規制違反又は忠実義務違反の成否と，その違反が成立する場合における取締役の損害賠償責任について，問うものである。

まず，甲社の取締役Ｂが，関西地方において同種の事業を営む乙社の事業に関連して行った競業行為に関し，競業取引規制（会社法第３５６条第１項第１号，第３６５条第１項）が適用されるか否かについて，論ずることが求められる。この点については，ほとんどの答案が競業取引規制違反について論じていたが，中には，同法第３５６条第１項第３号の利益相反取引について論ずる答案や，取締役の善管注意義務違反についてのみ論ずる答案もあり，全般的には，本問の事実関係の下で，以下の諸点について丁寧に論じた答案は多くは見られなかった。

すなわち，会社法第３５６条第１項第１号所定の「取締役が自己又は第三者のために・・・取引をしようとするとき」については，その「取引」が個々の取引行為をいうものとされるところ，Ｂのどの行為が問題となるかを論じていない答案が，相当程度見られた。

そして，上記の要件のうち，多くの答案が「自己又は第三者のために」の要件にのみ着目し，乙社の名義で行われた洋菓子の販売等について「Ｂが取引をしたといえるか」との視点を欠いていたのは残念であった。Ｂは，乙社の代表取締役ではなく，その事実上の主宰者性をうかがわせる諸事情（持株割合，事業への関与，顧問料の受領，工場長の引き抜きや商標取得への関与等）を摘示して論ずべきであるが，この点を意識的に述べた答案はあまり見られず，Ｂが乙社の顧問に就任したことだけを挙げるなど，事実摘示の不十分な答案が少なくなかった。

また，上記の要件のうち，「自己又は第三者のために」の要件の当てはめについては，理由を述べないでＢの行為は自己のためにした行為であるとか，Ｂが乙社の発行済株式の９０％を保有していることのみを理由としてＢの行為は自己のためにした行為であると述べた答案が多く見られた。なお，下級審裁判例によれば，事実上の主宰者性が肯定される事情があるときは，

取締役の行為は第三者のためにされたものとされているが，このことを意識した答案はほとんど見られなかった。さらに，「自己又は第三者のために」の要件を満たすとだけ述べて，「自己のために」なのか「第三者のために」なのかを明らかにしない不十分な答案も，一定程度見られた。

甲社と乙社の市場は，設問1の時点では，地理的に競合しているとはいえないが，甲社が関西地方への進出を具体的に企図しているため，Bによる乙社の取引が甲社の「事業の部類に属する取引」（会社法第356条第1項第1号）に該当するかどうかについて，論ずる必要がある。この点については，多くの答案が何らかの形で触れていたが，「事業の部類に属する取引」の意義に関する条文解釈をしないまま幾つかの事実から結論を導く答案や，具体的な事実摘示の不十分な答案もあった。

取締役会設置会社において取締役が競業取引をしようとする場合には，取締役会において当該取引につき重要な事実を開示し，その承認を受けることを要する（会社法第356条第1項，第365条第1項）。この点については，多くの答案が，重要な事実を開示することの趣旨を踏まえ，BとA及びCとのやり取りに即して，手続的要件が満たされていないと論ずることができていた。しかし，取締役会ではなく，株主総会の決議を要するとするなど，最も基本的な事項を間違えている答案も若干見られた。

次に，競業取引について取締役会の承認がないため競業取引規制違反が成立する場合には，その取引によって取締役又は第三者が得た利益の額が，甲社の損害の額と推定される（会社法第423条第2項）。本件では，このように推定される損害の額（以下「推定損害額」という。）は幾らなのか，すなわち，第三者である乙社が得た利益の額とすべきか，又は取締役Bが得た利益の額とすべきかについて，「自己又は第三者のために」という要件の当てはめとの論理的な整合性を意識しつつ，論ずることが求められる。具体的な推定損害額としては，乙社が得た利益として営業利益の増額分800万円を，Bが得た利益として上記800万円にBの持株比率である90％を乗じた額（720万円）ないし顧問料（月100万円）を挙げることなどが考えられる。この点については，多くの答案が推定損害額について論じていたが，本件を「自己のために」の事例であるとの見解に立ちながら，乙社が得た利益を推定損害額とした答案や，逆に，本件を「第三者のために」の事例であるとの見解に立ちながら，Bが得た顧問料を推定損害額とした答案，更には，いずれかの見解に立ちながら，理由を述べないで，Bの利益と乙社の利益の両方が推定損害額であるとする答案も少なくなかった。この点につき論理的な整合性を意識して丁寧に論じた答案は，ほとんど見られなかったが，高く評価した。

さらに，本件では，Bの競業行為の結果，推定損害額とは別に，現に甲社に損害が生じているとして，会社法第423条第1項に基づく損害賠償請求が可能かどうかについても，検討する必要がある。具体的には，甲社がマーケティング調査会社に支払った500万円の委託料について，Bの任務懈怠との間に相当因果関係があるかどうかなどを論ずることとなるが，この点について論じた答案は多くはなく，特に，Bの競業行為がなくても上記委託料が支出されていたことに触れながら，相当因果関係の有無につき説得的に論じた答案は，高く評価した。

なお，Bについて競業取引規制違反が成立しないとの結論を採った場合には，甲社に生じた損害について，別途，会社法第423条第1項に基づく損害賠償請求の可否を論ずべきところ，この立場に立つ答案も若干見られ，事実摘示及び理由付けが適切であれば，同等に評価した。

しかし，競業取引について取締役会の承認があるものと評価した上で，その場合には，取締役は一切の責任を免れるものと誤解している答案も散見された。

　最後に，Bによる工場長Eの引き抜きについて，多くの答案は，競業取引に当たらないと明示し，又はそれを前提として，忠実義務又は善管注意義務違反を理由とする会社法第４２３条第１項に基づく損害賠償請求の可否を検討し，必要な事実を摘示した上でBに任務懈怠があると認め，相当因果関係のある損害の額についても正しく論じていた。とりわけ，従業員の引き抜きに当たり，どのような場合に取締役に忠実義務又は善管注意義務違反が成立するのかにつき，規範を定立した上で，当てはめを行っている答案は，好印象であった。しかし，Eの引き抜きを競業取引と評価する答案や間接取引と評価する答案も，少数ながら一定程度見られた。これらの答案は，引き抜きについてもBの責任を認めたいという実質的判断に引きずられ，何が「取引」に該当するのか等の各要件への当てはめの吟味が十分にされていないものである。

　総じて，損害論についての具体的な検討が不十分であるように思われる。本件では，問題文を踏まえれば，①乙社が得た利益（８００万円），②Bが得た顧問料（月１００万円），③甲社の支払った調査委託費用（５００万円），④引き抜きによる休業損害（３００万円）について，それぞれ検討することが相当であるが，多くの答案は，①と②についてはいずれかのみを論じ，③については触れていないものが多かった（④については多くの答案が論じていた。）。また，具体的な損害額を論じていない答案も，少なからず見られた。

イ　答案の例

　優秀に該当する答案の例は，上記の論点が相当程度に網羅され，記載順序が論理的であり，事案に即して競業取引規制違反又は忠実義務違反の成否を論じた上で，損害論を具体的に述べている答案などである。特に，Bが乙社の代表取締役ではないことや，「自己又は第三者のために」という要件の当てはめと推定損害額との論理的な整合性について留意した答案は，高く評価した。

　良好に該当する答案の例は，優秀に該当する答案と同様の論点に触れつつも，事実上の主宰者性を十分に論じなかったり，「自己又は第三者のために」という要件の当てはめがやや不十分であったり，一部の損害項目を見落としたりしている答案などである。

　一応の水準に該当する答案の例は，「取締役が自己又は第三者のために・・・取引をしようとするとき」や「株式会社の事業の部類に属する取引」という要件について，一応の規範を定立して論じてはいるが，「自己又は第三者のために」という要件の当てはめや，推定損害額との論理的な整合性への配慮を欠き，理由を述べないで，Bが得た利益と乙社が得た利益の両方が推定損害額であるとする答案などである。

　不良に該当する答案の例は，競業取引と利益相反取引との区別を理解していない答案，「自己又は第三者のために」という要件に触れないなど，どのような事実が条文のどの要件に該当するのかを示していない答案，Bによる競業行為と工場長の引き抜きとを何ら区別せず，一連の行為について漠然と責任原因のみを記述して，損害論に具体的に触れていない答案，競業取引について取締役会の承認があるものと評価しながら，会社法第４２３条第２項の推定規定を適用する答案などである。

(3)　設問２について

ア　全体的な採点実感

設問2は，会社の重要な事業の一部を二つの資産売買に分けて売却した取引に関する会社法上の規律と，そのような取引の効力について，問うものである。

まず，この取引に関し，全体として事業譲渡と評価すべきか，また，株主総会の特別決議が必要となる「事業の重要な一部の譲渡」（会社法第467条第1項第2号）に該当するかについて，事案に即して論ずることが求められる。

この点について，問題意識を持ち，具体的な事実から結論を導いた答案は高く評価した。例えば，形式的な売買契約の個数や，それぞれにつき甲社の取締役会の決議があったことを指摘した上で，これらの時間的近接性，甲社の洋菓子事業部門の従業員の全員が引き続き丙社に雇用されたこと，甲社の取引先の全部が実質的に丙社に引き継がれたこと等を述べた答案がこれに当たる。加えて，洋菓子事業部門の売却に向けた甲社と丙社の交渉の経緯や，両当事者の合理的意思，株主であるS社が同部門の売却に反対する可能性が高いため，甲社の代表取締役Aが株主総会の特別決議を潜脱する意図で本件の取引を行ったと推測されること等の事情に触れた答案も見られたが，僅かであった。上記のうち，形式的な売買契約の個数や取締役会決議の個数に関する意識が希薄なまま，具体的な事実を丁寧に指摘せずに，漫然と実質的に一つの取引と見て，事業譲渡の該当性を論ずる答案も多かった。

他方，これとは逆に，そのような問題意識を全く持たないで，二つの資産売買を当然に別々のものとして，それぞれにつき事業譲渡の該当性を論じた答案が非常に多く見られた。これらの中には，第1取引は事業譲渡に該当して無効であるが，第2取引は事業譲渡に該当せず有効であると述べた答案も少なくなく，二つの資産売買につき有効・無効が分かれるという結論が本件事実関係における解決として現実的に妥当なものといい得るのかという視点は見られなかった。なお，このように第1取引と第2取引の効力の有効性が分かれる旨の論述をした後に，当該結論の現実的な解決としての不当性を意識して，両取引を一体として捉えるべきと論じた答案も僅かに見られ，迂遠ではあるが，一定の評価をした。

会社法第467条（旧商法第245条）により株主総会の特別決議による承認を必要とする事業譲渡の意義については，著名な判例があり，譲渡会社による競業避止義務の負担等を不可欠の要素と解すべきかについては，判例・学説上争いがある。特に本件では，当事者間の特約により競業避止義務が排除されていることに留意すべきであるところ，この点については，ほとんどの答案が，事業譲渡の定義を示した上，本件の取引につき当てはめを行っていた。ただし，二つの資産売買を当然に別々のものと見て事業譲渡の該当性を論じた答案には，土地建物のみで，又は商標権のみで，これを有機的一体として機能する財産であると論ずるものが多く見られた。判例・学説のいずれの立場に立った答案も同等に評価したが，自説の理由付けの巧拙には差が見られ，中には，何ら理由付けをしない答案も見られた。平成18年新司法試験においても同種の論点があり，その出題の趣旨には，事業譲渡に株主総会決議が要求される趣旨に照らし丁寧に検討することが期待されると記載されているのであり，制度趣旨に即した検討及び論述ができていない答案は，低く評価した。

多くの答案では，事業譲渡の該当性の問題と，事業の「重要な」一部の譲渡に該当するかの問題とを意識して論じていたが，後者の問題の検討を欠く答案も一部にあった。会社法第467条第1項第2号の規定振りや，設問において貸借対照表等の資料が示されていることを踏まえると，この点の論述が不足しているのは，基本的な知識が不十分であるとの評価を免れ

ない。

そして，事業の「重要な」一部の譲渡に該当するかの検討においては，重要性の判断基準を示した上で，質的・量的な側面から問題文の事実を具体的に当てはめ，また，会社法第４６７条第１項第２号括弧書きにより株主総会の特別決議を要しないこととなるかについても，論ずる必要がある。この点については，同号括弧書きの該当性に言及した答案は比較的多かったが，これを論じただけで事業の重要な一部の譲渡であると結論付ける答案が多く，質的・量的な側面からの重要性に関する検討が欠けていた。少数ではあるが，重要性に関する検討をした上で，同号括弧書きの該当性の検討をした答案もあり，高く評価した。貸借対照表等の資料に関しては，甲社の総資産額につき５億円や７０億円とする誤りも散見されたが，同号括弧書きの検討に必要となる額を的確に指摘した答案は，好印象であった。

次に，本件では，会社法上の必要な手続を欠く場合の事業譲渡の効力について論ずる必要があるところ，判例は，事業譲渡契約は，株主総会の特別決議によって承認する手続を経ていなければ無効である旨判示しており，甲社の株主であるＳ社の保護，譲受人である丙社の保護等の観点を考慮しつつ，説得的な論述をすることが求められる。この点については，これらの利害関係人の保護の在り方を具体的に考慮せず，単に，株主総会決議を経ていない事業譲渡は絶対的に無効であるという結論だけを述べる答案が多かった。また，株主総会決議は会社経営の重要な決定であるから，これを欠く事業譲渡は無効であるなど，理由付けが不十分なものも多く見られた。その一方で，善意無過失の譲受人の保護という観点から，丙社における認識や，甲社の株主総会決議の有無について丙社が調査すべきかどうかを論じた答案も少数ながら見られ，このような具体的な検討は高く評価した。判例に言及した答案は，ほとんど見られなかった。

仮に，本件について事業譲渡に該当しないとした場合には，本件の取引が「重要な財産の処分」（会社法第３６２条第４項第１号）に該当して取締役会決議を要するものかにつき，財産の価額，総資産に占める割合，財産の保有目的，処分行為の態様等の事情を総合して，事案に即して検討することとなる。本件について事業譲渡に該当しないとした答案のほとんどは，上記の点を適切に論じていたが，中には，「重要な財産の処分」についても株主総会の特別決議が必要であるとしたり，法人であるＳ社が取締役であるとの誤解の下で，Ｓ社に対する取締役会の招集通知を欠き，取締役会決議に瑕疵があるとするなど，基本的な理解を欠く答案もあった。

なお，設問２は，取引の効力に関する会社法上の問題点を問うものであるのに，単に株主総会決議を欠く瑕疵があると述べるだけで，取引が有効か無効かの結論を示さない答案も，少数ながら存在した。甲社が時価３億円の洋菓子事業部門を２億５０００万円で売却したことに関し，株主であるＳ社が株主代表訴訟を提起して代表取締役Ａの責任を追及し得るかという，設問に関係のない事項を述べる答案もあった。さらに，本件を実質的には吸収分割の事例と見て，分割無効の訴えを論ずる答案も見られた。これらの評価は，いずれも低いものとなった。

イ　答案の例

優秀に該当する答案の例は，第１取引と第２取引とを一体のものと考えられないかについて言及した上，事業譲渡の定義に関し，判例の要件に意を払いつつ，自説をその根拠とともに述べ，問題文の事実から丁寧な当てはめを行い，事業譲渡に該当するとする立場にあっては，そ

の重要性の要件につき，判例の立場である質的・量的な側面から検討し，量的な側面においては，会社法第４６７条第１項第２号括弧書きの該当性につき資料を踏まえて具体的に指摘し，更に，株主総会決議を欠く場合の事業譲渡の効力について，甲社の株主及び譲受人である丙社の利益衡量を念頭に，自説を説得的に論ずる答案などである。

　良好に該当する答案の例は，優秀に該当する答案と同様の論点に触れつつも，自説の根拠の論述がやや不十分であったり，事業譲渡又は事業の「重要な」一部の譲渡への該当性について，事実の当てはめがやや不十分な答案などである。

　一応の水準に該当する答案の例は，第１取引と第２取引との関係についての問題意識が低いながらも，事業譲渡の要件についての規範の定立や事実の当てはめが一応できており，本件の取引の効力に関する一定の結論が導かれている答案などである。

　不良に該当する答案の例は，第１取引と第２取引との関係についての問題意識がなく，漫然とそれぞれにつき事業譲渡の該当性を論じ，事業譲渡の要件についての規範の定立や事実の当てはめについても不十分な点が多い答案，本件の取引が有効か無効かの結論を示さない答案，設問に関係のない事項を述べる答案などである。

(4)　設問３について

　ア　全体的な採点実感

　　設問３は，会社法上の公開会社でない会社（以下「非公開会社」という。）における新株予約権の発行に関する規律を念頭に置きつつ，株主総会の決議により新株予約権の行使条件（上場条件）の決定を取締役会に委任することの可否と，仮に，このような委任ができるとした場合に，当該行使条件を取締役会の決議により廃止することの可否を論じた上で，瑕疵のある手続により発行された新株予約権の行使により発行された株式の効力，又は行使条件に反した新株予約権の行使により発行された株式の効力について，問うものである。

　　まず，非公開会社においては，会社法第２３８条第１項第１号所定の「募集新株予約権の内容」の決定は，株主総会の特別決議を要し，取締役会に委任することができず（同条第２項），新株予約権の行使条件が「募集新株予約権の内容」に含まれるかどうかが問題となるところ，そもそも，上場条件の決定を取締役会に委任することの可否について論じていない答案が多く見られた。そして，この点に触れる答案においても，会社法第２３８条に言及するものはほとんど見られなかったが，新株予約権の内容の決定につき株主総会の特別決議が必要とされる趣旨に言及しながら，一定の結論を導く答案は，好印象であった。これに対し，「ストック・オプションとしてインセンティブを与えることができ，会社全体の利益になるので，取締役会に委任し得る」などと，単に価値観ないし利益衡量のみを理由とする答案も見られた。なお，本件では，経営コンサルタントＧに新株予約権が発行されているにもかかわらず，取締役の報酬規制の問題（会社法第３６１条）として論じた答案が少なからずあり，低く評価した。また，本件を有利発行規制の問題として論じた答案もあったが，取締役会への委任の可否について言及していないものは，適切な解答とは評価しなかった。

　　次に，仮に，上場条件の決定を取締役会に委任し得るとした場合でも，取締役会において当該上場条件の廃止を決議し得るかについては，株主総会による委任の趣旨を検討しつつ，論ずる必要がある。この点については，多くの答案が検討していたが，旧商法の下における平成２４年の判例において，明示の委任がない限り，事後的に行使条件を変更する取締役会決議は，

当該行使条件の細目的な変更にとどまるものであるときを除き無効とされていることを意識した答案は少なく，安易に，取締役会が上場条件の廃止を決議し得るとする答案が相当程度見られた。また，逆に，何ら理由を示さないで，一旦定められた新株予約権の行使条件を取締役会で事後的に変更することはできないとする答案もあった。取締役会への一定の委任を認めた場合に，株主総会での説明内容や上場条件廃止の意義などに具体的に触れながら，委任の範囲内かどうかについて適切に論じている答案は，高く評価した。なお，上場条件の決定を取締役会に委任することの可否の問題と，上場条件を取締役会の決議により廃止することの可否の問題とを整理して論ずることができず，途中まで前者の問題を論じながら，結論は後者に関するものとなっている答案も見られ，このような答案の印象は悪かった。

そして，新株予約権の発行手続に瑕疵があるとの考え方による場合には，発行手続の法令違反が新株予約権の発行の無効原因となり，その新株予約権の行使により発行された株式が無効となるかについて，検討する必要がある。他方，新株予約権の発行は適法であるが，上場条件の廃止が無効であるとの考え方による場合には，甲社において上場条件は新株予約権の重要な内容を構成しており，既存株主の持株比率が影響を受けるため，これに反した新株予約権の行使により発行された株式が無効となるかについて，検討する必要がある。

全体的には，後者の考方による答案が多く，中には，上場条件は新株予約権の重要な内容であり，取締役会限りでの上場条件の廃止は株主総会決議を欠く新株発行に等しいと評価され，非公開会社における株主総会決議を欠く新株発行には無効原因があるという流れで，適切に理由を付して論述する答案も，少数ながら見られた。また，上場条件の廃止が無効であり，行使条件が満たされないまま新株が発行されたことの問題を直接的に論ずる答案もあった。特に，非公開会社では，既存株主の持株比率が重要であり，株主の利益を保護する必要性が高いことや，行使条件に反して新株予約権が行使される場合には，株主はこれを知り得ず，新株予約権の行使による新株発行の差止めが困難であること等を丁寧に論ずる答案は，高く評価した。もっとも，多くの答案は，上場条件が細目的事項でないことや，甲社が非公開会社であることの指摘が不十分であり，また，非公開会社における株主総会決議を欠く新株発行に無効原因があることの理由として，非公開会社の株式の流通性が低いことのみを挙げるなど，理由付けが不十分なものであった。さらに，新株発行の無効の訴えの無効原因に言及しないで，単に，上場条件を廃止する取締役会決議が無効であり，手続に瑕疵があるから株式は無効であるとだけ述べる答案，株式が有効か無効かの結論を示さない答案，新株予約権の効力のみを論ずる答案も一定程度見られ，低く評価した。

イ 答案の例

優秀に該当する答案の例は，上記の論点が相当程度に網羅され，非公開会社における新株予約権の内容の決定につき株主総会の特別決議が必要とされる趣旨を踏まえつつ，上場条件の決定及びその後の廃止を取締役会が行い得るかを論理的に論じた上，新株予約権の行使により発行された株式の効力につき，適切な理由付けをして結論を導いている答案などである。

良好に該当する答案の例は，上場条件の決定を取締役会に委任することの可否について論ずることを見落としたとしても，その他の論点につき優秀に該当する答案とほぼ同じ程度に論じている答案や，新株予約権の行使により発行された株式の効力に関する論述の理由付けがやや不十分な答案などである。

　　一応の水準に該当する答案の例は，取締役会において上場条件の廃止を決議し得るかや，新株予約権の行使により発行された株式の効力について，ある程度の記述はされているが，平成24年の判例を意識しないまま，理由付けが不足している答案などである。

　　不良に該当する答案の例は，上記の論点の多くにつき記述が不十分で，新株予約権の内容の決定につき株主総会の特別決議が必要とされる基本的な趣旨の理解が足りない答案，株式が有効か無効かの結論を示さない答案，本件を取締役の報酬規制の問題として論じた答案などである。

3　法科大学院教育に求められるもの

　　取締役の競業取引に関する規律，事業譲渡の意義及び事業の重要な一部の譲渡に関する規律，新株予約権の発行及び行使に関する規律は，会社法の基本的な規律であると考えられるが，これらの基本的な理解に不十分な面が見られる。また，問題文における事実関係から会社法上の論点を的確に抽出する点，判例・学説の複数の考え方の中から一定の規範を定立するに当たり，その理由付けを適切に論ずる点，具体的な事実をその規範に当てはめて一定の結論を導く点においても，不十分さが見られる。

　　会社法の基本的な知識の確実な習得とともに，事実を当てはめる力と論理的思考力を養う教育が求められる。

第一　設問1
1　本件では，Bが乙社で洋菓子製造部門の指揮を行い関西で業務を行ったため，甲社が関西地区に進出できなくなり被った逸失利益（損害①）及びBがEを引き抜いたことで生じた休業損害（損害②）の賠償請求が考えられる。そこで，Bがこれらの損害賠償責任を負わないかを以下検討する。
2　損害①について
(1)　Bは，会社法（以下略）423条1項に基づいて，甲社に対し損害賠償責任を負わないか。
　　　Bが「任務を怠った」といえるかが問題となる。
(2)　まず，Bが顧問として乙社を指揮し，洋菓子製造販売業を行ったことが競業取引（356条1項1号）に当たるか否かが問題となる。
　ア　まず，「会社の事業の部類に属する」の意義が問題となる。法が競業取引について厳格な手続規制を置いたのは，取締役は会社のノウハウや秘密に精通しており，これらを流用して会社の犠牲の下に利益を上げる危険があり，それを防止するためである。したがって，会社と取締役の利益が将来衝突する可能性のある場合も規制する必要がある。
　　　そこで，「事業の部類に属する」とは，会社の行う事業と商品及び地理的市場が競合し又は競合する可能性のある取引をいうと解する。可能性とは，抽象的なものでは足りず，現実かつ具体的可能性が必要であると考える。
　　　本件では，甲社は洋菓子製造販売業を営み，乙社も洋菓子製造販売業を営んでいるから商品は競合している。他方で，甲社は首都圏で活動しており，乙社は関西で活動しているから，地理的市場に競合はな

いとも考えられる。しかし，甲社は関西進出を検討し，市場調査のため500万円も支出していたのである。500万円もの高額な支出は，関西での事業を具体的かつ現実のものとして考えていたからといえる。したがって，地理的市場についても甲社と乙社は将来現実に競合する可能性があるといえる。
　　　よって，「事業の部類に属する」といえる。
　イ　競業取引規制の趣旨からすれば，「自己又は第三者のため」は利益の帰属を基準に考える必要がある。
　　　本件では，Bは乙社の株式を90パーセント取得しており，配当等を通じて乙社のほぼすべての利益がBに帰属する関係にある。また，顧問として毎月100万円を得ている以上，Bは自己の利益のため乙社の洋菓子製造販売業を行ったといえる。
　ウ　また，Bは顧問として乙社を指揮し，洋菓子製造販売業を行っているから，「取引」を行ったといえる。
　エ　以上より，Bは競業取引を行ったといえる。
(3)　もっとも，BはACに乙社の株式取得を告げており，全取締役の承諾（356条1項柱書）があるといえないか。
　　　ここで，競業取引については厳格な規制を施した法の趣旨からすれば，取締役会を設けてその場で承諾を得ることが必要と考えられる。ほかの取締役の受け取り方も異なるからである。
　　　そもそも，Bは単に乙社株式取得の事実を告げただけであり，その事業内容等の「重要な事実」も開示していない。
　　　よって，本件では承諾がない。

● 本問の事案において検討すべき損害としては，①乙社が得た利益（800万円），②Bが得た顧問料（月100万円），③甲社の支払った調査委託費用（500万円），④引き抜きによる休業損害（300万円）が挙げられる。本答案は，このうち①，④についてのみ検討を加えている。

● 「事業の部類に属する取引」（356Ⅰ①）の解釈について，趣旨から論じることができている。

● 「甲社と乙社の市場は，設問1の時点では，地理的に競合しているとはいえない」点を指摘した上で，「乙社が，甲社と同様に，洋菓子の製造販売業を営」んでいること，「既に……市場調査を委託し，委託料500万円を支払済みであること」を指摘することができており，出題趣旨と合致している。

● 計算説に立つことが明示され，「自己又は第三者のために」（356Ⅰ①）のあてはめにおいて，乙社株式90％の保有，毎月100万円の顧問料を得ていたことを指摘して検討できており，出題趣旨に合致する。Bが陣頭指揮を執っていたこと等も指摘・評価できれば，検討に漏れがなかった。

● 本問の具体的な事実関係の下で「取引につき重要な事実を開示し，その承認を受けること」という「手続的要件が満たされるかどうかを論じ」ることができており，出題趣旨に合致する。

(4) よって，Bは承諾なく競業取引を行うという法令違反行為を行っており，「任務を怠った」といえる。また，Bに過失がない（428条参照）といえる事情もない。

(5) 損害額については，Bが得た利益の額と推定される（423条2項）。乙社は，それ以前は年200万円の利益を上げていたのに，Bが競業を始めてから年1000万円に利益を拡大している。乙社の利益はそのままBの利益と考えてよい。よって，Bは800万円の利益を上げたと考えられるため，損害額も800万円と推定される。

● Bが得た利益は，乙社が得た利益である800万円にBの持株比率である90％を乗じた720万円であると考えられる。そのため，「乙社の利益はそのままBの利益」とするには，より説得的な理由が必要になると思われる。

(6) 以上より，Bは損害①について800万円の賠償責任を負う。

3 損害②について

(1) 423条1項に基づいて損害賠償責任を負わないか。

(2) 取締役は会社に対する善管注意義務（330条，民法644条）を負い，その一環として会社・株主の利益を最大化する義務を負う。当該義務に反した場合には，「任務を怠った」ということができる。

そして，会社の従業員の引き抜きは，会社の損害につながりうるから，善管注意義務になりうる。しかし，引き抜きに応じるか否かは従業員の自由意思であるし，従業員の職業選択の自由も尊重する必要がある。

そこで，原則として義務違反とはならないが，当該従業員が会社にとって代替性のない重要な財産と評価できる場合や，従業員の自由意思を抑圧するような不当な手段をとった場合には，善管注意義務違反と評価できると考える。

本件では，Eは洋菓子工場の工場長であり，甲社の二大事業のうちの一つの製造責任者として重要な立場にあったといえる。しかし，工場で洋

● 出題趣旨によれば，従業員の引き抜きについては，忠実義務違反（355）を原因とする423条1項に基づく損害賠償請求の可否が検討されるべきである，とされている。

● 従業員の引き抜きに当たり，どのような場合に取締役の善管注意義務違反が成立するのかについて，理由を述べて合理的な規範を定立し，具体的な当てはめを行っている点は非常に高く評価されたものと思われる。もっとも，Eが退職したことにより甲社の洋菓子工場が操業停止を余儀なくされ，300万円相当の売上げを失った事実が考慮されておらず，この事実からすれば，Eが甲社にとって代替性のない重要な財産であったとまではいえないとの認定には無理がある。

菓子を作る場合，属人的な技術は要求されず，管理職の人間であっても代替性のない仕事はないといえる。したがって，甲社にとってEが代替性のない重要な財産であったとまではいいがたい。また，Bが著しく不相当な手段を用いて勧誘したといった事情もない。

よって，Bに善管注意義務違反があったとはいえない。

(3) よって，Bは「任務を怠った」とはいえず，損害賠償責任を負わない。

第二 設問2

1 本件における取引①および②は甲社の「事業の重要な一部の譲渡」にあたり（467条1項2号），株主総会の決議なくなされた本件取引は違法なのではないか（467条1項柱書，309条2項11号）。

(1)ア まず「事業の重要な一部の譲渡」の意義が問題となる。そもそも，事業譲渡が取引行為の一環であるにもかかわらず，株主総会の特別決議を必要としたのは，会社財産や経営の直接的な影響を及ぼす取引である以上，会社所有者たる株主の意思を反映させるべきだからである。

そして，判例は事業譲渡の意義を，一定の事業目的のため有機的一体として機能する重要な財産の全部又は一部の譲渡で，譲受人が当該財産で営んでいた事業を承継し，譲渡人が競業避止義務を負う場合をいうとする。しかし，上記趣旨からすれば，任意に除外できる競業避止義務については要件にならないと解すべきである。これを要件とすれば，取締役が株主の意思によらずに会社の全財産を譲渡することも可能となってしまい，法の趣旨が没却されるからである。

そこで，事業譲渡とは，有機的一体として機能する財産の譲渡で，譲受人が事業を承継する場合をいうと考える。このように考えても事

● 従業員の引き抜きに当たり，どのような場合に取締役の善管注意義務違反が成立するのかについて，理由を述べて合理的な規範を定立し，具体的な当てはめを行っている点は非常に高く評価されたものと思われる。もっとも，Eが退職したことにより甲社の洋菓子工場が操業停止を余儀なくされ，300万円相当の売上げを失った事実が考慮されておらず，この事実からすれば，Eが甲社にとって代替性のない重要な財産であったとまではいえないとの認定には無理がある。

● 判例（最大判昭40.9.22／百選［第3版］〔85〕）を意識しつつ，「事業譲渡に株主総会の特別決議が要求される趣旨を踏まえ」た論述がなされており，出題趣旨と整合的な論述といえる。

● 「任意に除外できる競業避止義務については要件にならない」として判例の規範と異なる立場に立ち，その理由を趣旨から論述できている。

業承継の有無をメルクマールにできるため，取引安全を害することもない。

イ　本件では，取引①は単なる土地および建物の譲渡であり，労働関係や債権債務関係は取引の対象にしないこととしている。また，取引②は単なる商標の売却である。これらは単体で見た場合には有機的一体として機能する財産とはいいがたいとも考えられる。しかし，取引①②は，当初から甲社が洋菓子工場にかかる土地建物およびP商標を用いて営んでいた洋菓子製造販売事業を丙社に承継させるためになされたものであり，一体の取引として評価すべきである。

そして，甲社は上記土地建物を使って，P商標を用いた主力商品を製造・販売していたのである。土地建物およびP商標を譲り受けることで，即座に甲社が行っていた事業を承継することが可能になるといえる。工場における労働関係は，機械的な労務の提供といえ代替がきくし，取引先についても特殊な原料を仕入れていたといった事情はなく代替が可能と考えられるからである。甲社の洋菓子製造販売事業にとっての重要な財産は上記土地建物およびP商標であっても，これらは有機的一体として機能する甲社の重要財産だといえる。

ウ　よって，本件取引①②を一体としてみた場合，「事業の重要な一部の譲渡」にあたる。

(2)　では，「重要な一部」といえるか。当該財産の価額や総資産・純資産に占める割合，会社財産や事業全体に与える影響の大小を総合考慮して判断する。

まず，本件土地建物およびP商標の帳簿価格は2億5千万円である。

甲社の総資産は7億円であるから，株主総会決議が不要な場合（467条1項2号かっこ書）にはあたらない。上記財産は甲社の総資産の35パーセント以上であり，純資産の50パーセントに及ぶ。甲社の財産に与える影響は非常に大きい。また，洋菓子製造販売事業は甲社の二大事業の一つであり，甲社の事業全体に与える影響も非常に大きいといえる。甲社の事業はP商標を用いた商品が主力だったのであるから，P商標を譲渡したことで従前の事業は不可能となり，やはり事業に与える影響は大きい。

以上の事実から，本件取引①②は事業の「重要な一部」の譲渡にあたる。

(3)　よって，本件では株主総会特別決議が必要であった。しかし，本件では取締役会決議しかなく，本件取引①②は違法である。

2　では，上記違法は取引①②の効力にいかなる影響を与えるか。

事業譲渡が与える会社財産，株主への影響力の大きさにかんがみれば，株主意思の反映なくなされた場合には絶対的に無効と考えるべきである。ここで「事業・・・譲渡」の意義を緩和して解釈した以上，取引安全に配慮すべきであるから，絶対的無効とするのは不都合であるとも考えられる。しかし，取引相手は事業承継の有無を大きなメルクマールとして判断できる以上，取引安全を不当に軽視することにもならない。よって，絶対的無効と解すべきである。

ここで，譲受人が無効主張できないとすれば，譲渡人が無効主張するまで有効として扱わなければならないという不安定な地位に置かれることになる。そこで，譲受人からの無効主張も認めるべきであると考える。

以上より，取引①②は絶対的無効であり，甲社・丙社のいずれの側からも無効主張が可能である。

● 出題趣旨によると，二つの取引が一体の取引といえるかを論じるに当たっては，①当初から洋菓子事業部門全体を売却するためになされたものであるという経緯，②二つの取引の時間的近接性，③従業員全員の雇用の承継，④取引先全部の承継，⑤株主総会決議を潜脱する意図が推測されることなど評価するものとされていた。本答案では，①，③に関する具体的な論述がなされている。

● 出題趣旨によると，「重要な」一部かどうかの判断にあたっては，重要性の判断基準を示した上で，質的・量的な側面から具体的に当てはめることが求められていた。本答案は，まさに重要性の判断基準を示した上で，質的・量的の両側面から当てはめがなされており，出題趣旨に合致している。

● 会社法上の必要な手続を欠く場合の事業譲渡の効力について，他の考え方を示しつつも，理由をきちんと論述した上で，判例（最判昭61.9.11／百選［第3版］〔6〕）の立場に立って論じられており，高評価につながっている。

第三 設問3

1 本件新株発行にあたっては，新株予約権の行使条件を取締役会の決定に一任したこと，およびいったん決定した上場条件を廃止して新株予約権が行使された，という問題点がある。これらの問題点が新株発行の効力にいかなる影響を及ぼすかが問題となる。

2 新株発行手続の瑕疵は，新株発行無効の訴え（828条1項2号）によって争うことになる。もっとも，無効事由が明文なく問題となる。

　法が新株発行の無効主張について原告適格や出訴期間，遡及効を制限したのは，新株発行には引受人やその承継人のみならず登記事項を信頼した多数の利害関係人の存在が想定され，その取引安全を図る必要があるからである。したがって，無効事由は重大な手続違反等に限られるべきである。特に，公開会社では授権資本制度（37条3項）のもと取締役会限りで新株を発行できるとしているから，法は新株発行を業務執行に準じて扱っており，無効事由は厳格に考える必要がある。他方，非公開会社では原則的に株主総会決議を必要とすることで持株比率維持の要請も保護している。公開会社に比して取引安全を保護すべき必要性も高くない。また，株主総会参考書類が差止めを検討するための通知（201条3項）の代わりにもなるから，株主総会の開催は重要である。したがって，非公開会社では，株主総会決議の瑕疵や不存在は無効事由になると考えるべきである。

3(1) まず，行使条件の一任が法律上認められるかが問題となる。新株予約権は株式としての側面と権利としての側面をもち，様々な目的で利用されることが想定されている。目的に応じて様々な内容・行使方法を決定すべきであり，その決定は取締役の裁量にゆだねられるべきである。2

39条もその内容を取締役会に一任できるとしており，同様の趣旨といえる。これは行使条件にもあてはまるから，239条によって行使条件の取締役会への一任も許されるというべきである。

　よって，行使条件の一任は違法ではない。

(2) では，行使条件の変更はどうか。

ア　まず，変更の有効性が問題となる。

　行使条件設定の一任は，当時の状況において最適な行使条件を取締役の裁量をもって決定すべきとの株主の委任である。したがって，一旦決定した行使条件を変更する場合には，それが細目的な変更にとどまらない限り株主の委任の外であるから，無効と考えるべきである。

　本件では，Gへのインセンティブ報酬として上場条件を付した新株予約権を発行したのである。上場条件の達成がインセンティブにつながるのであるから，上場条件の変更は細目的な変更にとどまらない。

　よって，上場条件の変更は無効である。

イ　そして，上場条件変更が無効である以上，本件新株予約権の行使は行使条件が満たされていない状況での行使と同視できる。これは，株主総会の決議なく新株を発行したのと同程度の瑕疵といってよい。

ウ　甲社は非公開会社であるから，上記瑕疵は新株発行無効事由というべきである。

4 以上より，本件新株発行は無効である。

以　上

● 判例（最判平24.4.24／百選［第3版］〔29〕）を参考にしながら，非公開会社における新株予約権の発行等について，会社法の条文及び制度趣旨を踏まえた検討を具体的に行うことができている。

● 出題趣旨によると，甲社株式の効力を論ずるに当たっては，①非公開会社において，「募集新株予約権の内容」の決定は取締役会に委任することができないところ（238Ⅱ，239Ⅰ①），新株予約権の行使条件も「募集新株予約権の内容」に含まれ，その決定を取締役会に委任することができないのではないか，②仮に，委任が可能であるとしても，行使条件を取締役会の決議により廃止することはできないのではないか，という2つの問題について論じることが求められていた。本答案では，上記①について，「239条もその内容を取締役会に一任できるとしており，同様の趣旨といえる」と論述しているが，「募集新株予約権の内容」の決定は取締役会に委任することができないので（238Ⅱ，239Ⅰ①），適切な論述とはいえない。

● 本答案は，本件上場条件の変更は細目的な変更にとどまらず，無効であり，本件新株発行は株主総会決議を欠く新株発行に等しいと評価した上で，「第三　2」で掲げた規範（非公開会社における株主総会決議の瑕疵・不存在は無効事由になる）を用いて，本件新株発行を無効と結論付けている。秀逸な論理展開であり，高く評価されたものと思われる。

第1　設問1
　Bに甲社に対する会社法（以下省略）423条責任が認められるか，検討する。
1　取締役
　Bは甲社の取締役である。
2　任務懈怠
⑴　競業取引規制違反（365条，356条1項1号）
　ア　自己または第三者のために
　　競業取引規制については，経済的利益が誰に帰属するかが重要であるから，自己または第三者のためにとは，計算をいうと解すべきである。
　　Bは乙社の発行済み株式を90％保有しており，乙社の経営を指揮しているから，Bが乙社の経営に関与することで，Bまたは乙社に経済的利益が帰属するから，自己または第三者の計算でしたといえる。
　イ　会社の事業の部類に属する取引
　　会社の事業の部類に属する取引とは，株式会社の事業と市場において競合する取引をすることをいう。そして，会社が進出予定の分野を含むと解さなければ，会社の利益を害するから，進出予定の分野も含まれると解すべきである。
　　本件では，甲社は乳製品及び洋菓子の製造販売業を首都圏で営んでおり，関西地方への進出を企図している。他方，乙社は，関西地方で洋菓子の製造販売をしているから，甲社の進出予定の分

　野と市場において競合するといえる。
　　よって，Bが乙社の株式を取得し，経営に関与したことは競業取引に該当する。
　ウ　承認
　　競業取引に該当する場合，取締役会で重要な事項を開示して，承認を得る必要がある。本件では，Bが乙社の株式を取得して経営に関与することについて，ACが異議を述べていないものの，取締役会が開催されていない。取締役会は開催して意見を述べ合うことに意義があるといえるから，異議を述べていないことをもって承認があったと解することはできず，また単に「乙社の経営に携わる」と言っただけでは重要な事実を開示しているともいえないから，競業取引規制に違反しているといえる。
　エ　よって，Bは承認を経ずに競業取引をしたという法令違反をしているから，任務懈怠となる。
⑵　Eの引き抜きについて
　　Bは取締役として，善管注意義務（330条，民法644条），忠実義務（355条）を負っているところ，工場長であり事業に不可欠なEを引き抜くことは，会社に損害を被らせるものであるから，上記義務に違反し，任務懈怠となる。
3　損害・因果関係
　競業取引規制違反の場合には，423条2項により損害額が推定されるから，乙社が得た利益800万円について損害額が推定される。これは甲社の逸失利益を推定したものである。

● 理由を示して計算説に立つことを明らかにしている。

● Bの事実上の主宰者性について，乙社株式90％の保有，陣頭指揮を執っていた事実の指摘ができており，出題趣旨に沿う論述といえる。Bが毎月100万円の顧問料を乙社から得ていた事実等を指摘・評価できれば漏れがなかった。

● 「事業の部類に属する取引」（356Ⅰ①）の当てはめにおいて，甲社が関西地方への進出を企図していることは指摘できているものの，マーケティング調査会社に市場調査費500万円を支払済みであるという事実の摘示・評価はなく，この事実の指摘も出題趣旨で求められていた。

● 356条1項1号所定の「取引」とは，個々の取引行為をいうものと解されるから，「Bが乙社の株式を取得し，経営に関与した」行為を捉えて競業取引に該当すると論じるのは，適切とはいえない。この点，「自己又は第三者のため」の意義について，計算説に立った場合，Bは，乙社の事実上の主宰者として洋菓子の販売等を行ったと評価できるから，この行為を捉えて，「Bが競業取引をした」と論述すべきである。

● 再現答案①のように，どういう場合に善管注意義務・忠実義務違反となるのか，その規範を定立して的確に当てはめることができれば，さらに高く評価された。

● 競業取引において推定される損害額（423Ⅱ）については，「自己又は第三者のため」の要件の当てはめ

また，甲社は関西地方への進出を断念しているから，委託料５００万円が無駄になっており，損害が生じている。
そして，Bの引き抜きにより１日１００万円×３日間＝３００万円の売り上げを失っており，損害を被っている。
よって，１６００万円の損害が生じている。
4　以上より，甲社は，Bに対して１６００万円の損害賠償を請求することができる。

第2　設問2
1　重要な財産の処分（３６２条４項１号）について
重要な財産に該当するかは，総資産に対する割合，事業にとっての重要性などを考慮して判断する。
第一取引および第二取引によって売却した工場の土地・建物と商標権は合計２億５０００万円であり，総資産は７億円であるから，３分の１以上を占めており，またいずれも事業に不可欠な財産であるから，重要な財産といえる。
もっとも，取締役会決議を経ているから，この点に違法はない。
2　事業譲渡（４６７条）について
(1)　事業譲渡該当性
それでは，本件取引が事業譲渡に該当し，株主総会決議を要するのではないか，検討する。
事業譲渡とは，一定の事業目的のために組織化され，有機的一体として機能する財産を譲渡し，事業活動の承継を伴い，法律上競業避止義務を負う結果となるものをいう。もっとも，競業避止義務は

要件ではなく効果であるから，要件としては不要であり，本件では特約で競業避止義務が排除されているが，事業譲渡に該当しうる。
有機的一体性を判断する前提として，まず，第一取引と第二取引が一体のものかを検討する。本件取引のきっかけは，甲社の洋菓子部門を２億５０００万円で売却するというものであり，これは土地・建物１億５０００万円，商標権１億円に相当すると考えられるから，当事者は一体のものとして考えていたといえる。そして，両取引は１０日間しか離れておらず，時間的接着性が認められるから，この点でも一体と考えることができる。よって，両取引は一体のものとして考えるべきである。
そして，有機的一体性については，工場の土地・建物および商標権は洋菓子の製造販売に不可欠のものであり，有機的一体性が認められる。
また，事業活動の承継については，甲社の従業員は丙社がすべて新しく雇用することとなっており，また取引先についても清算した上で丙社がすべて引き継ぐこととなっているから，事業活動の承継があるといえる。
そして，簡易事業譲渡，略式事業譲渡にも該当しないから，株主総会決議が必要であり，この点に違法がある。
(2)　取引の効力
株主総会決議を欠く事業譲渡は無効となるか，検討する。
この点，内部的意思決定を欠くことを理由として無効とすると取引の安全を害すること，また内部的意思決定を欠く場合は会社の表

との整合性に気を付ける必要がある。本答案では，Bの得た利益に言及せず，乙社が得た利益800万円を「損害」額と推定しているが，そうであれば，Bが乙社の経営に関与することは「第三者」の計算する競業取引に当たると認定するべきであった。

● 重要な財産の処分といえるかどうかを検討する場合，第1取引と第2取引を一体的に検討する必然性はなく，むしろ個別的に，各取引が重要な財産の処分に当たるかどうかを検討する必要がある。

● 競業避止義務が事業譲渡の要件ではないことについて論じるに当たっては，事業譲渡を行う場合に株主総会の特別決議が要求される趣旨から論じることが求められていたが，本答案では触れられていない。

● 出題趣旨によると，二つの取引が一体の取引といえるかを論じるに当たっては，①当初から洋菓子事業部門全体を売却する旨の交渉がされていたという経緯，②二つの取引とそれぞれの取締役会決議の時間的近接性，③従業員全員の雇用の承継，④取引先全部の承継，⑤株主総会決議を潜脱する意図が推測されることなどを評価するものとされていた。本答案では，このうち①，②，③，④に関する事実について指摘がなされており，出題趣旨にほぼ応えることができているといえる。

● 事業譲渡に当たるとした場合，次に「重要な」一部の譲渡に当たるかどうかを検討しなければならない。

● 再現答案①は判例の規範を用いていたが，この答案は学説に基づいた

示と意思に齟齬がある点で心裡留保類似の構造があることからすれば，民法９３条但書を類推適用し，相手方が悪意または有過失の場合には無効になると解すべきである。

本件では，丙社が株主総会決議の欠缺について知りまたは知ることができた場合には，取引は無効となる。

そして，４６７条の趣旨は，広く利害関係人を保護することにあるから，この無効は何人も主張することができる。

第３　設問３

行使条件を変更した新株予約権の行使により発行された甲社株式は有効か，問題となる。

１　行使条件の変更の可否

本件では，新株予約権の行使条件の定めを取締役会に委任し，取締役会が定めた後，行使条件を変更して新株予約権を行使しているが，このような行使条件の変更を株主総会の委任なしにすることはできるか。

この点，行使条件を決定する際には，通常は新株予約権の行使を制限する方向で行使条件を決めるので，取締役会による濫用のおそれが小さいから，取締役会に包括的に委任することも許されると解すべきである。しかし，行使条件の変更は新株予約権の行使を容易にする変更であることが多く，取締役会による濫用のおそれが大きいから，行使条件の設定権限に変更権限が含まれていると解することはできず，株主総会の明示の委任なく行使条件を変更することはできないと解すべきである。

もっとも，新株予約権の実質的内容に関わらない細目的な変更であれば濫用のおそれが小さいので，明示の委任なくても取締役会で変更ができると解すべきである。

本件では，行使条件として定められた上場条件を廃止したというのであり，これは新株予約権の実質的内容に関わるものであるから，株主総会の明示の委任なくして変更することはできず，本件の変更は違法である。

２　新株発行の効力

とすると，本件の株式発行は，行使条件の違反があるといえるから，無効とならないか，検討する。

新株発行を事後的に無効とすると，法的安定性を害し，また取引安全を害するから，訴えをもってされなければならず（８２８条１項２号），原告適格・出訴期間の制限があるため，無効事由は限定的に解すべきであり，重大な瑕疵がなければならない。

行使条件違反の新株予約権行使は，株主総会決議なく株式が発行される点で，株主総会決議を欠く場合と同様に考えることができる。

非公開会社において，株主総会決議を欠くことが無効事由に該当するか。この点，非公開会社においては，既存株主の持株比率維持への期待を保護するため，新株発行には原則として株主総会の特別決議を要し（１９９条，３０９条２項５号），出訴期間も１年間に伸張されている。とすると，非公開会社においては，株主総会決議を欠くことは上記期待を害するから重大な瑕疵に該当するといえ，無効事由に当たる。

規範を立てている。しかし，一般的な取引と異なり，事業譲渡等の際には対象会社の調査を行うことも多いことから，取引の安全という理由で丙社の保護のみを図る結論を採ることには問題がある。これを説得的に論じるには，甲社の株主であるＳ社の保護も考慮に入れた上で，なおこの規範を定立すべき理由を述べなければなければならなかった。

● 非公開会社において，「募集新株予約権の内容」の決定は取締役会に委任することができないところ（２３８Ⅱ，２３９Ⅰ①），新株予約権の行使条件も「募集新株予約権の内容」に含まれ，その決定を取締役会に委任することができないのではないか，という問題点について論述できなかった。

● 事実が的確に評価され，妥当な結論が示されている。

● 基本的な理解を適切に示すことができている。

● 判例（最判平24.4.24／百選［第３版］〔29〕）を踏まえ，非公開会社における新株予約権の発行等について，会社法の条文及び制度趣旨を踏まえた検討をすることができている。

　　よって，行使条件違反の新株予約権行使の場合も同様に考え，無効
事由に該当するということができる。
3　以上より，本件の株式発行は，訴えにより無効とされうる。
　　　　　　　　　　　　　　　　　　　　　　　　　　　　以　上

設問1

1　甲社としては，Bに対し，423条1項により損害の賠償を請求することが考えられる。

2　まず，Bは，甲社の取締役であるから，甲社の「役員」に当たる。

3(1)　次に，「任務を怠った」というためには，善管注意義務（330条，民法644条），忠実義務（355条）又は取締役若しくは会社を名宛人とする法令上の義務に違反したことを要する。

(2)　Bは，乙社の顧問として，乙社の洋菓子事業の陣頭指揮を執っている。Bが「自己又は第三者のために」甲社の「事業の部類に属する取引」（356条1項1号）に当たる行為をしたということになると，「重要な事実」を開示した上で，取締役会の承認を受けなければならないのに，これを欠いたものとして，Bを名宛人とする法令上の義務に違反したことになる。

「自己又は第三者のために」とは，自己又は第三者の計算においてなされたことをいうところ，Bは，Dから乙社の発行済株式の90パーセントを取得しており，その顧問として洋菓子事業の陣頭指揮を執る行為は，B又は乙社の計算においてなされたものといえる。

また，「事業の部類に属する取引」というためには，現に市場において競合する場合に限らず，将来において競合する可能性があれば足りるところ，乙社は，関西地方において洋菓子の製造販売業を営んでおり，甲社は，関西地方への進出を企図していたというのであるから，乙社の洋菓子事業は，将来において競合する可能性があ

ったといえ，甲社の「事業の部類に属する取引」に当たる。

「重要な事実」とは，取締役会が承認をするかどうかを判断するために必要な事実をいう。Bは，乙社の株式を取得する際に，今後，乙社の事業に携わる旨を伝えたところ，A及びCは，特段の異議を述べなかったが，乙社がQ商標を独占的に使用する権利の設定を受けたことを伝えていないのであるから，「重要な事実」を開示したとは認められない。

したがって，Bは，356条1項に違反し，「任務を怠った」と認められる。

(3)　また，Bは，洋菓子工場の工場長であったEを引き抜き，その結果，甲社の洋菓子工場は，操業停止を余儀なくされている。Bは，善管注意義務又は忠実義務として，甲社に対し，その事業を妨害するようなことをしない義務を負っているというべきであるが，洋菓子の工場長であるEを引き抜けば，甲社の事業が妨害されることは明らかであり，現に甲社の洋菓子工場は，操業停止を余儀なくされているのであるから，Bは，甲社に対する忠実義務に違反し，「任務を怠った」と認められる。

4　428条1項の文言から，Bの帰責性を要すると解されるところ，乙社がQ商標を独占的に使用する権利の設定を受けることができたのは，Bの紹介によるのであり，Bは，乙社の洋菓子事業の陣頭指揮を執ることが甲社の事業と競合することを認識していたというべきであるから，Bの帰責性が認められる。

また，Eを引き抜くことについても，それが甲社に対する忠実義務

● 競業取引規制に関する基本的な理解を端的に論述することができている。

● 「自己又は第三者のために」の解釈（計算説）を示すことができているが，その理由が示されていない。また，Bが乙社から毎月100万円の顧問料を得ていたことについて考慮できていない。さらに，結論として，Bと乙社のどちらの計算でなされたかも確定できていない。

● 単に「関西地方への進出を企図していた」というだけでなく，甲社が「マーケティング調査会社に市場調査を委託し」ていた点についても，言及すべきであった。

● 時系列を把握できていない。乙社がQ商標を独占的に使用する権利を得た時点（平成22年4月）は，BがA及びCに，乙社の事業に携わることになった旨を伝えた時点（平成22年3月）よりも後である。

● 再現答案①のように，どういう場合に善管注意義務・忠実義務違反となるのか，その規範を定立して的確に当てはめることができれば，さらに高く評価された。

● 競業取引規制違反に基づく責任が過失責任であるという指摘は正しいが，本件でBに故意又は過失があることは問題なく認められることから，簡潔な指摘にとどめるべきである。

に違反することは容易に認識することができるから，この点についても，Bの帰責性が認められる。
5　次に，「損害」及び任務懈怠との因果関係の有無を検討する。
　(1)　まず，Bが，乙社の顧問として，乙社の洋菓子事業の陣頭指揮を執ったことによって，甲社は，関西地方への進出を断念している。競業取引に違反した場合，その取締役又は第三者が得た利益の額が損害の額と推定されるところ（423条2項），乙社の営業利益は，200万円から1000万円に増加しており，この差額の800万円が甲社の損害の額と推定され，Bの任務懈怠との因果関係も認められる。
　(2)　次に，BがEを引き抜いたことによって，甲社の洋菓子工場は操業停止を余儀なくされ，3日間受注ができず，1日当たり100万円相当の売上げを失ったというのであるから，甲社には，300万円の損害が生じており，Bの任務懈怠との因果関係も認められる。
6　よって，Bは，甲社に対し，1100万円の損害賠償責任を負う。
設問2
1　第1取引と第2取引は，一体となって，甲社の洋菓子事業部門を丙社に売却する行為であり，取締役会の決議を経て締結されているところ，これが「事業の重要な一部の譲渡」（467条1項2号）に当たるとすると，これらの取引をするためには，株主総会の特別決議を要することになる（同項，309条2項11号）。そこで，第1取引と第2取引が「事業の重要な一部の譲渡」に当たるか検討する。
2　まず，第1取引をした平成24年7月2日における甲社の資本金の

額（会社法施行規則134条1項1号）は4億円であり，資本準備金の額（同項第2号）は1億円であるから，総資産額は5億円であるところ，洋菓子事業部門の資産の帳簿価額は，2億5000万円であり，総資産額の5分の1を超えている（467条1項2号）。
　そして，会社がその総資産額の半額を占める資産により遂行する事業は，「重要な」事業であるということができる。
3(1)　次に，事業の「譲渡」に当たるためには，①一定の事業目的のために組織化され，有機的かつ一体的に機能する財産を譲渡し，②譲渡を受ける者に，その財産により実施してきた事業活動をも承継させ，③譲渡する者が法律上当然に競業避止義務を負うことを要するとされるところ，第1取引により譲渡する土地及び建物並びに第2取引により譲渡する商標権は，洋菓子事業部門のために利用される財産であり，そのために組織化され，有機的かつ一体的に機能しており（①），丙社は，甲社が行ってきた洋菓子事業を引き続き実施するが（②），第1取引及び第2取引に係る売買契約においては，甲社の競業が禁止されない旨の特約があったのであるから，③の要件を欠いている。
　(2)　しかしながら，467条1項が事業の譲渡について株主総会の特別決議を要するとした趣旨は，会社に重大な影響を与える事業の譲渡について株主総会の決議を要求することによって，株主の利益の保護を図ろうとしたものであるところ，競業避止義務を負わない場合であっても，会社に重大な影響を与えうるのであるから，事業の「譲渡」については，③の要件を要しないものと解する。

● 競業取引において推定される損害額（423Ⅱ）については，「自己又は第三者のため」の要件の当てはめとの整合性に気を付ける必要がある。本答案では，乙社が得た増額分の営業利益800万円を「損害」額と推定しているが，そうであれば，Bの競業行為が「第三者」たる乙社の計算で行った競業取引に当たると認定する必要があった。また，423条2項の損害とは別に，甲社が支払った委託料500万円について，423条1項に基づく損害賠償請求が可能かという問題も検討する必要があった。

● 出題趣旨によると，本設問では，そもそも第1取引と第2取引を一体の取引と評価することができるか否かが問われていたが，本答案はこれを当然の前提としてしまっており，出題趣旨に応えることができていない。

● 「総」資産額と「純」資産額を取り違えているが，総資産額を誤って認定してしまうと，簡易譲渡に当たるか否かの結論が変わりうるため，特に注意して事実を引用する必要がある。また，出題趣旨によると，「重要な」一部かどうかの判断に当たっては，重要性の判断基準を示した上で，質的・量的な側面から具体的に当てはめることが求められていたが，本答案は，重要性の判断基準がなく，また，質的な側面からの当てはめもない点で，出題趣旨に十分応えていない。

● 判例の立場に立たない理由が467条の趣旨からきちんと示されている。

（3）したがって，第１取引及び第２取引は，事業の「譲渡」に当たる。

4　次に，株主総会決議を欠く事業の「譲渡」の効力が問題となる。

株主総会決議を欠いていても，代表取締役であるＡが事業の「譲渡」に係る契約を締結した以上，丙社の取引の安全を図る必要があるとも考えられるが，事業の譲渡について株主総会決議を欠くという瑕疵は，重大であるから，無効となるものと解する。

5　よって，第１取引及び第２取引は，無効である。

設問3

1　新株予約権を発行するに当たっては，株主総会の特別決議により募集事項を定めなければならない（２３８条１項，２項，３０９条２項６号）。

Ａ及びＳ社の賛成により募集事項が決定されているから，この点では，瑕疵はない。

また，募集事項の決定は，取締役会に委任することができるから（２３９条１項），新株予約権の行使条件を取締役会に一任したことも適法である。

2　しかしながら，行使条件を全く廃止することまでは委任されていないというべきであるから，上場条件を廃止するためには，株主総会の特別決議を要し，Ｇに対する甲社株式の発行には瑕疵がある。

3　Ｇの取引の安全を考慮すれば，無効原因は限定されるべきとも思われるが，甲社は，公開会社ではないから，株主総会決議を欠くという瑕疵は重大である。

4　よって，甲社株式の発行は，無効である。

以　上

● 株主総会決議を欠く事業譲渡を無効とする理由として，瑕疵が重大というだけでは不十分であるから，相手方の丙社，株主Ｓ社などの利害や事業譲渡の性質を考慮した十分な理由付けを示すべきである。

● 本答案では，「募集事項の決定は，取締役会に委任することができるから（２３９条１項）」と論述されているが，「募集新株予約権の内容」の決定は取締役会に委任することができない（238Ⅱ，239Ⅰ）。そのため，新株予約権の行使条件が「募集新株予約権の内容」に含まれるかどうかを検討しなければならないが，この点の検討がない。

● 本答案は，「甲社は，公開会社ではないから，株主総会決議を欠くという瑕疵は重大である」としているが，理由がなく説得力に欠ける。

MEMO

第1　設問1

1　甲は，Bに対して，競業取引規制違反に基づく損害賠償（会社法（以下略）356条1項1号，423条1項，2項）を請求することができないか。

(1)　会社法上，名義と計算については用語法が使い分けられている（120条1項参照）ので，「ために」（356条1項1号）とは，名義を指すと解する。

　　本件で，Bは乙社の顧問として，洋菓子事業の陣頭指揮を執っているから，第三者たる乙のために競業取引を行ったといえる。そして，Bは乙の株式を90％保持しているから，乙の利益はBの利益と同視できるので，Bのために行ったともいえる。

(2)ア　Bが，「株式会社の事業の部類に属する取引」をしたといえるか。

　イ　356条1項1号の趣旨は，取締役は株式会社において重要な地位を有するところ，取締役がかかる地位を利用して，会社の犠牲のもとに自己の利益を図ることを防止するところにある。

　　　そこで，「株式会社の事業の部類に属する取引」とは，会社が実際に行っている業務よりも広く，会社がこれから行おうとする事業，事業を行おうとする地域も含めて，会社と市場において競合する事業を行う場合をいうと解する。

　ウ　本件で，甲は首都圏で洋菓子事業を営んでいるものの，関西への進出を検討している。また，甲は，P商標という，世界的に有名なブランドの商標を付したチョコレートを主力商品としている。

　　　そして，乙社は，関西地方において，甲と競合しうる洋菓子事

業を営んでいる。そして，チョコレートで有名なQ社ブランドの商標を獲得し，販売しているが，これは甲のP商標を付したチョコと競合する。

　　　したがって，乙の陣頭指揮を執ったBは，「株式会社の事業に属する取引」を行ったものといえる。

(3)　Bは競業規制に「違反」（423条2項）したといえるか。

　　Bは乙の顧問に就任する前に，AとCにその旨説明したところ，ACは異議を述べなかった。そこで，株主総会における承認（356条1項柱書）があったとも思える。

　　しかし，甲のような非公開会社では，公開会社の場合（365条1項）と異なり，株主総会の承認の代わりに取締役会の承認があればよいとされておらず，特に慎重な手続が必要とされている。これは，非公開会社では株主が経営に参加することから，株主の利益を図ったものである。そうすると，株主の利益に鑑み，総会での承認なく，事実上の承認でこれに代わるものとすることはできないというべきである。

　　したがって，本件では事実上の承認があるのみで，株主総会は行われていないから，Bは株主総会での説明と承認なく競業取引を行ったものとして，競業規制に違反したものといえる。

(4)　したがって，423条2項により，乙とBの利益は，甲の損害と推定される。

　　損害額は，乙の，B加入前の営業利益と，加入後の営業利益の差額である800万円と，Bの顧問料100万円×12＝1200万

● 「自己又は第三者のために」（356Ⅰ①）の解釈において名義説に立ちながら，経済的効果の帰属を問題にする計算説の当てはめを行っており，規範と当てはめが一致せず，論理性に欠ける。

● 356条1項1号の趣旨から「事業の部類に属する取引」の意義を正しく導くことができている。

● 「事業の部類に属する取引」（356Ⅰ①）の当てはめにおいて，甲社はすでにマーケティング調査会社に市場調査費500万円を支払済みであるという事実の指摘を落としている。

● 甲社は取締役会設置会社であるので，競業取引についての「重要な事実」の開示・承諾は，取締役会においてなされれば足りる（356Ⅰ①，365Ⅰ）。本答案は，株主総会においてなされる必要があるとしており，最も基本的な事項に誤りがある。

● Bが得た顧問料を競業取引により

円の合計２０００万円である。
(5) よって，甲は，Ｂに対し，競業規制違反に基づく損害賠償として，２０００万円の損害賠償請求をすることができる。
2(1) 甲が，関西地方へ進出するための市場調査のために，５００万円支出したことについて，４２３条１項に基づき，Ｂに対し損害賠償請求することができるとも思える。
(2) Ｂは，競業規制（３５６条１項１号）違反という法令違反を行い，任務懈怠と故意過失がある。そして，Ｂの任務懈怠により，甲は関西に進出できなくなり，委託料が無駄になるという損害を被っている。
(3) しかし，かかる損害は，関西地方に進出することができないことを前提とした損害である。他方，４２３条２項の推定は，甲が関西地方で事業を行った場合の逸失利益であり，甲が営業を行ったことを前提とする損害である。
そうすると，関西地方で営業を行ったのであれば，市場調査の委託料は無駄にならないから，４２３条２項の推定と，委託料の損害は，矛盾し，両立しないものである。
したがって，甲は，４２３条２項の推定に基づく損害賠償と，委託料の損害賠償を，同時に行うことはできない。
3 Ｂが甲からＥを引き抜いた行為は，会社に対する忠実義務（３５５条）に違反する行為である。
したがって，Ｂには任務懈怠と故意過失がある。
そして，Ｅが引き抜かれたことで，甲は，３日間受注ができず，3

日分の売り上げ３００万円の損害を被っている。
これは，Ｂの任務懈怠と因果関係ある損害である。
よって，甲はＢに対し，４２３条１項に基づき，３００万円の損害賠償請求をすることができる。
第2 設問2
1 第１取引，第２取引について，株主総会特別決議（４６７条１項柱書，３０９条２項１１号）がされていない。株主総会特別決議を欠く事業譲渡の効力は，無効となるか。
事業譲渡の際に，株主総会特別決議が要求される趣旨は，事業譲渡の会社に与える影響の重大さに鑑み，会社の実質的所有者である株主による慎重な意思決定を要求したことにある。
そうすると，株主総会を欠く場合，慎重な意思決定なく，重大な行為を行うことになるから，瑕疵が大きく，株主総会特別決議を欠く事業譲渡の効力は，無効であると解する。
2(1) 第１取引は，事業譲渡（４６７条１項２号）に当たるか。
(2) 事業譲渡とは，①一定の事業目的のため組織化され，有機的一体として機能する財産の譲渡であって，②それによって譲渡会社の主要な事業が営まれていた財産の譲渡であって，③譲渡会社が，競業避止義務を負うものをいう。
(3) 本件で，建物と土地は，洋菓子工場を営むため組織化された財産であり，従業員も丙に引き継がれ，丙でそのまま洋菓子工場が営まれるから，有機的一体として機能する財産の譲渡である（①）。
また，土地建物は，甲の総資産の４分の１以上を占める財産であ

得た利益と認定するのであれば，本件競業取引と顧問料との間の因果関係を検討する必要がある。

● 本答案は，「委託料が無駄になる」としているが，Ｂの競業行為がなくても，甲社は委託料を調査会社に支払っていたと考えられるため，この点に踏み込んで相当因果関係の有無を検討できれば，高く評価されたものと思われる。

● ４２３条２項により推定される損害と，市場調査の委託料５００万円が無駄になったという損害のいずれも，甲社が関西地方に進出できなかったことによって生じた損害なので，両立しうる。

● ＢによるＥの引き抜き行為がどうして忠実義務に違反するのか，その理由が示されておらず，不十分な論述である。Ｂは甲社の洋菓子事業部門の業務執行担当取締役であるから，当該事業部門の利益を守る立場にあったこと等を踏まえた論述が求められていた。

● 株主総会の特別決議を欠く事業譲渡の効力の問題は，第１取引と第２取引が事業譲渡に該当するとした場合に初めて出てくるものである。そのため，この問題を論述するよりも先に第１取引・第２取引が事業譲渡に該当することを論じなければ，論理性に欠ける。

● 事業譲渡の意義の１つのファクターである「譲渡会社が営んでいた営業的活動の全部又は重要な一部を譲受人に受け継がせること」の指摘がなく，不正確である。

● 第１取引・第２取引の形式を重視すれば２つの「重要な財産の処分」（３６２Ⅳ①）がされたものと評価することになるが，実質的に全体とし

り，重要な財産である。したがって，土地建物によって営まれていた洋菓子事業は，甲の主要な事業だったといえる（②）。

そして，甲が競業避止義務を負う約条があった（③）。

よって，第1取引は，事業譲渡に当たる。

3　第2取引は事業譲渡に当たるか。

P商標は，洋菓子事業を営むためには不可欠のものであるから，一定の事業目的のため組織化され，有機的一体として機能する財産であるといえる（①）。

そして，P商標の価値は，総資産の7分の1にも相当する重要な財産であり，それが用いられていた事業である洋菓子事業は，甲の主要な事業である（②）

そして，甲が競業避止義務を負う約条があった（③）

よって，第2取引は事業譲渡に当たる。

4　第1取引，第2取引は，株主総会特別決議なく行われた事業譲渡であるので，無効である。

第3　設問3

1　Gに対し第三者割当の形で割り当てられた本件新株予約権（238条1項）であるところ，行使条件として上場条件が定められていた。そして，後に株主総会特別決議（238条2項，309条2項6号）を経ることなく，上場条件は廃止されている。

そこで，かかる条件変更は許されず，本件新株予約権は行使できない結果，Gに対する甲社株式発行は，無効とならないか。

2　株式発行の無効事由は明文上明らかではないが，取引安全の見地から，その前提手続に重要な瑕疵がある場合に限って無効事由（828条1項2号）となると解する。

そして，新株予約権に行使条件がある場合に，事後的に，取締役会の一存でかかる条件を変更することを認めると，実質的には，株主総会特別決議なく新たな新株予約権を第三者割当することと変わらないことになる。

非公開会社においては，持株比率維持の利益が重要であるところ，株主総会決議なく第三者割当が行われれば，株主の利益が著しく害されることになるから，株主総会決議を欠く第三者割当には，重大な手続上の瑕疵があるといえる。

そこで，行使条件が新株予約権の重要な要素となっていた場合には，後に株主総会決議なく行使条件が変更された場合，手続上の重大な瑕疵があるものといえると解する。

そうすると，かかる新株予約権を行使して発行された株式には，発行の前提手続に重大な瑕疵があるものとして，無効事由があることになる。

3　本件で，本件新株予約権は上場条件があるからこそ，割当てが認められたものである。したがって，上場条件は，本件新株予約権の重要な要素といえる。

そして，株主総会特別決議なく，上場条件が廃止されている。

よって，本件新株予約権を行使して発行された株式は，発行の前提手続に重大な瑕疵があるものとして，無効である。

以　上

● て「事業の重要な一部の譲渡」（467 I②）がされたものと評価できないか，という点が題意であると解されるが，本答案は題意に気付けていない。また，「甲が競業避止義務を負う約条があった」との論述があるが，明らかな事実誤認である。

● 第1取引と第2取引を個別に検討する以上，P商標の商標権のみをもって「有機的一体として機能する財産」と考えることには無理がある。また，総資産の7分の1を「重要」としている点も，467条1項2号かっこ書からして，明らかな誤りである。

● 前提として，株主総会の決議により新株予約権の行使条件の決定を取締役会に委任することの可否も問題となる。

● 「非公開会社においては，持株比率維持の利益が重要である」と論述しているが，その理由を会社法の規定等から論述できれば，さらに理解を示すことができた。

● 当該行使条件を取締役会の決議により廃止することの可否と，瑕疵のある手続により発行された新株予約権の行使により発行された株式の効力の問題は，区別して検討することが求められていた。

平成28年

問題文

[民事系科目]

〔**第2問**〕（配点：１００〔**設問１**〕から〔**設問３**〕までの配点の割合は，３.５：３：３.５〕）

次の文章を読んで，後記の〔**設問１**〕から〔**設問３**〕までに答えなさい。

1. 甲株式会社（以下「甲社」という。）は，取締役会及び監査役を置いている。甲社の定款には取締役は３名以上とする旨の定めがあるところ，Ａ，Ｂほか４名の計６名が取締役として選任され，Ａが代表取締役社長として，Ｂが代表取締役専務として，それぞれ選定されている。また，甲社の定款には，取締役の任期を選任後１０年以内に終了する事業年度のうち最終のものに関する定時株主総会の終結の時までとする旨の定めがある。甲社の監査役は，１名である。

   甲社は種類株式発行会社ではなく，その定款には，譲渡による甲社の株式の取得について取締役会の承認を要する旨の定めがある。甲社の発行済株式及び総株主の議決権のいずれも，２５％はＡが，２０％はＢが，それぞれ保有している。

2. 甲社は建設業を営んでいたが，甲社においては，Ａが事業の拡大のために海外展開を行う旨を主張する一方で，Ｂが事業の海外展開を行うリスクを懸念し，Ａの主張に反対しており，ＡとＢが次第に対立を深めていった。Ａは，事業の海外展開を行うために必要かつ十分な調査を行い，その調査結果に基づき，事業の海外展開を行うリスクも適切に評価して，取締役会において，事業の拡大のために海外展開を行う旨の議案を提出した。この議案については，Ｂが反対したものの，賛成多数により可決された。

   甲社はこの取締役会の決定に基づき事業の海外展開をしたが，この海外事業は売上げが伸びずに低迷し，甲社は３年余りでこの海外事業から撤退した。

3. この間にＡと更に対立を深めていたＢは，取締役会においてＡを代表取締役から解職することを企て，Ａには内密に，Ａの解職に賛成するように他の取締役に根回しをし，Ｂを含めてＡの解職に賛成する取締役を３名確保することができた。甲社の取締役会を招集する取締役については定款及び取締役会のいずれでも定められていなかったことから，Ｂは，Ａの海外出張中を見計らって臨時取締役会を開催し，Ａを代表取締役から解職する旨の議案を提出することとした。

4. Ｂは，Ａが海外出張に出発したことから，臨時取締役会の日の１週間前にＡを除く各取締役及び監査役に対して取締役会の招集通知を発した。この招集通知には，取締役会の日時及び場所については記載されていたが，取締役会の目的である事項については記載されていなかった。

   Ａの海外出張中に，Ａを除く各取締役及び監査役が出席し，臨時取締役会が開催された。Ｂは，この臨時取締役会において，議長に選任され，Ａを代表取締役から解職する旨の議案を提出した。この議案については，賛成３名，反対２名の賛成多数により可決された。

5. Aが，海外出張から帰国し，Aを代表取締役から解職する旨の臨時取締役会の決議の効力を強硬に争っていたところ，臨時取締役会の決議においてAの解職に反対した取締役のうちの一人が，甲社の内紛に嫌気がさし，取締役を辞任した。そこで，Bは，各取締役及び監査役の全員が出席する定例取締役会であっても，Aの解職の決議をすることができる状況にあると考え，解職を争っていたAを含む各取締役及び監査役の全員が出席した定例取締役会において，念のため，再度，Aを代表取締役から解職する旨の議案を提出した。この議案については，賛成多数により可決された。また，甲社においては，取締役の報酬等の額について，株主総会の決議によって定められた報酬等の総額の最高限度額の範囲内で，取締役会の決議によって役職ごとに一定額が定められ，これに従った運用がされていた。この運用に従えば，Aの報酬の額は，月額５０万円となるところ，Bは，この定例取締役会において，Aの解職に関する議案に続けて，解職されたAの報酬の額を従前の代表取締役としての月額１５０万円から月額２０万円に減額する旨の議案も提出した。この議案についても，賛成多数により可決された。この定例取締役会において，BがAの後任の代表取締役社長として選定された。

〔設問１〕

(1) Aを代表取締役から解職する旨の上記４の臨時取締役会の決議の効力について，論じなさい。

(2) Aの報酬の額を減額する旨の上記５の定例取締役会の決議の後，Aは，甲社に対し，月額幾らの報酬を請求することができるかについて，論じなさい。なお，Aが代表取締役から解職されたことを前提とする。

6. 代表取締役から解職されたAは，甲社の株主として，定時株主総会において，Aの解職に賛成したBら３名を取締役から解任しようと考え，Bら３名の取締役の解任及びその後任の取締役の選任をいずれも株主総会の目的とすることを請求するとともに，これらに関する議案の要領をいずれも定時株主総会の招集通知に記載するように請求した。

甲社の定時株主総会の招集通知には，会社提案として，海外事業の失敗を理由とするAの取締役の解任に関する議案が，Aの株主提案として，上記Bら３名の取締役の解任に関する議案及びその後任の取締役の選任に関する議案が，それぞれ記載されていた。

7. 甲社の定時株主総会においては，Aの取締役の解任に関する議案は可決され，上記Bら３名の取締役の解任に関する議案及びその後任の取締役の選任に関する議案はいずれも否決された。なお，Aの取締役としての任期は，８年残っていた。

〔設問２〕

(1) 上記７の定時株主総会において取締役から解任されたAが，甲社に対し，解任が不当であ

ると主張し，損害賠償請求をした場合における甲社のAに対する会社法上の損害賠償責任について，論じなさい。

　(2)　仮に，上記6の定時株主総会の招集通知が発せられた後，Aが多額の会社資金を流用していたことが明らかとなったことから，Aが，Aの取締役の解任に関する議案が可決されることを恐れ，旧知の仲である甲社の株主数名に対し，定時株主総会を欠席するように要請し，その結果，定時株主総会が，定足数を満たさず，流会となったとする。この場合において，①Bが，甲社の株主として，訴えをもってAの取締役の解任を請求する際の手続について，説明した上で，②この訴えに関して考えられる会社法上の問題点について，論じなさい。

8．甲社は，内紛が解決した後，順調に業績が伸び，複数回の組織再編を経て，会社法上の公開会社となり，金融商品取引所にその発行する株式を上場した。現在，甲社の資本金の額は20億円で，従業員数は3000名を超え，甲社は監査役会及び会計監査人を置いており，Cが代表取締役社長を，D が取締役副社長を，それぞれ務めている。

9．甲社の取締役会は「内部統制システム構築の基本方針」を決定しており，甲社は，これに従い，法務・コンプライアンス部門を設け，Dが同部門を担当している。また，甲社は，内部通報制度を設けたり，役員及び従業員向けのコンプライアンス研修を定期的に実施するなどして，法令遵守に向けた取組を実施している。さらに，甲社は，現在，総合建設業を営んでいるところ，下請業者との癒着を防止するため，同規模かつ同業種の上場会社と同等の社内規則を制定しており，これに従った体制を整備し，運用している。

10．甲社の内部通報制度の担当者は，平成27年3月末に，甲社の営業部長を務めるEが下請業者である乙株式会社（以下「乙社」という。）の代表取締役を務めるFと謀り，甲社が乙社に対して発注した下請工事（以下「本件下請工事」という。）の代金を水増しした上で，本件下請工事の代金の一部を着服しようとしているとの甲社の従業員の実名による通報（以下「本件通報」という。）があった旨をDに報告した。ところが，その報告を受けたDは，これまで，甲社において，そのような不正行為が生じたことがなかったこと，会計監査人からもそのような不正行為をうかがわせる指摘を受けたことがなかったこと，EがDの後任の営業部長であり，かつて直属の部下であったEに信頼を置いていたことから，本件通報には信ぴょう性がないと考え，本件下請工事や本件通報については，法務・コンプライアンス部門に対して調査を指示せず，Cを含む他の取締役及び監査役にも知らせなかった。

11．甲社の内部通報制度の担当者は，その後，Dから，法務・コンプライアンス部門に対し，本件下請工事や本件通報についての調査の指示がなかったことから，平成27年5月に，本件通報があった旨をCにも報告した。その報告を受けたCは，直ちに，本件下請工事や本件通報について，法務・コンプライアンス部門に対して調査を指示した。

12. 甲社の法務・コンプライアンス部門が調査をした結果，２週間程度で，以下のとおり，Ｅと
　　Ｆが謀り，本件下請工事について不正行為をしていたことが判明した。

　⑴　ＥとＦは，本件下請工事について，合理的な代金が１億５０００万円であることを理解し
　　ていたにもかかわらず，代金を５０００万円水増しして，２億円と偽り，水増しした５００
　　０万円を後に二人で着服することをあらかじめ合意していた。

　⑵　甲社の社内規則上，甲社が発注する下請工事の代金が１億円以上となると，複数社から見
　　積りを取得する必要が生じることから，Ｅが，Ｆに対し，本件下請工事について，形式上，
　　工事を三つに分割して見積書を３通作成することを指示し，乙社は，①第一工事の代金を８
　　０００万円，②第二工事の代金を５０００万円，③第三工事の代金を７０００万円として，
　　本件下請工事について代金が合計２億円となるように３通の見積書を作成し，甲社に提出し
　　た。

　⑶　Ｅは，甲社の関係部署を巧妙に欺き，３通の見積書がそれぞれ別工事に関わるものである
　　と誤信させた。これにより，甲社は，平成２６年９月に，乙社との間で，上記の各見積書に
　　基づき３通の注文書と注文請書を取り交わした上で，以後，乙社に対し，毎月末の出来高に
　　応じて翌月末に本件下請工事の代金を支払っていった。

　⑷　甲社は，本件下請工事が完成したことから，乙社に対し，平成２７年４月末に残金合計３
　　０００万円を支払い，その後，ＥとＦが，甲社が乙社に対して支払った本件下請工事の代金
　　から５０００万円を着服した。

　⑸　甲社の会計監査人は，平成２７年１月に，乙社に対し，甲社の平成２６年１２月期の事業
　　年度の計算書類及びその附属明細書等の監査のために，本件下請工事の代金の残高について
　　の照会書面を直接郵送し，回答書面の直接返送を求める方法で監査を行ったが，Ｅは，Ｆに
　　対し，回答書面にＥが指定した金額を記載して返送するように指示をするなど，不正が発覚
　　することを防止するための偽装工作を行っていた。

〔設問３〕　上記８から12までを前提として，①Ｃの甲社に対する会社法上の損害賠償責任及び
②Ｄの甲社に対する会社法上の損害賠償責任について，それぞれ論じなさい。

【民事系科目】

〔第2問〕

　本問は，① 会社法上の公開会社でない取締役会設置会社において，取締役会の開催に当たり，当該取締役会において解職決議がされた代表取締役に対する招集通知を欠いた場合における当該取締役会の決議の効力（設問1⑴），② 取締役の報酬の額について，株主総会の決議によって定められた報酬等の総額の最高限度額の範囲内で取締役会の決議によって役職ごとに一定額が定められこれに従った運用がされていた会社において，役職の変動に伴い，その運用により定まる報酬の額よりも更に減額する旨の取締役会の決議がされた場合に，取締役が会社に対して請求することができる報酬の額（設問1⑵），③ 株主総会において取締役から解任された者が，その解任について正当な理由がないとして，損害賠償請求をした場合における会社の損害賠償責任（設問2⑴），④ 役員の解任の訴えの手続と，役員の解任を議題として招集された株主総会が定足数を満たさずに流会となった場合において，役員の解任の訴えを提起することの可否（設問2⑵），⑤ 役員等の会社に対する損害賠償責任と，大会社である取締役会設置会社における代表取締役等の内部統制システムの構築義務及び運用義務（設問3）に関する理解等を問うものである。

　設問1⑴においては，取締役会の招集権者（会社法第366条第1項）や，取締役会の目的である事項の特定の要否を含む招集手続（会社法第368条第1項），決議要件（会社法第369条第1項，第2項）について正確に理解していることが前提となる。そして，取締役会の開催に当たり，一部の取締役に対する招集通知を欠いた場合には，特段の事情がない限り，その招集手続に基づく取締役会の決議は無効であるが，その取締役が出席してもなお決議の結果に影響を及ぼさないと認めるべき特段の事情があるときは，決議は有効であるとする判例（最三判昭和44年12月2日民集23巻12号2396頁）や，代表取締役の解職決議については，その代表取締役は，特別利害関係を有する者に当たるとする判例（最二判昭和44年3月28日民集23巻3号645頁）を意識しながら，会社法上の公開会社でない取締役会設置会社において（いわゆる閉鎖会社においては，特別利害関係を有する者に当たらないという見解等もある。），取締役会の開催に当たり，当該取締役会において解職決議がされた代表取締役に対する招集通知を欠いた場合に，上記の特段の事情があると認めることができるかどうかを説得的に論ずることが求められる。その際には，特別利害関係を有する者に当たると，当該取締役会の審議に参加して意見を述べることも認められないか否かや，Aが当該取締役会の審議に参加することが認められる場合であっても，Aの意見が決議の結果を動かさないであろうことが確実に認められるか否かなどについても触れつつ，事案に即して具体的に検討されることが望ましい。

　設問1⑵においては，取締役の報酬等の額について，定款に定めていないときは，株主総会の決議によって定めるが（会社法第361条第1項），判例（最三判昭和60年3月26日判時1159号150頁）は，株主総会の決議により，取締役全員に支給する総額の最高限度額を定め，各取締役に対する配分額の決定は，取締役会の決定に委ねてもよいとしていることや，取締役の報酬等の額が具体的に定められた場合には，その額は，会社と取締役間の契約内容となり，契約当事

者である会社と取締役の双方を拘束するから，当該取締役が同意しない限り，会社が一方的にその報酬等の額を減額することはできないと解されていること（最二判平成４年１２月１８日民集４６巻９号３００６頁参照）を意識しながら，取締役の報酬等の額について，株主総会の決議によって定められた報酬等の総額の最高限度額の範囲内で，取締役会の決議によって役職ごとに一定額が定められ，これに従った運用がされていた場合に，取締役が，役職の変動に伴う報酬の減額に同意していたと認められるかどうかを事案に即して論ずることが求められる。なお，上記のとおりの運用により定まる報酬の額の範囲内で，Ａが，役職の変動に伴う報酬の減額に同意していたと認められるとすれば，Ａの報酬の額を減額する旨の定例取締役会の決議の後であっても，Ａは，甲社に対し，その運用により定まる月額５０万円の報酬を請求することができることとなろう。

　設問２(1)においては，取締役は，いつでも，かつ，事由のいかんを問わず，株主総会の決議によって解任することができる（会社法第３３９条第１項）が，会社は，その解任について正当な理由がある場合を除き，任期満了前に取締役を解任したときは，取締役に対し，解任によって生じた損害を賠償しなければならない（同条第２項）ことを理解していることが前提となる。その上で，Ａが，事業の海外展開を行うために必要かつ十分な調査を行い，その調査結果に基づき，事業の海外展開を行うリスクも適切に評価していたことから，このような経営判断に基づいた海外事業の失敗が，正当な理由に含まれるかどうかについて，会社法第３３９条第２項の趣旨や「正当な理由」の意義も踏まえつつ，説得的に論ずることが求められる。そして，このような海外事業の失敗が正当な理由に含まれないとする場合には，会社が取締役に対して賠償しなければならない損害の範囲ないし額について，Ａの取締役としての任期が８年と長期間残っていたことをその減額要素として考慮することができるかどうかにも言及した上で，検討することも求められる。

　設問２(2)においては，役員の解任の訴えについては，会社法上の公開会社でない株式会社の場合には，役員の職務の執行に関し不正の行為等があったにもかかわらず，当該役員を解任する旨の議案が株主総会において否決されたときに，総株主（当該役員を解任する旨の議案について議決権を行使することができない株主及び当該請求に係る役員である株主を除く。）の議決権の１００分の３以上の議決権を有する株主（当該役員を解任する旨の議案について議決権を行使することができない株主及び当該請求に係る役員である株主を除く。）又は発行済株式（当該株式会社である株主及び当該請求に係る役員である株主の有する株式を除く。）の１００分の３以上の数の株式を有する株主（当該株式会社である株主及び当該請求に係る役員である株主を除く。）が，当該株主総会の日から３０日以内に提起することができること（会社法第８５４条第１項，第２項）を説明することが求められる。

　また，役員の解任の訴えについては，会社及び当該役員を被告とすること（会社法第８５５条）や，本問においては，代表取締役Ｂが株主として甲社及び取締役Ａを被告として役員の解任の訴えを提起することとなるため，監査役が甲社を代表すること（会社法第３８６条第１項第１号），役員の解任の訴えは，会社の本店の所在地を管轄する地方裁判所の管轄に専属すること（会社法第８５６条）を説明することも期待される。

　その上で，役員の解任を議題として招集された株主総会が定足数を満たさずに流会となった場合において，役員の解任の訴えを提起することができるかどうかについて，会社法第８５４条第１項に規定する「当該役員を解任する旨の議案が株主総会において否決されたとき」の意義を役員の解任の訴えの制度の趣旨等に照らして解釈するなどしながら，説得的に論ずるとともに，会社資金の

流用という役員の職務の執行に関し不正の行為等があったと認められることに言及することが求められる。

　設問３においては，取締役は，株式会社に対し，その任務を怠ったこと（任務懈怠）によって生じた損害を賠償する責任を負うこと（会社法第４２３条第１項）や，任務懈怠責任は，取締役の株式会社に対する債務不履行責任の性質を有するため，任務懈怠，会社の損害，任務懈怠と損害との間の因果関係に加え，取締役の帰責事由が必要であること（会社法第４２８条第１項参照）について理解していることが前提となる。そして，大会社である取締役会設置会社においては，取締役会は，内部統制システムの整備を決定しなければならず（会社法第３６２条第５項，第４項第６号），善管注意義務（会社法第３３０条，民法第６４４条）及び忠実義務（会社法第３５５条）の一内容として，取締役は，取締役会において，会社が営む事業の規模や特性等に応じた内部統制システムを決定する義務を負い，代表取締役等は，取締役会の決定に基づいて，事業の規模等に応じた内部統制システムを構築して運用する義務を負うことについて，的確に論ずることが求められる。

　その上で，まず，甲社について，その事業の規模や特性等に応じた内部統制システムが決定され，構築されているかどうかを事案に即して丁寧に検討することが求められる。

　次に，構築された内部統制システムの運用については，Ｃ及びＤのそれぞれに任務懈怠が認められるかどうかを事案に即して丁寧に検討することが求められる。Ｃに任務懈怠が認められるかどうかを検討するに当たっては，構築された内部統制システムを運用する際に，会社が営む事業の規模や特性等に応じた内部統制システムが外形上機能している場合には，他の役職員がその報告のとおりに職務を遂行しているものと信頼することができるかどうかについても，検討することが期待される。また，Ｄに任務懈怠が認められるかどうかを検討するに当たっては，これまで甲社において同様の不正行為が生じたことがなく，また，会計監査人からも不正行為をうかがわせる指摘を受けたことがなかったものの，本件通報は甲社の従業員の実名によるものであることなどの事情を踏まえた上で，本件通報があった旨の報告を受けていたＤが，本件通報には信ぴょう性がないと考え，本件通報等の調査を指示しなかったことなどをどのように評価すべきかについても，具体的に検討することが期待される。

　そして，任務懈怠及び帰責事由が認められるとする場合には，因果関係が認められる損害の範囲ないし額についても，検討することが求められる。なお，構築された内部統制システムの運用について，Ｄに任務懈怠があったと認められるとしても，本問において，Ｄは，平成２７年３月末に本件通報があった旨の報告を受けており，甲社は，乙社に対し，同年４月末に残金合計３０００万円を支払ったこと，他方で，Ｃの指示により甲社の法務・コンプライアンス部門が調査をした結果，２週間程度で，ＥとＦが謀り，本件下請工事について不正行為をしていたことが判明したことからすれば，Ｄの任務懈怠との間で，当然に因果関係が認められる損害の範囲ないし額は，ＥとＦが着服した５０００万円の全額ではなく，甲社が乙社に対して同月末に支払った３０００万円とすることが考えられよう。

採点実感等に関する意見

1 出題の趣旨等

　既に公表されている「平成28年司法試験論文式試験問題出題趣旨」に，特に補足すべき点はない。

2 採点方針及び採点実感

（1）　民事系科目第2問は，商法分野からの出題である。これは，事実関係を読み，分析し，会社法上の論点を的確に抽出して各設問に答えるという過程を通じ，事例解析能力，論理的思考力，会社法に関する基本的な理解並びに法解釈及び適用能力等を確認するものであり，従来と同様である。

　　その際，論点について，過不足なく記述がある答案や，記述に多少の不足があっても，総じて記述が論理的である答案，制度の趣旨等に照らして条文を解釈している答案，事案に即して具体的な検討がされている答案には，一定の高い評価を与えた。これらも，従来と同様である。

　　なお，読みにくい文字であっても，可能な限り正確に文章を理解するように努めているが，それにもかかわらず，文末が肯定しているのか，否定しているのか判別することができず，あるいは「有効」と書いているのか，「無効」と書いているのか判別することができないような文章が，少数ではあるものの，見られる。そのような文章については，文章の趣旨が不明であるものと判断した上で，採点せざるを得ない。

（2）　設問1⑴について

ア　全体的な採点実感

　　設問1⑴は，会社法上の公開会社でない取締役会設置会社において，取締役会の開催に当たり，当該取締役会において解職決議がされた代表取締役に対する招集通知を欠いた場合における当該取締役会の決議の効力について，問うものである。

　　まず，取締役会の招集に関して，招集権者については，取締役会を招集する取締役を定款又は取締役会で定めていなければ，各取締役が取締役会の招集権を有すること（会社法第366条第1項），招集手続については，取締役会を招集する者は，原則として，取締役会の日の1週間前までに，各取締役及び各監査役に対し，招集通知を発しなければならないこと（会社法第368条第1項）を，それぞれ指摘することが求められる。また，取締役会については，取締役会の目的である事項（議題等）を特定する必要がないことも指摘し，論述することが求められる。しかし，これらを正確に指摘等することができていない答案が少なからず見られた。

　　そして，Aを代表取締役から解職する旨の臨時取締役会の招集手続には，Aに対する招集通知を欠いた瑕疵があることを指摘した上で，当該臨時取締役会の決議の効力について，論ずることが求められる。しかし，これを正確に指摘することができておらず，取締役会の招集手続に関する基本的な理解を欠き，問題の所在を正しく理解していない答案も散見された。

　　当該臨時取締役会の決議の効力について論ずる際には，取締役会の開催に当たり，一部の取締役に対する招集通知を欠いた場合には，特段の事情がない限り，その招集手続に基づく取締

役会の決議は無効であるが，その取締役が出席してもなお決議の結果に影響を及ぼさないと認めるべき特段の事情があるときは，決議は有効であると解されること（最三判昭和４４年１２月２日民集２３巻１２号２３９６頁）や，取締役会の決議について特別の利害関係を有する取締役は，議決に加わることができない（会社法第３６９条第２項）ところ，代表取締役の解職決議については，その代表取締役は，特別の利害関係を有する者に当たるとする判例（最二判昭和４４年３月２８日民集２３巻３号６４５頁）を意識する必要がある。その上で，会社法上の公開会社でない取締役会設置会社において，取締役会の開催に当たり，当該取締役会において解職決議がされた代表取締役に対する招集通知を欠いた場合に，上記の特段の事情があると認めることができるかどうかを説得的に論ずることが求められる。これらの判例を意識していることがうかがわれる答案が多いものの，記述の上でも判例の存在を明らかにしてその理論構成に従って当該臨時取締役会の決議の効力について論ずる答案は，ごく少数にとどまった。また，瑕疵がある取締役会の決議の効力について論ずることなく，瑕疵があることを指摘するにとどまる答案や，Ａがその代表取締役からの解職に関する取締役会の決議について特別の利害関係を有する取締役に当たると解されることから，瑕疵が治癒されると論ずるにとどまる答案が少なからず見られた。さらに，上記の特段の事情の有無について論ずることなく，Ａを代表取締役から解職する旨の臨時取締役会の招集手続に，Ａに対する招集通知を欠いた瑕疵があることから，当該臨時取締役会の決議が無効であると論ずるにとどまる答案も散見された。いわゆる閉鎖会社においては，代表取締役の解職は経営をめぐる取締役間の対立であることが多いため，解職の対象である代表取締役であっても特別の利害関係を有する取締役に当たらないという見解もあり，結論としてこのような見解を採る答案も見られたが，判例を意識しつつ，説得的に論じられているものは少なかった。本設問に限らず，判例と異なる見解を採る場合には，単に自説を述べるのみでは，高い評価は与えていない。

なお，特別の利害関係を有する取締役に当たると，当該取締役会の審議に参加して意見を述べることも認められないかどうかについて検討されるとともに，Ａが当該取締役会の審議に参加することが認められる場合には，Ａの意見が決議の結果に影響を及ぼさないと認められるかどうかについて事案に即して具体的に検討されることが望ましい。しかし，これらについて論ずる答案は，極めて少なかった。

イ　答案の例

優秀に該当する答案の例　ほぼ全ての論点に言及し，かつ，記述が論理的であるもの。特に，①特別の利害関係を有する取締役に当たると，当該取締役会の審議に参加して意見を述べることも認められないかどうかについて的確に論ずるものや，②招集通知を受けなかった取締役が出席してもなお決議の結果に影響を及ぼさないと認めるべき特段の事情の有無について，事案に即して具体的に検討しているものには，高い評価を与えた。

良好に該当する答案の例　特別の利害関係を有する取締役に当たると，当該取締役会の審議に参加して意見を述べることも認められないかどうかについての論点を除き，ほぼ全ての論点に言及し，かつ，記述もおおむね論理的であると認められるもの。優秀に該当する答案に比べ，一部の取締役に対する招集通知を欠いた取締役会の決議の効力に関する論述が正確又は十分でなかったり，上記の特段の事情の有無に関する検討が十分でなかったりするため，高い評価は与えていない。

一応の水準に該当する答案の例　特別の利害関係を有する取締役に当たると，当該取締役会の審議に参加して意見を述べることも認められないかどうかについての論点のほかにも，言及していない論点があるが，言及している論点に関する記述はおおむね論理的であると認められるもの。一部の取締役に対する招集通知を欠いた取締役会の決議の効力について論述していなかったり，上記の特段の事情の有無について検討していなかったりするため，一定の評価を与えるにとどまっている。

不良に該当する答案の例　言及していない論点が多かったり，言及している論点に関する記述も不正確又は不十分であったりするもの。①Aに対する招集通知を欠いたことに言及しないで，Aの海外出張中を見計らって臨時取締役会を開催したこと自体を瑕疵として論ずるものや，②取締役会の招集手続の瑕疵は，決議の取消事由に当たると論ずるもの，③臨時取締役会の決議の後に開催された定例取締役会において，再度，Aを代表取締役から解職する旨の決議がされているから，臨時取締役会の決議の瑕疵が治癒されると論ずるもの，④代表取締役から解職されたAと対立していたことを理由として，Bについてのみ特別の利害関係を有する取締役に当たるか否かを論ずるものなどが，それぞれ一定数見られた。

(3) 設問1(2)について

ア　全体的な採点実感

設問1(2)は，取締役の報酬の額について，株主総会の決議によって定められた報酬等の総額の最高限度額の範囲内で取締役会の決議によって役職ごとに一定額が定められこれに従った運用がされていた会社において，役職の変動に伴い，その運用により定まる報酬の額よりも更に減額する旨の取締役会の決議がされた場合に，取締役が会社に対して請求することができる報酬の額について，問うものである。

まず，取締役の報酬等の額について，定款に定めていないときは，株主総会の決議によって定めるが（会社法第361条第1項），株主総会の決議により，取締役全員に支給する総額の最高限度額を定め，各取締役に対する配分額の決定は，取締役会の決定に委ねてもよいと解されていること（最三判昭和60年3月26日判時1159号150頁）などを，それぞれ指摘し，又は論ずることが求められる。しかし，これらを正確に指摘し，又は論ずることができていない答案も少なからず見られた。

その上で，取締役の報酬等の額が具体的に定められた場合には，その額は，会社と取締役間の契約内容となり，契約当事者である会社と取締役の双方を拘束するから，当該取締役が同意しない限り，会社が一方的にその報酬等の額を減額することはできないと解されていること（最二判平成4年12月18日民集46巻9号3006頁参照）を意識しながら，取締役の報酬等の額について，株主総会の決議によって定められた報酬等の総額の最高限度額の範囲内で，取締役会の決議によって役職ごとに一定額が定められ，これに従った運用がされていた場合に，取締役が，役職の変動に伴う報酬の額の減額に同意していたと認められるかどうかを事案に即して検討することが求められる。しかし，取締役の報酬等の額が具体的に定められた場合には，会社と取締役はこれに拘束されると述べるにとどまり，論述が不十分である答案や，役職の変動に伴う取締役による報酬の減額に関する同意の有無について検討することができていない答案が一定数見られた。また，会社法第361条第1項による規制の目的は高額の報酬が株主の利益を害する危険を排除することにあるため，減額することについては制約がないとして，A

の報酬の額を減額する旨の定例取締役会の決議に従い，Ａは会社に対して月額２０万円の報酬を請求することができるにすぎないと述べるにとどまるなど，取締役の報酬等の減額に関する基本的な理解を欠く答案も散見された。

　イ　答案の例

　　　優秀に該当する答案の例　取締役の報酬の規制の目的や，取締役の報酬の額の決定を取締役会の決定に委ねることの可否等について，正確に指摘し，又は論じた上で，取締役の報酬の額の減額の可否等について的確に論ずるとともに，役職の変動に伴う報酬の額の減額に関する同意の有無について事案に即して検討しているもの

　　　良好に該当する答案の例　優秀に該当する答案に比べ，各論点に関する指摘又は論述が正確性を欠き，又は十分でないもの

　　　一応の水準に該当する答案の例　会社及び取締役が具体的に定められた取締役の報酬の額に拘束されるという結論を述べるが，その理由に関する論述が不正確又は不十分であったり，役職の変動に伴う報酬の額の減額に関する同意の有無に関する検討が不十分であったりするもの

　　　不良に該当する答案の例　各論点に関する論述等が著しく不正確又は不十分であるもの。①会社法第３６１条第１項による規制の目的は高額の報酬が株主の利益を害する危険を排除することにあるため，減額することについては制約がないとして，Ａの報酬の額を減額する旨の定例取締役会の決議に従い，Ａは会社に対して月額２０万円の報酬を請求することができるにすぎないと述べるにとどまるもの，②取締役の報酬の額の決定を委ねられた取締役会の決議によって具体的な報酬請求権が発生するなどとして，従前の代表取締役としての月額１５０万円の報酬との関係を整理しないで，Ａは会社に対して月額２０万円の報酬を請求することができると述べるもの，③退職慰労金の金額等の決定を取締役会の決定に委ねることの可否等についてと同様の判断基準で，取締役の報酬の額の決定を取締役会の決定に委ねることの可否等について論ずるもの，④取締役の報酬の額を減額するためには，再度，株主総会の決議が必要であると論ずるもの，⑤従前の代表取締役としての月額１５０万円からの減額に関する同意の有無について検討しないで，運用に従った月額５０万円から月額２０万円への減額に関する同意の有無についてのみ検討するもの，⑥判例を意識しないで，事情の変更があれば，取締役の報酬等の額の減額が認められるとした上で，役職の変動が事情の変更に当たると論ずるものなどが，それぞれ一定数見られた。

（4）設問２(1)について

　ア　全体的な採点実感

　　　設問２(1)は，株主総会において取締役から解任された者が，その解任に正当な理由がないとして，損害賠償請求をした場合における会社の損害賠償責任について，問うものである。

　　　まず，取締役は，いつでも，かつ，事由のいかんを問わず，株主総会の決議によって解任することができる（会社法第３３９条第１項）が，会社は，その解任について正当な理由がある場合を除き，任期満了前に取締役を解任したときは，取締役に対し，解任によって生じた損害を賠償しなければならない（同条第２項）ことを指摘することが求められる。しかし，これらを正確に指摘することができていない答案が散見された。

　　　その上で，会社法第３３９条第２項の趣旨や「正当な理由」の意義も踏まえつつ，Ａが，事業の海外展開を行うために必要かつ十分な調査を行い，その調査結果に基づき，事業の海外展

開を行うリスクも適切に評価していたことから，このような経営判断に基づいた海外事業の失敗が，正当な理由に含まれるかどうかについて，説得的に論ずることが求められる。しかし，会社法第３３９条第２項の趣旨や「正当な理由」の意義に言及していない答案が一定数見られた。なお，全体として，このような海外事業の失敗については，正当な理由に含まれないとする答案が多く，正当な理由に含まれるとする答案は少なかった。いずれの見解についても同等に評価するように努めたが，正当な理由に含まれるとする答案で，説得的に論じられているものは多くなかった。

そして，このような海外事業の失敗が正当な理由に含まれないとする場合には，会社が取締役に対して賠償しなければならない損害の範囲ないし額について，Ａの取締役としての任期が８年と長期間残っていたことをその減額要素として考慮することができるかどうかにも言及した上で，検討することも求められる。しかし，これを的確に論ずる答案は少なく，かえって，損害の範囲ないし額に全く言及していない答案が相当数見られた。

イ　答案の例

優秀に該当する答案の例　会社法第３３９条第２項の趣旨や「正当な理由」の意義も踏まえつつ，必要かつ十分な調査を行い，その調査結果に基づき，リスクも適切に評価して行った海外事業の失敗が，正当な理由に含まれるかどうかについて，説得的に論ずるもの。特に，経営判断の失敗は，正当な理由に含まれないという見解を採った上で，会社が取締役に対して賠償しなければならない損害の範囲ないし額について，Ａの取締役としての任期が８年と長期間残っていたことをその減額要素として考慮することができるかどうかを検討したものには，その結論のいかんにかかわらず，高い評価を与えた。

良好に該当する答案の例　会社が取締役に対して賠償しなければならない損害の範囲ないし額については残りの任期である８年分の取締役報酬相当額であるという結論のみを記述し，また，「正当な理由」の該当性の検討に不十分な点があるものの，それ以外の点では優秀に該当する答案の例とほぼ同様のもの

一応の水準に該当する答案の例　取締役は，いつでも，かつ，事由のいかんを問わず，株主総会の決議によって解任することができること（会社法第３３９条第１項）に言及していなかったり，会社法第３３９条第２項の趣旨や「正当な理由」の意義に言及していなかったりするが，言及している論点に関する記述はおおむね論理的であると認められるもの。なお，正当な理由との関係を十分に意識しないで，海外事業の失敗について善管注意義務違反が認められるかどうかとして，いわゆる経営判断の原則を論述したにとどまるものには，一定の評価を与えるにとどまっている。

不良に該当する答案の例　論点に関する記述が著しく不正確等であるもの。会社法第３３９条第２項について言及することなく，民法第７０９条若しくは第６５１条第２項又は会社法第４２９条若しくは第３５０条に基づく損害賠償請求の可否等についてのみ論ずるにとどまるものなどが散見された。なお，会社が取締役に対して賠償しなければならない損害の範囲ないし額を残りの任期である８年分の取締役報酬相当額としながら，報酬の月額と年額とを混同するなどして，８年分の取締役報酬相当額の計算を誤っている例が少なくなかった。

(5)　設問２(2)について

ア　全体的な採点実感

設問2⑵は，役員の解任の訴えの手続と，役員の解任を議題として招集された株主総会が定足数を満たさずに流会となった場合において，役員の解任の訴えを提起することの可否について，問うものである。

まず，役員の解任の訴えについては，会社法上の公開会社でない株式会社の場合には，役員の職務の執行に関し不正の行為等があったにもかかわらず，当該役員を解任する旨の議案が株主総会において否決されたときに，総株主（当該役員を解任する旨の議案について議決権を行使することができない株主及び当該請求に係る役員である株主を除く。）の議決権の１００分の３以上の議決権を有する株主（当該役員を解任する旨の議案について議決権を行使することができない株主及び当該請求に係る役員である株主を除く。）又は発行済株式（当該株式会社である株主及び当該請求に係る役員である株主の有する株式を除く。）の１００分の３以上の数の株式を有する株主（当該株式会社である株主及び当該請求に係る役員である株主を除く。）が，当該株主総会の日から３０日以内に提起することができること（会社法第８５４条第１項，第２項）を説明することが求められる。

また，役員の解任の訴えについては，会社及び当該役員を被告とすること（会社法第８５５条）や，役員の解任の訴えは，会社の本店の所在地を管轄する地方裁判所の管轄に専属すること（会社法第８５６条）等を説明することも期待される。

しかし，これらを十分に指摘することができていない答案が少なからず見られた。

その上で，役員の解任を議題として招集された株主総会が定足数を満たさずに流会となった場合において，役員の解任の訴えを提起することができるかどうかについて，会社法第８５４条第１項に規定する「当該役員を解任する旨の議案が株主総会において否決されたとき」の意義を役員の解任の訴えの制度の趣旨等に照らして解釈するなどしながら，説得的に論ずるとともに，会社資金の流用という役員の職務の執行に関する不正の行為等があったと認められることに言及することが求められる。「当該役員を解任する旨の議案が株主総会において否決されたとき」の意義を役員の解任の訴えの制度の趣旨等に照らして解釈しようとしていた答案には，当該趣旨の理解等にやや不十分なところがあったとしても，一定の高い評価を与えた。また，定時株主総会の招集通知の発送後に発覚した事実を解任事由としてよいかを論ずる答案にも，一定の高い評価を与えた。他方で，株主総会が流会となった場合においても，役員の解任の訴えを提起することができると解すべきであるといった価値判断や，当該訴えを提起することができるといった結論を述べるにとどまり，その理由付けが不十分である答案には，高い評価は与えなかった。また，会社資金の流用という役員の職務の執行に関し不正の行為等があったと認められることに言及していない答案が相当数見られた。

イ　答案の例

優秀に該当する答案の例　役員の解任の訴えの制度の趣旨や，流会の場合において役員の解任の訴えを提起することができないと解したときに生ずる弊害等を論じた上で，会社法第８５４条第１項に規定する「当該役員を解任する旨の議案が株主総会において否決されたとき」には，株主総会が流会となった場合も含まれると解釈し，あるいは株主総会が流会となった場合には同項が準用又は類推適用されると論ずるとともに，役員の職務の執行に関する不正の行為等として，会社資金の流用があったと認められることに言及するもの

良好に該当する答案の例　役員の解任の訴えの制度の趣旨や，流会の場合において役員の解

任の訴えを提起することができないと解したときに生ずる弊害等に関する論述が正確性を欠き，又は十分でないほかは，優秀に該当する答案の例とほぼ同様のもの。なお，役員の解任の訴えの制度の趣旨等として，一般的に解されている理解とはやや異なる論述がされ，そのような理解を踏まえ，流会の場合においては役員の解任の訴えを提起することができないと解したものであっても，記述が論理的であるものには，一定の評価を与えた。

一応の水準に該当する答案の例　論点に関する論述が不十分等であるもの。①役員の解任の訴えの制度の趣旨又は流会の場合において役員の解任の訴えを提起することができないと解したときに生ずる弊害等に関する論述を欠き，流会の場合においても，役員の解任の訴えを提起することができると解すべきという価値判断を述べるにとどまるもの，②会社法第８５４条第１項に規定する「株主総会において否決されたとき」には株主総会が流会となった場合も含まれる，あるいは株主総会が流会となった場合には同項が準用又は類推適用されるといった解釈を述べないで，株主総会が流会となった場合においても役員の解任の訴えを提起することができるという結論を述べるにとどまるものなどが，それぞれ一定数見られた。

不良に該当する答案の例　論点に関する論述が著しく不正確又は不十分であるもの。①役員の解任の訴え（会社法第８５４条）の手続と株主による責任追及等の訴え（会社法第８４７条）の手続とを混同しているもの，②役員の職務の執行に関する不正の行為等として，Ａが旧知の仲である甲社の株主数名に対し，定時株主総会を欠席するように要請したことのみに言及し，会社資金の流用に言及しないものなどが，それぞれ一定数見られた。なお，そのことのみで，不良に該当する答案となるものではないが，会社法第８５４条第２項は，役員の解任の訴えについて，公開会社でない株式会社において，同条第１項各号の６か月の株式の保有期間を不要としているにとどまり，公開会社でない株式会社においても，少数株主権としていることは異ならないにもかかわらず，同条第２項が，当該訴えについて，単独株主権としていると誤解している記述が少なからず見られた。

また，「会社法上の問題点について，論じなさい。」という本設問については，例えば，「流会の場合においても，役員の解任の訴えを提起することができるかどうかが問題となる。」などとして，問題提起をするにとどまり，その問題をどのように考えるのか，会社法第８５４条第１項の文言をどのように解釈するのかを全く論じていないものが散見された。さらに，本設問に限らず，「仮に，・・・とすれば，・・・と認められる。」などと，自らの見解を明示しないで，仮定的な論述をするにとどまるものが散見された。これらには，それぞれ相応に低い評価を与えた。

(6) 設問３(1)及び(2)について

ア　全体的な採点実感

設問３(1)及び(2)は，役員等の会社に対する損害賠償責任と，大会社である取締役会設置会社における代表取締役等の内部統制システムの構築義務及び運用義務について，問うものである。

まず，取締役は，株式会社に対し，その任務を怠ったこと（任務懈怠）によって生じた損害を賠償する責任を負うこと（会社法第４２３条第１項）や，任務懈怠責任は，取締役の株式会社に対する債務不履行責任の性質を有するため，任務懈怠，会社の損害，任務懈怠と損害との間の因果関係に加え，取締役の帰責事由が必要であること（会社法第４２８条第１項参照）を，それぞれ指摘することが求められる。しかし，これらを正確に指摘することができていない答

案や，会社法第４２９条第１項と要件を混同していると思われる答案が少なからず見られた。

そして，大会社である取締役会設置会社においては，取締役会は，内部統制システムの整備を決定しなければならず（会社法第３６２条第５項，第４項第６号），善管注意義務（会社法第３３０条，民法第６４４条）及び忠実義務（会社法第３５５条）の一内容として，取締役は，取締役会において，会社が営む事業の規模や特性等に応じた内部統制システムを決定する義務を負い，代表取締役等は，取締役会の決定に基づいて，事業の規模等に応じた内部統制システムを構築して運用する義務を負うことについて，的確に論ずることが求められる。しかし，取締役会の内部統制システムの整備の決定義務，取締役の善管注意義務及び忠実義務，取締役の内部統制システムの決定義務並びに代表取締役等の内部統制システムの構築義務及び運用義務の関係について的確に述べた答案は，少なかった。

その上で，まず，甲社について，その事業の規模や特性等に応じた内部統制システムが決定され，構築されているかどうかを事案に即して丁寧に検討することが求められる。甲社について，その事業の規模等に応じた内部統制システムが決定され，構築されているかどうかを検討するに当たり，問題文における事実関係から事実ないし事情を適切に拾い上げ，これを評価することができている答案には高い評価を与えた。他方で，これを十分に拾い上げていない答案が散見されたが，これには一定の評価を与えるにとどめた。

次に，構築された内部統制システムの運用については，Ｃ及びＤのそれぞれに任務懈怠が認められるかどうかを事案に即して丁寧に検討することが求められる。

Ｃに任務懈怠が認められるかどうかを検討するに当たっては，構築された内部統制システムを運用する際に，会社が営む事業の規模や特性等に応じた内部統制システムが外形上機能している場合には，他の役職員がその報告のとおりに職務を遂行しているものと信頼することができるかどうかについても，検討することが期待される。なお，「信頼の原則」の適用があるといった記述をするにとどまる答案が一定数見られ，その内容等まで的確に論ずる答案は多くはなかった。

また，Ｄに任務懈怠が認められるかどうかを検討するに当たっては，これまで甲社において同様の不正行為が生じたことがなく，また，会計監査人からも不正行為をうかがわせる指摘を受けたことがなかったものの，本件通報は甲社の従業員の実名によるものであることなどの事情を踏まえた上で，本件通報があった旨の報告を受けていたＤが，本件通報には信ぴょう性がないと考え，本件通報等の調査を指示しなかったことなどをどのように評価すべきかについても，具体的に検討することが期待される。Ｄに任務懈怠が認められるかどうかを検討するに当たっては，問題文における事実関係から事実ないし事情を一定程度拾い上げることができている答案が多かった。しかし，拾い上げた事実等の評価が不十分であったり，そもそも事実等を十分に拾い上げていない答案も見られ，これには一定の評価を与えるにとどめた。

そして，任務懈怠及び帰責事由が認められるとする場合には，因果関係が認められる損害の範囲ないし額についても，検討することが求められる。なお，構築された内部統制システムの運用について，Ｄに任務懈怠があったと認められるとしても，本問において，Ｄは，平成２７年３月末に本件通報があった旨の報告を受けており，甲社は，乙社に対し，同年４月末に残金合計３０００万円を支払ったこと，他方で，Ｃの指示により甲社の法務・コンプライアンス部門が調査をした結果，２週間程度で，ＥとＦが謀り，本件下請工事について不正行為をしてい

平成28年・司法

たことが判明したことからすれば，Dの任務懈怠との間で，当然に因果関係が認められる損害の範囲ないし額は，EとFが着服した5000万円の全額ではなく，甲社が乙社に対して同月末に支払った3000万円とすることが考えられよう。因果関係が認められる損害の範囲ないし額については，5000万円とする答案が多かったが，その理由まで論ずるものは少なかった。3000万円とする答案には，その理由が説得的に論じられておらず，不十分であるものが散見された。また，因果関係が認められる損害の範囲ないし額について論じられていない答案も少なからず見られた。

イ　答案の例

　優秀に該当する答案の例　ほぼ全ての論点に言及し，かつ，記述が論理的であるもの。特に，①甲社について，その事業の規模等に応じた内部統制システムが決定され，構築されているかどうかを検討するに当たり，問題文における事実関係から事実ないし事情を適切に拾い上げ，これを評価することができているものや，②構築された内部統制システムの運用については，C及びDのそれぞれに任務懈怠が認められるかどうかを検討するに当たり，事実関係から事実等を適切に拾い上げ，これを評価することができているもの，③任務懈怠及び帰責事由が認められるとする場合に，因果関係が認められる損害の範囲ないし額について事案に即して具体的に検討することができているものには，高い評価を与えた。

　良好に該当する答案の例　因果関係が認められる損害の範囲ないし額について具体的に検討されていない点を除き，ほぼ全ての論点に言及し，記述もおおむね論理的であると認められるもの。優秀に該当する答案に比べ，取締役会の内部統制システムの整備の決定義務，取締役の善管注意義務及び忠実義務，取締役の内部統制システムの決定義務並びに代表取締役等の内部統制システムの構築義務及び運用義務の関係に関する論述が不正確又は不十分であったり，その事業の規模等に応じた内部統制システムが決定され，構築されているかどうかを検討したり，C及びDのそれぞれに任務懈怠が認められるかどうかを検討するに当たり，問題文における事実関係から事実ないし事情を必ずしも十分に又は適切に拾い上げることができていなかったり，これを評価することができていなかったりするため，高い評価を与えるには至っていない。

　一応の水準に該当する答案の例　因果関係が認められる損害の範囲ないし額について具体的に検討されていない点のほかにも，言及していない論点があるが，言及している論点に関する記述はおおむね論理的であると認められるもの。取締役会の内部統制システムの整備の決定義務や取締役の善管注意義務及び忠実義務と，取締役の内部統制システムの決定義務並びに代表取締役等の内部統制システムの構築義務及び運用義務との関係について言及されていなかったり，Cに任務懈怠が認められるかどうかを検討するに当たっては，他の役職員がその報告のとおりに職務を遂行しているものと信頼することができるかどうかについて検討されていなかったりするため，一定の評価を与えるにとどまっている。

　不良に該当する答案の例　言及していない論点が多かったり，言及している論点に関する記述も不正確又は不十分であったりするもの。①取締役の善管注意義務及び忠実義務と，取締役の内部統制システムの決定義務並びに代表取締役等の内部統制システムの構築義務及び運用義務との関係について全く整理されていないもの，②代表取締役等の内部統制システムの構築義務と運用義務との関係について全く整理されていないもの，③取締役の内部統制システムの決定義務並びに代表取締役等の内部統制システムの構築義務及び運用義務について実質的にも全

く言及せず，取締役の善管注意義務及び忠実義務ないし監視義務についてのみ述べるにとどまるもの，④Cについて，平成２７年３月末には何ら報告を受けていなかったことを考慮しないで，専ら代表取締役であることから，内部統制システムの運用義務違反又は監視義務違反を認めたり，Dについて，専らEが甲社の関係部署を巧妙に欺いたり，不正が発覚することを防止するための偽装工作を行っていたことから，後に，Cの指示に基づき調査が行われた結果，２週間程度で不正行為が判明したことを考慮しないで，内部統制システムの運用義務違反を認めなかったり，Dについて，内部統制システムの運用義務違反を認めても，同様に，偽装工作が行われていたことなどから，後に２週間程度で不正行為が判明したことを考慮しないで，損害の発生を回避することができなかったなどとして，損害との間の因果関係を認めなかったりしているが，そのような結論に至る理由に関する論述が説得的でないものなどが，それぞれ一定数見られた。

3　法科大学院教育に求められるもの

　一部の取締役に対する招集通知を欠いた取締役会の決議の効力，取締役の報酬及びその減額，取締役の解任，役員等の会社に対する損害賠償責任並びに代表取締役等の内部統制システムの構築義務及び運用義務といった点について，会社法に関する基本的な理解が不十分な面も見られる。また，問題文における事実関係から会社法上の論点を的確に抽出する点，一定の結論を導くに当たり，事実関係から重要な事実ないし事情を適切に拾い上げ，これを評価する点においても，不十分さが見られる。総じて，条文の引用，判例の引用又は判例への言及が少なく，条文の適用若しくは条文の文言の解釈を行っているという意識又は最高裁判所の判例に対する意識が低く，問題の所在との関係で，条文の適用関係を明らかにしないまま，又は解釈上問題となる条文の文言を明らかにしないままで，論点について，条文等の趣旨を十分に考慮せず，又は判例を意識せずに，自説を論述する例が見られる。

　会社法に関する基本的な理解を確実なものとするとともに，事実関係から重要な事実ないし事情を適切に拾い上げ，これを評価し，条文を解釈し，適用する能力と論理的思考力を養う教育が求められる。

MEMO

平成28年・司法

第1　設問1(1)（以下，会社法との記載は省略する）
1　まず，取締役会決議の効力を検討する前提として，本件の取締役会決議に瑕疵が存するか検討する。

　　取締役会の開催に際しては取締役会の１週間前までに各取締役に招集通知を発しなければならない（３６８条１項）。にもかかわらず，Ｂは取締役たるＡに通知を発していない。

　　もっとも，本件の取締役会ではＡを代表取締役から解職する議案を目的とされていた。３６９条２項の趣旨は忠実義務（３５５条）違反を事前に防止し，決議の公正を確保する点にあるから，「特別の利害関係を有する取締役」とは取締役の忠実義務違反をもたらすおそれのある個人的利害関係を有する取締役をいうところ，解職の対象となった代表取締役は，会社の利益よりも自己保身を優先させるおそれが高いため，忠実義務違反をもたらすおそれある個人的利害関係を有する取締役にあたるといえる。したがって，Ａは，上記解職決議に関し「特別の利害関係を有する取締役」にあたり，議決権を行使できず（３６９条２項），審議の公正を担保するために，審議にも参加できない。

　　そうとすると，審議にすら参加できない以上，Ａに通知を発しなくてもよいとも思われる。

　　しかし，取締役会においては，機動的な業務執行を可能とするために，法令上取締役会の目的を定めることが要求されておらず，動議によってさまざまな議案を決議することができる。そうとすると，事前に予定されている議案以外の決議もなされうるのであるから，特定の議案につき特別利害取締役にあたるからといって，その者への招集通

知を省略してよいことにはならない。

　　したがって，Ａに通知を発しなかったことは３６８条１項に違反し，本件取締役会決議の招集手続きには法令違反の瑕疵が存する。
2　そして，民事法の一般原則により，招集手続に瑕疵がある場合は決議も無効になるのが原則である。もっとも，通知があったとしても決議に影響がないといえる特段の事情がある場合には，無効とする必要がないから，例外的に有効となる。

　　本件において，上記のようにＡは審議にすら参加できないのであるから，通知がされていたとしても決議に何らかの影響を及ぼすことができたとはいえない。したがって，上記特段の事情がある。
3　よって，本件の決議は有効である。
第2　設問1(2)
1　Ａとしては，月額１５０万円での報酬請求権を取得したとして，月額１５０万円での報酬請求をすると考えられる。
2　月額１５０万円での報酬請求権が具体化し，甲社とＡの間の契約の内容となっているのであれば，原則として甲社が一方的に減額することはできない。そこで，まず，報酬請求権が具体化しているか検討する。

　　３６１条１項は，お手盛りの危険を防止するために，株主総会決議を求めている。かかる趣旨を達成するため，報酬請求権が具体化したというには少なくとも株主総会決議が必要である。本件では，報酬総額のみを定め，具体額を取締役会決議に一任した株主総会決議しかないところ，具体額を定めない決議は，その内容に３６１条１項１号違反という法令違反があるとして，無効となるとも思える（８３０条２

● 出題趣旨によれば，設問１(1)を適切に処理するには，次のような思考過程を経るのが妥当と思われる。

　まず，取締役会の開催に当たり，一部の取締役に対する招集通知を欠いた場合には，招集手続に瑕疵があり，原則としてその取締役会の決議は無効であるが，特段の事情があるときは，例外的にその決議は有効となる（最判昭44.12.2／百選［第3版］〔65〕）ことを示す。その上で，Ａは特別利害関係を有する者に当たり（最判昭44.3.28／百選［第3版］〔66〕），当該取締役会の審議に参加して意見を述べることも許されないと解すべきであるから，上記「特段の事情」があるといえ，臨時取締役会の決議は有効（または，甲社が閉鎖会社であること等を踏まえ，Ａは特別利害関係を有する者に当たらず，上記「特段の事情」はないから，臨時取締役会の決議は無効）である，という思考過程である。

　この点，本答案は，上記思考過程と異なり，まず，Ａが特別利害関係を有する者に当たり，審議にも参加できないことから，Ａに対する招集通知を欠いた点がそもそも瑕疵に当たるかを問題としている。そして，一般的に招集通知を欠く取締役会決議には瑕疵があるとした上で，当該臨時取締役会では，Ａの解職議案についてのみ決議されており，結局，上記「特段の事情」がある旨論述している。このように，本答案は，経るべき思考過程の順序が通常とは異なっているが，論じるべき内容が出題趣旨に合致しているため，高い評価が得られたものと思われる。

● 判例（最判平4.12.18／百選［第3版］〔62〕）を意識して，的確な問題提起をすることができている。

項参照）。しかし，報酬総額を定めていれば，お手盛りの危険の防止という361条の趣旨を達成できるのであるから，かかる一任決議も361条に反しない。したがって，有効に株主総会決議が存在しているといえる。

　　また，報酬は役職ごとに一定額が定められており，これに従った運用がなされていたのであるから，取締役会決議に具体額の決定が一任されているといえども，取締役会に実質的な裁量はない。したがって，株主総会決議の時点で定められた基準に従った額での報酬債権を具体化するというのが株主総会の合理的意思といえる。

　　以上より，月額150万円での報酬債権が具体化しているといえる。

3　そうとすると，甲社が一方的に減額することは許されず，減額決議があるとしても，Aは月額150万円での報酬請求ができるとも思える。しかし，甲社は役職ごとに報酬額を定めており，150万円という額はAが代表取締役にあることを前提としたものであるところ，Aは代表取締役を解任されている。役職ごとに報酬額が定められていることを前提にAは甲社と任用契約を締結しているのであるから，役職に変更があった場合には基準に従って報酬額が変更されることについて黙示の同意があったといえる。

　　したがって，Aの現在の地位に応じた額への変更，即ち，月額50万円への変更についてはAの黙示の同意があるといえる。

4　よって，Aは月額50万円での報酬請求ができるにとどまる。

第3　設問2⑴

1　Aは，甲社に対し，339条2項に基づき8年分の報酬相当額につき損害賠償請求すると考えられる。

2　339条2項が「正当な理由」を要求した趣旨は，取締役が任期途中に理由なく解任されるという不安定な地位におかれることから取締役を保護する点にある。したがって，「正当な理由」は，取締役を保護する必要がない場合，即ち，著しい任務懈怠がある，心身の故障等業務執行への客観的障害が存在する場合に認められると解する。

3　本件において，Aの解任理由は，Aが先導した海外展開が失敗に終わり，甲社に損失をもたらしたことである。

　　損失が生じれば直ちに善管注意義務（330条，民法644条）違反となるとすると，取締役の経営手腕の発揮に対する萎縮効果が生じるから，情報収集の過程や判断の内容が著しく不合理である場合に限って，善管注意義務違反となるというべきである。本件で，Aは，海外展開のために必要かつ十分な調査を行い，その結果に基づき海外展開に伴うリスクも適切に評価したうえで海外展開を行うことを決定しているのであるから，情報収集の過程や判断の内容に著しく不合理な点があるとはいえない。したがって，海外事業の失敗は善管注意義務違反にあたるとはいえず，「正当な理由」にあたらない。

　　よって，Aの請求は認められ，甲社はAに対し8年分の報酬相当額の損害賠償責任を負う。

第4　設問2⑵

1　①

　　まず，解任の訴えは，Aと甲社の両方を被告として（855条），甲社の本店の所在地を管轄する地方裁判所に提起する必要がある（8

● 出題趣旨が要求する，株主総会の決議により，取締役全員に支給する総額の最高限度額を定め，各取締役に対する配分額の決定は，取締役会の決定に委ねてもよいとする判例（最判昭60.3.26）を意識した論述がなされている。

● 判例（最判平4.12.18／百選［第3版］〔62〕）の正しい理解を前提に，事案に即した検討ができており，出題趣旨に合致した適切な論述となっている。

● 結論も出題趣旨に合致している。

● 339条2項の趣旨を踏まえて，「正当な理由」の意義を示すことができている。

● Aの「経営判断に基づいた海外事業の失敗が，正当な理由に含まれるかどうか」について，具体的に検討できており，出題趣旨に合致する。この点，「正当な理由」に含まれないとした場合，339条2項の「損害」の範囲ないし額について，Aの取締役としての任期が8年と長期間残っていることをその減額要素として考慮できるかどうかについても検討できると，さらに高い評価が期待できた。

● 出題趣旨で説明が求められている条文（854ⅠⅡ，855，856）に概

５６条）。また，総株主の議決権の百分の三又は発行済株式の百分の三を保有している必要がある（８５４条１項各号）ところ，Bは発行済株式及び総株主の議決権の２０パーセントを保有しているから，これをみたす。なお，甲社は非公開会社であるから，６か月の保有期間要件は不要である（８５４条２項）。

２　②

　　まず，Aは会社の資金を横領しているのであるから，「不正の行為」にあたる。もっとも，本件では，株主総会が流会となったために，Aを解任する旨の議案を否決する決議がなされたわけではない。そこで，本件のような場合でも「株主総会において否決されたとき」という要件を満たすといえるかが問題となる。なお，甲社は種類株式発行会社ではないから，３２３条は関係がない。

　　８５４条１項が否決されたことを要求している趣旨は，役員の解任は株主総会の権限である（３３９条１項）以上，まずは株主総会が解任につき第一次的に判断する機会を保障する点にある。したがって，株主総会判断が実質的になされたというような場合には，「否決されたとき」にあたると解することができる。

　　本件において，株主総会が流会となったのは，Aが旧知の仲である株主に対し総会を欠席するよう要請した結果，定足数を満たさなくなったためである。Aおよび旧知の株主の欠席により定足数を満たさなくなるということは，これらのものだけで議決権の過半数を有するということである（３０９条１項参照）から，仮に流会とならなくとも否決されたはずである。また，議案の内容を理解したうえであえて流

会としたのであるから，株主総会は自ら判断権を放棄したものといえ，保護する必要がない。さらに，あえて流会とした場合も解任の訴えを提起できないとすると，解任対象の取締役は不当に解任を免れ続けることができてしまい，不都合である。

　　したがって，流会にするという判断をしたことは，実質的に否決の判断をしたものと同視できるから，「否決されたとき」にあたるといえる。

　　よって，Bは解任の訴えを提起することができる。

第５　設問３

１　①

　　Cが，甲社に対し，４２３条１項に基づき５０００万円の損害賠償責任を負うことになるか検討する。

　　まず，Cは取締役であるから「役員」にあたる。

　　次に，Cが「任務を怠った」といえるか検討する。

　　甲社は資本金２０億円であるから，大会社にあたる（２条６号イ）。したがって，取締役たるCは内部統制システム構築義務を負う（３６２条５項参照）。内部統制システムは多種多様であり，その構築に当たっては諸般の事情を考慮しなければならないから，その構築は取締役の裁量にゆだねるべきである。したがって，内部統制システムとして著しく不合理と言えない限り，内部統制システム構築義務違反とならない。

　　本件において，甲社取締役会は内部統制システム構築の基本方針を定め，法務コンプライアンス部門を設けていること，内部通報制度を設けていること，コンプライアンス研修を実施していること，下請け

ね触れられている。ここでは，監査役が甲社を代表すること（３８６Ⅰ①）や，当該株主総会の日から３０日以内に提起することができること（８５４Ⅰ）についても言及できると，なお良かった。

● 　本問の事実関係を具体的に摘示し，問題の所在を的確に提示できている。

● 　８５４条１項の「否決」の意義については，欠席戦術などにより決議の成立が妨害される場合なども考慮し，「議題とされた解任の決議が成立しなかった場合」を意味し，本問のように，定足数に達する株主の出席がないために流会となったような場合も含まれる，とするのが通説とされている。

● 　本答案は，A及び旧知の株主のみで議決権の過半数を有するとしているが，そのような事情は本問において示されておらず，Aら以外にも欠席者がいた可能性もある。直前に定立した規範に当てはめようとして，無理やり事実認定をしたような印象を受け，適切な論述とはいえない。

● 　取締役の内部統制システム構築義務の根拠として，３６２条５項のみを摘示するのでは不十分である。３６２条５項は，取締役会の義務を規定したものにとどまる。この点，取締役は，取締役会の一員として，善管注意義務（３３０，民６４４）及び忠実義務（３５５）に基づいて，会社の事業規模や特性等に応じた内部統制システムを決定する義務を負う。そのため，３３０条や３５５条等も摘示する必

業者との癒着を防止するための社内規則を制定していることからすれば，法令遵守のためにできることはしているといえ，構築された制度が著しく不合理といえない。

したがって，内部統制システム構築義務違反はない。

としても，制度構築したとしても，正しく運用しなければ意味がないから，取締役は善管注意義務（330条，民法644条）の一環として正しく制度を運用する義務を負う。

本件において，甲社ではDがコンプライアンス部門を担当することとされ，内部通報があっても，Dが第一次的に調査や他の取締役への報告を行うこととされていた。甲社のような大会社においては一人の取締役がすべての事項を把握することは不可能であるから，担当の取締役を定め，その者に第一次的な判断権を与えることもやむを得ないことである。また，担当を定めた以上，その者の判断は尊重されなければならないから，Dが報告していない以上，法令遵守に関して何らの問題が生じていないとCが信頼することもまたやむをえないといえる。そして，報告を受けた後は，Cは直ちに調査を開始し，不正行為の概要を解明しているのであるから，構築された制度上Cがなすべきことは行ったといえる。

したがって，Cに運用義務違反があるといえない。

よって，Cは「任務を怠った」といえないから，Cは損害賠償責任を負わない。

2　②

Dが，甲社に対し，423条1項に基づき，5000万円の損害賠

償責任を負うことになるか検討する。

まず，Dは取締役であるから，「役員」にあたる。

次に，「任務を怠った」といえるか問題となるところ，Dも取締役であるから，善管注意義務の一環として正しく制度を運用する義務を負う。

本件において，Dは，本件通報を受けたにもかかわらず，これに関し調査や報告をしていない。Dは，コンプライアンス部門の担当者であるから，本件通報の信ぴょう性は特に慎重に判断しなければならない。しかし，不正行為がいままで生じたことがなかったことは今回の不正行為の有無について強い推認力を持たないし，会計監査人からの不正行為に関する指摘がないことは，コンプライアンス部門を設け，会計監査人に加えてDも調査することで法令遵守を確固たるものにするという甲社の制度からすれば理由とならないし，Eが直属の部下であったことはEが不正行為をしないことと何らの関係もない。以上のように，Dが調査報告しなかった理由はいずれも不合理であり，Dは制度上与えられた役割を十分に果たさなかったといえる。

したがって，Dには運用義務違反が認められ，「任務を怠った」といえる。

もっとも，Dが本件通報を受けた平成27年3月末の時点ではすでに2000万円支払われていたのであるから，Dの任務懈怠と因果関係ある「損害」は平成27年4月末に支払われた3000万円の限度である。

よって，Dは3000万円の損害賠償責任を負う。

以　上

要がある。

● 　内部統制システムの内容自体の合理性について言及できている。

● 　「構築された内部統制システムを運用する際に，……内部統制システムが外形上機能している場合には，他の役職員がその報告のとおりに職務を遂行しているものと信頼することができるかどうかについて」（出題趣旨参照）検討できており，論理展開も的確である。

● 　本件通報が実名でされた点には触れられていないものの，これまで同様の不正行為が生じたことがない点，会計監査人から指摘がなかった点に触れ，自分なりに分析することによって，本件通報には信ぴょう性がないと考えて調査の指示をしなかったDの行為が，任務懈怠に当たるとの評価をすることができており，出題趣旨に沿う。

● 　本答案は，因果関係が認められる損害の範囲・額についても検討できているため，「Dは着服代金5000万円について損害賠償責任を負う」といった安易な結論に飛びつかず，妥当な結論を導くことができている。

第1　設問1

1　小問(1)

(1)　招集手続

ア　取締役会は，招集取締役が定められていない限り，各取締役がすることができる（会社法３６６条１項ただし書・柱書）。

　　本件では，招集取締役が定款及び取締役会のいずれでも定められていなかったことから，取締役の１人であるＢが招集できる。

イ　招集通知は，１週間前までに通知を発しなければならない（３６８条１項）。本件では，１週間前に招集通知が発せられており，問題ない。

ウ　取締役会の招集通知では，株主総会と異なり（２９８条１項２号），目的事項を記載する必要はない。これは，取締役が経営の専門家であり，日頃から業務に通じているため，準備の余裕を与える必要性がないからである。本件でも，取締役会の目的である事項について記載されていないが，問題ない。

(2)　特別利害関係人

ア　「特別の利害関係を有する取締役」（３６９条２項）とは，他の取締役とは共通しない個人的な利害関係を有する者で，会社と利益が衝突する可能性のあるものを指すと解する。

　　本件では，Ａを代表取締役から解職することが問題とされていたから，Ａは他の取締役とは共通しない個人的な利害関係を有するといえる。そして，代表取締役という地位は強力であり（３４９条１項），解職の場面では，会社の利益を優先した公正な判断は期待できないといえる。したがって，会社と利益が衝突する可能性もあり，Ａは特別利害関係人にあたる。

イ　特別利害関係人は，「議決に加わることができない」とされており，議決

権がないことは明らかである。それでは，取締役会に出席することもできないのか，明文がないため問題となる。

　　この点については，特別利害関係人が出席すれば，不利益を受けることを回避するため，他の取締役に対し不当な働きかけを行い，実効性のある議論ができなくなるおそれがあり問題がある。また，議決権がない者が出席すべき必要性も低いといえる。そこで，特別利害関係人は，議決できないのみならず，出席することも認められないと解する。

　　本件でもＡは出席できず，Ａに招集通知を送る必要はなかった。

ウ　したがって，この点についても問題はない。

(3)　以上の状況の下で，Ａの解任につき，４人中３人の賛成を得たのであるから，過半数の賛成があったといえ，３６９条１項の議決要件を満たす。

　　よって，臨時取締役会の決議の効力は有効である。

2　小問(2)

(1)　３６１条１項は，取締役の報酬につき，株主総会の決議によって定めることを規定している。

　　本来，報酬の決定は，業務執行の側面を有するため，取締役が決定しうる性質の事項であるが，自ら報酬を決めるとなればお手盛りの弊害が生じるため，株主総会決議事項とされている。

　　もっとも，株主総会において報酬の総額の上限を定めた上で，細部の配分を取締役会にゆだねることは，上記趣旨に反せず，有効であると解する。

　　そして，いったん上記手続により，報酬が決定されれば，会社と取締役との任用契約の一部となり（民法６４４条，６４８条１項，会社法３３０条），会社と取締役の相互が拘束され，当事者の同意がない限り変更できなくなると解

● 366条１項に柱書はない。また，本答案の論述は，366条１項の本文及びただし書双方に関するものであるため，「366条１項」と摘示するのが適切と思われる。

● 取締役会の招集通知に目的事項を特定・記載しなくてもよいことについて，論述できている。

● 代表取締役の解職決議において，代表取締役は特別利害関係人に当たるとする判例（最判昭44.3.28／百選［第３版］〔66〕）を意識した検討ができており，出題趣旨に合致する。また，特別利害関係人が「審議に参加して意見を述べることも認められないか否か」について，条文の文言を引用しつつ，論理的に検討できている点で，出題趣旨に沿った説得的な論述といえる。

● 本問を検討するに当たっては，まず，取締役会の開催に当たり，一部の取締役に対する招集通知を欠いた場合は，特段の事情がない限り，取締役会の決議が無効になるという判例法理（最判昭44.12.2／百選［第３版］〔65〕）を出発点に据える必要がある（再現答案①コメント参照）。

● 報酬等の額の決定に関する判例（最判昭60.3.26）や，取締役の報酬の変更に関する判例（最判平4.12.

する。

(2) 本件においても、株主総会が報酬の総額の上限を定めた上、取締役会が決定しているため、Aの報酬は１５０万円となる。

もっとも、役職毎の仕事の内容や責任に応じて報酬が異なるのが自然のことであると考えられる上、解職された者が、従前の重い役職に対応する報酬を受け取り続けるのは不合理である。また、役職毎に報酬が支払われる会社においては、役職変更による報酬の減額は当初から予想できたはずである。

そこで、役職毎に一定額の報酬が定められた上で運用されており、取締役が任用契約時にかかる制度を認識していた場合、役職が変更されたときに自己の報酬が変更されることについて黙示の同意があったとみるべきである。

本件では、甲社において、役職毎に一定額が定められ、これに従った運用によって報酬が決定されていた。そして、Aはかかる運用を認識していたと考えられるため、役職が変更されたときは、変更後の役職の報酬に見合った額に報酬額が変更されることにつき、黙示の同意が存在していたといえる。

(3) もっとも、かかる同意の存在はあくまで、従前の運用の範囲に限られているため、これを下回る変更については、その限度で変更の効力は生じないことになる。本件でも、従前の運用に従えばAの報酬は月額５０万円となるはずであるから、かかる限度で同意が存在し、報酬の変更が可能である。

したがって、報酬を月額２０万円に減額する決議については、５０万円に減額する限度で効力を有することになる。

(4) よって、Aは月額５０万円の報酬を請求することができる。

第２　設問２

１　小問(1)

株主総会の決議によって解任された役員は、解任について正当な理由がある場合を除き、解任によって生じた損害の賠償を請求することができる（３３９条２項）。本件では、Aは解任が不当であると主張しているのであるから、この主張が正しければ、「正当な理由」がないものとして、甲社に対し解任によって生じた損害の賠償を請求することができる。

２　小問(2)

(1) ①役員の職務の執行に関し不正の行為があったにもかかわらず、②解任する旨の議案が株主総会で否決されたとき又は決議が３２３条の規定により効力を生じないときは、③８５４条１項１号イ〜ロにあたらない株主は、④当該株主総会の日から３０日以内に、解任の訴えを提起することができる（８５４条１項）。なお、甲社は非公開会社であるため、６ヶ月間の保有制限は不要である（同2項）。

(2) 本件では、①Aが多額の会社資金を流用していたことが明らかとなっているから、役員の職務の執行に関し不正の行為があったといえる。また、③・④の要件も満たしている。それでは、②の要件を満たしているか。

本件では、株主総会で否決されたわけでなく、３２３条の規定により効力を生じなかったわけではない。したがって、解任の訴えは要件を欠いて認められないとも思える。

しかし、否決されたとき等に解任の訴えを認めた趣旨は、株主総会で議決できるのであれば、あえて訴えによる必要性がないからであり、可及的に裁判所の審理の負担や会社側の応訴の負担の軽減を図ろうとしたものに過ぎない。したがって、厳格に制限する必要はなく、否決されたのと同様の状況が生じ、株主総会による解任ができない事情があれば、広く訴えを認めるべきである。

18／百選［第３版］〔62〕）を正確に理解した上での論述となっており、出題趣旨に合致する。

● 出題趣旨によれば、「取締役が、役職の変動に伴う報酬の減額に同意していたと認められるかどうかを事案に即して論ずることが求められる」ところ、本答案は、適切に事実摘示した上で評価を加え、甲社の運用を踏まえて妥当な結論を導き出しており、出題趣旨に合致する説得的・論理的な論述ができている。

● 出題趣旨によれば、Aの「経営判断に基づいた海外事業の失敗が、正当な理由に含まれるかどうかについて、会社法第339条第2項の趣旨や『正当な理由』の意義も踏まえつつ」論じることが求められていたが、本答案は、殆ど出題趣旨に応えられていない。

● 役員の解任の訴えを請求する際の手続について、再現答案①のように議決権ないし株式の保有割合を明示できていない点で、出題趣旨の要求に応えられていない。さらにここでは、被告適格（855）や訴えの管轄（856）等についても説明することが期待されていた。

● 出題趣旨によれば、「当該役員を解任する旨の議案が株主総会において否決されたとき」（854Ⅰ）の意義を、役員の解任の訴えの制度趣旨（少数株主保護）等に照らして解釈

本件では，Aが，Aの取締役の解任に関する議案が可決されることをおそれ，旧知の仲である甲社の株主数名に対し，欠席するよう要請したため，定足数を満たさず流会している。流会したことも，株主総会で可決できなかったことにかわりはないため，否決されたのと同様の状況が生じており，株主総会による解任ができない事情があるといえる。

　したがって，854条1項柱書の趣旨に照らし，②の要件も満たしているといえる。

(3)　以上より，①～④の要件を満たすため，会社法上の問題点はなく，訴えは認められる。

第3　設問3

1　Cの責任

(1)　①取締役は，②任務を怠ったときは，③会社に生じた損害につき，④因果関係のある範囲で責任を負う（423条1項）。

(2)　内部統制構築義務違反

　ア　取締役会は，業務の適性を確保するために必要な体制の整備を決定し（362条4項6号），取締役はかかる決定に従った履行をすべき義務がある。

　　その程度としては，通常想定されうる不正を防止しうる程度のものでなければならない。具体的にどのような方策をとるかについては，様々な方法が取り得るため，取締役に裁量が認められ，裁量の逸脱濫用がある場合には，任務懈怠が認められ得ると解する。

　イ　甲社の取締役会は，「内部統制システム構築の基本方針」を決定しており，甲社はこれに従い，法務・コンプライアンス部門を設けている。また，内部通報制度を設けたり，役員及び従業員向けのコンプライアンス研修を定

期的に実施するなどして，法令遵守に向けた取り組みを実施している。さらに，下請け業者との癒着を防止するため，同規模かつ同業種の上場会社と同等の社内規則を制定しており，これに従った体制を整備し，運用している。

　　以上の事実によれば，甲社では通常想定されうる不正を防止しうる程度の内部統制システムが構築されているといえる。

　ウ　そして，Eが本件下請け工事につき不正行為を働くことができたのは，工事を3つに分割して，見積書を3通作成して甲社に提出するなどして，関係部署を巧妙に欺いたことによる。また，会計監査人が不正を覚知できなかったのも，Eが不正発覚を防止するための偽装工作を行っていたからである。このような態様の不正行為は，通常想定されうる不正を超えるものであり，本件類似の不正が以前にも生じていたこともなかったことからすれば，本件不正行為を防止できなかったことをもって，内部統制構築義務違反があったとはいえない。

　エ　以上より，内部統制構築義務違反の点では，任務懈怠（②）はなく，責任を負わない。

(3)　監視義務違反

　ア　Dが直ちに調査を指示せず損害を拡大させた点について，Cは監視義務違反による損害賠償責任を負わないか。

　　取締役は，取締役会の一員として，他の取締役に対する監視義務を負う（362条2項2号）。もっとも，適切な内部統制システムが構築・運用されている場合は，任務懈怠を疑わせる特段の事情がない限り，役割分担の見地から，他の取締役の職務遂行を信頼することが許されると解する。

　イ　本件では，上記の通り，適切な内部統制システムの構築・運用がなされて

することが求められていた。本答案は，役員の解任の訴えの制度趣旨ではなく，「否決」が要件となっている趣旨を論じてしまっている。

● 423条1項の責任を追及するためには，取締役の帰責事由も必要となる（428Ⅰ参照）が，本答案は，この要件を挙げることができていない。

● 甲社の事業の規模や特性等に応じた内部統制システムが決定され，構築されているかどうかを事案に即して検討できている。

● 内部統制システムの構築義務違反について，判例（最判平21.7.9／百選［第3版］〔52〕）に沿った具体的な検討がなされており，適切である。

● Dの任務懈怠について，Cに監視義務違反が認められるかどうかを検討している点は，適切といえる。もっとも，本答案は，「上記の通り，適切な内部統制システムの……運用がなされている」としているが，この時点では内部統制システムの運用に関する論述がなされていないから，規範に対応する当てはめが不十分である。

いる上，Dの任務懈怠を疑うべき事情もなかったため，信頼の原則により，CはDに対する監視義務違反を問われないことになる。

ウ　よって，監視義務違反の点でも，任務懈怠（②）はなく，責任を負わない。

(4)　善管注意義務違反

Cは，平成27年5月に本件通報があったことの報告を受けている。その報告を受けたCは直ちに，法務・コンプライアンス部門に対して調査を指示しており，適切な対応をとったといえる。したがって，本件通報を知った後のCの対応にも，善管注意義務違反（民法644条，会社法330条）はなく，任務懈怠（②）はない。

また，2週間程度かかって不正行為が覚知されているため，Cは平成27年5月中旬以降，確実に不正を認識したことになるが，平成27年4月末には既に，甲社は乙社に対し残金合計3000万円を支払っており，時期的にみて，甲社の損害につき任務懈怠との因果関係（④）は認められない。

(5)　以上より，Cは，甲社に対する会社法上の責任を負わない。

2　Dの責任

(1)　内部統制構築義務違反を負わない点は，Cと同様である。

(2)　直ちに調査を指示しなかった点

Dは，取締役副社長であり（①），法務・コンプライアンス部門を担当していた。そして，平成27年3月に，Eが下請け業者である乙社の代表取締役Fと謀り，本件下請け工事の代金を水増しした上で，代金の一部を着服しようとしているという内容の，甲社の従業員の実名による通報について報告を受けている。しかし，Dは調査を指示せず，他の取締役等にも知らせていない。その理由は，過去にそのような不正行為がなかったこと，会計監査人から指摘がな

● 本答案は，「善管注意義務違反」という項目立てをしているが，内部統制システムの運用義務違反とするのがより適切である。とはいえ，「内部統制システムの運用については，C及びDのそれぞれに任務懈怠が認められるかどうか」（出題趣旨参照）が問題となるから，論述の内容としては適切といえる。

● 出題趣旨によれば，Dが直ちに調査を指示しなかった点は，内部統制システムの運用面との関係で論じることが求められていた。

かったこと，Eに信頼を置いており，本件通報には信ぴょう性がないと考えたことによる。

もっとも，過去に起きたことのない不正が行われることもあるし，コンプライアンス部門が置かれる等の内部統制システムの構築は，会計監査人による監視を補充するためのものであるから，会計監査人からの指摘がないことを重視して何もしないのは，内部統制システムを構築した意味をなくすものであり，不合理といえる。さらに，本件通報は，不正を行っている人物・会社・対象・手段が明示されている点で具体的であり，甲社の従業員の実名による通報であるから，真摯な通報であり，信ぴょう性が高いと考えるのが自然であった。それにもかかわらず，単にEに信頼を置いていたというだけで，本件通報に信ぴょう性がないと考えたのは不合理な判断といえる。

したがって，本件通報を受けたDとしては，調査対象が限られ，調査は容易であったのであるから，少なくとも調査を命じ事実関係の確認をする程度の行為は行うべきであったといえる。しかし，Dは何もしていないため，取締役の裁量を考慮しても，著しく不合理な判断であるから，善管注意義務違反が認められる（②）。さらに，調査には2週間程度かかること，Dが報告を受けたのは3月末であることからすると，直ちに調査を命じていれば，4月中旬には不正を覚知し得たはずである。したがって，仮に調査を命じていれば，少なくとも4月末に甲社が乙社に3000万円を支払ってしまうことを防げたはずであり，3000万円の損害（③）については，Dの任務懈怠と因果関係（④）がある損害といえる。

以上より，Dは，直ちに調査を指示しなかった点につき，3000万円の損害賠償責任を負う。

以　上

● Dの内部統制システムの運用を論じるに当たっては，①甲社において同様の不正行為が生じたことがないこと，②会計監査人からも不正行為をうかがわせる指摘を受けたことがなかったこと，③本件通報は甲社の従業員の実名によるものであったこと等の事実を踏まえた上で，本件通報があった旨の報告を受けていたDが調査等を指示しなかったことをどのように評価すべきかを具体的に検討する必要があったところ，本答案は，①〜③の各事実を摘示し，適切な評価をも加えることができている点で，出題趣旨に合致した論述ができている。

● 本問の事実関係を踏まえて，Dの任務懈怠との間で因果関係が認められる損害額を3000万円と丁寧に認定できており，出題趣旨に合致する。

第1　設問1

1　小問(1)

(1) 取締役会決議については，株主総会決議と異なり，会社法上取消訴訟の制度が設けられていないことから，その開催に瑕疵がある場合には，民法の一般原則に従い，無効となる。そこで，本件においては，招集手続に瑕疵があるとして，臨時取締役会が無効となるかが問題となる。

(2) まず，取締役会の招集通知の際，目的の事項が記載されていないことから，通知の瑕疵が認められるか。

そもそも，取締役会は，機動的な会社経営のための意思決定を行う場であり，経営の専門家たる取締役が参加するものであることから，取締役はあらゆる事項について審議されることを想定すべきといえる。

ゆえに，通知に際して目的の事項を記載することは不要である。

したがって，通知の瑕疵は認められない。

(3) 次に，Aに招集通知を発していないことから，会社法（以下略）３６８条１項に反するとして，無効となるか。

そもそも，臨時取締役会の目的はAの解職決議であるところ，Aは「特別の利害関係を有する取締役」（３６９条２項）として，議決に加わることができないのであるから，招集通知はそもそも不要とも思える。

しかし，各取締役に招集通知を発することが要求されている以

上，一部の取締役に招集通知がなされなければ原則として違法であり，当該取締役会決議は無効であると解する。

ただし，例外として，当該取締役に招集通知が発せられていたとしても決議に影響がなかったであろうという特段の事情がある場合には，有効であると解する。

本件においては，取締役Aに招集通知がなされていないので，無効となるのが原則である。しかし，Aは解職の対象となる代表取締役であるところ，このような者は，解職決議において，私心を捨てて会社のために公正な判断をすることが期待できないから，「特別の利害関係を有する取締役」といえる。その結果，Aに通知がなされたとしても，Aが審議に加わることすらなく，他の取締役の判断に影響を及ぼしえない。

したがって，Aに通知がなされても，賛成多数の本件決議には影響がないといえる特段の事情がある。

よって，本件Aの解職決議は有効である。

2　小問(2)

(1) まず，報酬の決定につき，取締役会に一任するとの株主総会決議があるが，これは３６１条１項の決議として有効か。

そもそも，３６１条１項の趣旨は，取締役のお手盛り防止にある。株主総会決議において，最高限度額を定め，その範囲内で具体的な報酬額を取締役会に一任するとしても，お手盛りは防止することができる。

したがって，一任決議は３６１条１項の決議として有効であ

● 取締役会の招集通知に目的事項を特定・記載することの要否について，理由付けも含めて，適切に論じることができている。なお，招集権者（366Ⅰ）・招集手続（368Ⅰ）についても，それぞれの内容を端的に指摘できると，さらに良かった。

● 解職決議の対象者である代表取締役は特別利害関係を有する者に当たるとした判例（最判昭44.3.28／百選［第3版］〔66〕）を意識したものとなっている。もっとも，Aが特別利害取締役（369Ⅱ）に該当するか否かについては，まず，特別利害取締役の意義を示した上で，どうしてAが特別利害取締役に当たるのか，どうして審議に参加して意見を述べることもできないのか，その理由を明確に論じる必要がある（再現答案①参照）。この点，本答案は，Aが特別利害取締役に当たることを後に説明しているが，「特別の利害関係を有する取締役」の意義が述べられていない点，審議にすら参加できない理由についても述べられていない点で，十分な検討がなされているとはいえない。

● 株主総会の決議により，取締役全員に支給する総額の最高限度額を定め，各取締役に対する配分額の決定は取締役会の決定に委ねてもよいとする判例（最判昭60.3.26）を意識した論述ができている。

る。

(2) それでは，Aは月額いくらの報酬を甲に請求することができるか。

本件のように，報酬請求額の決定が取締役会によって決せられる場合には，具体的な報酬請求権は，取締役会決議によって発生する。ここで本件では，Aの報酬を月額２０万円とする変更決議がなされているところ，このような変更は許されるか。

本件では，すでにAは代表取締役を解職されていることから，その役職に応じた月額１５０万円の報酬を減額すること自体は問題ないといえる。しかし，甲においては，役職に応じた報酬が支払われるという運用がなされており，これに従って額を決することが契約（３３０条・民法６４８条１項）の内容となっているといえ，甲及び各取締役はその内容に拘束され，取締役の同意がない限り，これを変更することはできない。

したがって，上記運用に従えばAの月額は５０万円なのであって，これに拘束されるのであるから，報酬額を２０万円に変更することは許されないというべきである。

よって，Aは甲に月額５０万円の報酬を請求することができる。

第２ 設問２

1 小問(1)

(1) Aは，甲に対し，残り任期８年分の報酬額に相当する額の損害賠償請求を，３３９条２項に基づいて行うことはできるか。本件では，特にAの解職に「正当な理由」（３３９条２項）があるか否かが問題となる。

そもそも，いつでも役員の解職をすることができるとする３３９条１項の趣旨は，役員は会社ひいては株主の利益のために会社運営を行うところ，その能力に疑いが生じた場合には，利益帰属主体たる株主自身に役員解職の判断を委ねることが妥当と考えられることにある。

(2) そこで，解職の判断は株主に広い裁量を認めるべきであるから，「正当な理由」は緩やかに解すべきである。

本件では，Aは海外時事業の展開を実行したが，売り上げが伸びずに低迷し，早々に撤退している。その情報収集過程や判断内容自体は不合理ではないものの，経営者としての能力には疑いが生じた状態といえる。

したがって，解職決議は株主の裁量の範囲内であり，「正当な理由」が認められると解すべきである。

よって，Aの甲に対する損害賠償請求は認められない。

2 小問(2)

(1) ①について

Bは甲の株主として，A及び甲を被告として（８５５条），役員解任の訴え（８５４条１項１号）を提起することとなる。

(2) ②について

ア 本件においては，Aが多額の会社資金を流用していることが明らかとなっており，「職務の執行に関し不正の行為又は法令

● 取締役の報酬の変更に関する判例（最判平4.12.18／百選［第３版］〔62〕）を意識した論述となっているが，本答案は，「役職に応じた報酬が支払われるという運用がなされており，これに従って額を決することが契約」の内容になっているとしており，判例法理を正確に理解できていない。出題趣旨によれば，本問では，役職に応じた報酬が支払われるという運用がある場合において，「取締役が，役職の変動に伴う報酬の減額に同意していたと認められるかどうか」を，事案に即して具体的に論じることが必要であった。

● 出題趣旨によれば，339条２項の趣旨及び「正当な理由」の意義を提示する必要がある。本答案は，339条１項の趣旨から規範定立を行っている点や，「正当な理由」の意義を示せていない点で適切でない。また，取締役の地位・期待を保護するという339条２項の趣旨も述べられていない。

● 出題趣旨によれば，Aの経営判断に基づく海外事業の失敗が「正当な理由」に当たるかを説得的に論じることが求められていた。本答案は，「情報収集過程や判断内容自体は不合理ではない」としながら，他方で「経営者としての能力には疑いが生じた状態」としており，そのように考えた理由を明確に述べなければ，およそ説得的な論述とはいえない。

● 解任の訴えを請求する際の手続の説明が不十分である。

● 「会社資金の流用という役員の職務の執行に関し不正の行為等があっ

若しくは定款に違反する重大な事実があった」（８５４条１項柱書）といえる。しかし、本訴訟を提起できるのは、「当該取締役を解任する旨の議案が株主総会決議において否決されたとき」であるところ、本件は流会となっていることから本条を直接適用できず、問題となる。また、出訴期間の起算点も問題となる。

イ　それでは、８５４条を類推適用することはできるか。

そもそも、同条の趣旨は、取締役は多数派との関係が強く、なれ合いにより株主総会決議による解職を期待できないことから、特別の解職制度を設けることにより、少数派株主の利益を保護することにある。

本件のように、取締役が自らと関係の深い多数派株主に働きかけ、株主総会の定足数を充たさないようにして流会に持っていく場合にも、少数派株主の利益を保護すべきであるから、上記趣旨が及び、類推の基礎がある。

したがって、８５４条の類推適用が認められ、ＢはＡ解任の訴えを提起することができる。

第３　設問３

１　Ｃの責任について

(1)　Ｃは甲に対し、Ｅの不正行為によって生じた５０００万円の損害を賠償する責任（４２３条）を負うか。

まず、「任務を怠」ったとは、法令・定款違反又は善管注意義務違反（３３０条・民法６４４条）をいう。

本件において、甲は資本金２０億円の大会社（２条６号イ）であるから、内部統制システム構築義務を負う（３４８条４項・同条３項４号）ところ、取締役会において「内部統制システム構築の基本方針」を決定しているので、Ｃに法令違反は認められない。

(2)　それでは善管注意義務違反はあるか。

Ｃは代表取締役であるから、他の取締役や従業員に対する監視義務を負う（３６３条１項１号）。本件では、ＣはＤやＥを監督し、Ｅの不正行為を防ぐ注意義務を負っていたといえる。しかし、甲のような大会社において、代表取締役が従業員の業務の適正をすべて監督するのは現実的ではないから、合理的な内部統制システムが構築され、これが適切に運用されている場合には、監視義務違反はないものと解すべきである。

本件では、内部通報制度等が設けられており、従業員の不正を防止するためのシステムとして合理的であったといえる。また、甲においてはこれに従った運用が現実になされていた。

したがって、Ｅに対する監視義務違反はない。

また、Ｄに対する監視義務違反が問題となるが、Ｄが法務部門を担当しており、Ｄが事業を適正に監督しているとの信頼が生じていることから、Ｄに対する監視義務違反はない。

したがって、Ｃに任務懈怠は認められない。

よって、Ｃは甲に対し、損害賠償責任を負わない。

２　Ｄの責任について

たと認められること」に言及できている点で、出題趣旨に沿う。

● 　本答案は出訴期間の起算点も問題となると指摘しているものの、結論を示していない。

● 　役員の解任を議題とする株主総会が流会となった場合の役員の解任の訴えに関して、「当該取締役を解任する旨の議案が株主総会において否決されたとき」（８５４Ⅰ）の意義を役員の解任の訴えの制度の趣旨等に照らして解釈することが求められている。本答案は、直接適用を否定しているものの、８５４条の趣旨を的確に指摘し、類推適用が認められることを丁寧に論じているため、説得力のある論述となっている。

● 　本答案は、甲社が大会社であり、内部統制システム決定義務を負うことを指摘できているが、条文の摘示が誤っている。甲社は大会社である取締役会設置会社であり、内部統制システム決定義務の根拠条文は362条５項、４項６号である。

● 　本答案は、まず、内部統制システムの構築義務について、事業の規模や特性等に関する事実の摘示・評価をすることなく、「システムとして合理的であった」とするのみであり、不適切である。また、内部統制システムの運用義務についても、「これに従った運用が現実になされていた」とするのみであり、適切な運用が行われたのかどうか、信頼の原則が妥当するかどうかといった点から

(1) Dは甲に対し，Eの不正行為によって生じた5000万円の損害を賠償する責任（423条）を負うか。

　Dは，法務担当取締役として，従業員Eの業務を監督し，その不正を防止する注意義務を負っていたといえる（348条1項）。

　本件においては，甲の内部統制システムは適切に運用されていたところ，EがFと通謀し，水増しした請負代金を着服することは，偽装工作により発覚が難しいといえ，Dの監視義務違反は直ちには認められない。

　しかし，本件通報により，EとFの通謀はDに伝えられており，この時点で，Dは必要な調査を行い，Eの不正行為を防止すべき注意義務を負っていたといえる。それにもかかわらず，Dは調査をしていないので，注意義務違反が認められる。

　したがって，任務懈怠が認められる。

(2) また，適正な下請け代金は1億5000万円であるところ，不正行為により2億円を支出することとなっているから，差額の5000万円が損害となる。

　そして，任務懈怠と損害の間には因果関係があり，帰責事由も認められる。

　よって，Dは甲に対し，5000万円の損害賠償責任を負う。

以　上

の検討がなされておらず，出題趣旨に合致しない。

● 　Dの内部統制システムの運用を論じるに当たっては，①甲社において同様の不正行為が生じたことがないこと，②会計監査人からも不正行為をうかがわせる指摘を受けたことがなかったこと，③本件通報は甲社の従業員の実名によるものであったこと等の事実を踏まえた上で，本件通報があった旨の報告を受けていたDが調査等を指示しなかったことをどのように評価すべきかを具体的に検討する必要があったが，本答案は出題趣旨に挙げられた各事実を摘示できておらず，検討が不十分である。

● 　本答案は，任務懈怠と損害の間の因果関係を，特に検討も加えずに認められる旨論述し，「5000万円の損害賠償責任を負う」と安易に結論付けており，十分な論述とはいえない。

第1　設問1

1　小問(1)

(1)　本件では，Aに対して，取締役会の招集通知がなされていない。そこで，かかる招集手続の瑕疵が取締役会決議の効力に影響を与えるか。

ア　そもそも，取締役会の招集通知は，各取締役に取締役会への参加の機会を保障する重要な意義を有する。そこで，当該取締役が取締役会に出席してもなお決議の結論に影響がなかったと認められる特段の事情がある場合を除き，取締役会の決議は無効になると考える。

イ　本件では，Aを代表取締役から解職する旨の決議であるため，Aは特別利害取締役に該当し，決議に参加できなかったほか，その趣旨に鑑み取締役会における発言権もなかったと考える。また，Bを含めてAの解職に賛成する取締役は３名確保されておりこの者たちが翻意する可能性は低いといえる。そうだとすれば，Aが取締役会に出席してもなお決議の結論に影響がなかったと認められる特段の事情があったといえる。

(2)　よって，臨時取締役会の決議は有効である。

2　小問(2)

(1)　まず，取締役の報酬額は株主総会決議により決定するのが原則だが，一定の基準のもと，取締役会に委任することができる。そして，取締役会での決定を経てはじめて具体的な報酬債権として発生する。

(2)　まず，従来のAの報酬は代表取締役として月額１５０万円であったところ，これは代表取締役としての役職に基づく報酬であり，Aはその地位を失った以上，１５０万円から減額すること自体は可能であると考える。

(3)　次に，Aは従来の運用に従い月額５０万円の請求ができるか問題となるところ，取締役会においてAの報酬を月額５０万円とする旨の決議がない以上，月額５０万円の具体的報酬請求権は発生しない。よって，Aは月額５０万円の請求はできない。

このように解しても，Aは，Bらに対して株主総会決議の遵守義務違反を理由に適切な報酬額との差額部分の損害賠償請求（会社法４２９条１項）をなし得るため，Aにとって酷とはいえない。

(4)　よって，Aは，甲社に対して，月額２０万円を請求できるにとどまる。

第2　設問2

1　小問(1)

(1)　Aは甲社に対して３３９条２項に基づき損害賠償請求をすることが考えられる。かかる請求が認められるには「正当な理由」がないことを要する。

(2)ア　そもそも，同項の趣旨は，取締役の残りの任期期間に対する期待と株主の取締役解任権（３３９条１項）の調和を図るため，法定の請求権を認める点にある。そこで，「正当な理由」がないとは，取締役の職務遂行の継続を不可能にする客観的な理由がな

● 各取締役に対して招集通知を発しなければならないとする根拠条文（368Ⅰ）を摘示する必要がある。

● 本答案は，招集手続を欠いた場合の決議の効力に関する判例（最判昭44.12.2／百選［第３版］〔65〕）や，解職決議の対象者である代表取締役は特別利害関係を有する者に当たるとした判例（最判昭44.3.28／百選［第３版］〔66〕）を意識したものとなっている。もっとも，Aが特別利害取締役（369Ⅱ）に該当するか否かについては，まず，特別利害取締役の意義を示した上で，どうしてAが特別利害取締役に当たるのか，その理由を明確に論じる必要があった（再現答案①参照）。

● 本答案は，取締役の報酬の変更に関する判例（最判平4.12.18／百選［第３版］〔62〕）を意識しないで論述しているため，150万円の報酬額が甲社とAとの間の契約内容となっていること，これを減額するにはAの同意が必要だということを前提にすることなく論述してしまっている。また，役職ごとに報酬額が決まるという運用がされていたことを理由に，Aの減額への同意を認めてよいかという点も検討もできず，出題趣旨に沿わない論述に終始している。

● 本答案のように，「正当な理由」について，「不可能」としてしまうと，「正当な理由」が認められる場合が取締役の心身に故障が生じた場合な

ことをいうと考える。本件では，たしかに，Aには甲社の海外進出について経営判断上の失敗があったが，Aは適切なリサーチをしており，また他の取締役の賛同もあったのであるから，Aのみの責任ではない。むしろ，Aの解任はBとの対立により，Bらによって不当になされたものといえる。よって，Aの解任について「正当な理由」は認められない。

イ　また，賠償額について，上記の趣旨から，残りの任期に対応する報酬額が損害に当たると考える。

ウ　なお，A自身に過失がある場合，甲社からの過失相殺の抗弁が認められる。

(3)　以上より，Aは甲社に対して，残りの任期（8年間）に対応した報酬額から過失相殺による減額を経た額について損害賠償を求めることができる。

2　小問(2)

(1)　①について

まず，Bは，甲社およびAを被告として，Aの解任請求の訴えを提起できる。

(2)　②について

上記訴えを提起するには，条文上，株主総会においてAの解任について否決決議がなされることを要する。もっとも，本件では，定足数を満たさず流会となっていることから，形式的には否決決議はなく条文の要件を満たさないという問題がある。

思うに，多数派による欠席戦術により上記訴えの潜脱ができる

とすると，少数株主の保護を図る上記訴えの趣旨が害される。そこで，多数派が上記訴えを潜脱する意図で株主総会を欠席した場合には否決決議に準ずるとして上記訴えの要件を満たすと考える。

第3　設問3

1　①について

(1)　Cは，甲社に対して，Eによる本件下請工事の代金着服（以下，「本件不祥事」という）を事前に発見・防止できなかったことについて，会社法423条1項の責任を負うか。

(2)　まず，甲社では，「内部統制システム構築の基本方針」が設定され，これに従い法務・コンプライアンス部門が設けられている。また，甲社では内部通報制度が設けられ，役員及び従業員向けのコンプライアンス研修を定期的に実施するなど，法令遵守に向けた取組を実施している。このように，甲社において適切な内部統制システムが構築されている以上，会社内部の分業の観点から，各取締役は自己の担当部門以外の事業に関する事柄については，特に疑義を挟むべき事情がない限り，原則として監視義務を負わないと考える。

(3)　本件でも，Cにおいて，本件通報の内容を聞くまでは，特に疑義を挟むべき事情はなく，本件不祥事について監視義務違反は認められない。また，本件不祥事は平成27年4月末頃に発生しており，Cが本件通報の内容を知ったのは同年5月であったことから，Cが本件通報を受けて本件不祥事を防止することは不可能だった。

(4)　よって，Cに任務懈怠は認められず，Cは甲社に対して会社法4

どに限られ，不当に狭くなりすぎる。この点については，当該取締役に経営を行わしめるに当たって障害となるべき状況が客観的に生じた場合，などとすべきであった。

● 設問2(2)①では，取締役の解任を請求する際の手続について説明することが求められており，単に役員の解任の訴えによることを示すだけでなく，条文を摘示しながら，手続について説明することが必要であった。本答案は，解任の訴えの根拠条文（854ⅠⅡ）さえ摘示することができていない。

● 本答案は，解任の訴えの制度趣旨から，条文の要件を解釈して規範を定立しており，この点では適切といえるが，自らが定立した規範に本問の事実関係を当てはめていない点で，不適切である（なお，法の解釈をする際には，その対象となる条文の文言を示すのが望ましい）。

● Cの任務懈怠を検討するに当たっては，Cに求められる任務の具体的な内容を明らかにすることで，その後の論理展開を的確に示すことができる。この点，出題趣旨によれば，代表取締役等は，取締役会の決定に基づいて，事業の規模等に応じた内部統制システムの構築義務及び運用義務を負い，Cがこれに違反したかどうかを事案に即して丁寧に検討する必要がある。本答案は，こうしたCの任務懈怠の有無を判断するための枠組みを全く示すことができていない点で，全体的に論理展開が不透明なものとなっている。

２３条１項の責任は負わない。
２　②について
（1）　Dは，甲社に対して，本件不祥事を事前に発見・防止できなかっ
　　たことについて，会社法４２３条１項の責任を負うか。
（2）　まず，Dは本件不祥事に先立ち平成２７年３月末に担当者から本
　　件通報の内容について報告を受けていた。そのため，Dは本件不祥
　　事の詳細について速やかに調査・確認すべきであったにもかかわら
　　ず，甲社において過去に同種の不祥事がなかったことやEが自身の
　　直属の部下であったなど個人的な理由で安易に本件報告について信
　　ぴょう性がないと判断し，十分な調査・確認を怠った。そのため，
　　Dには任務懈怠が認められる。
（3）　また，本件不祥事により甲社に損害が発生しているところ，Dが
　　十分な調査・確認をしていれば本件不祥事は防ぐことはできたとし
　　て，任務懈怠と損害の間に因果関係も認められる。
（4）　よって，Dは，甲社に対して，会社法４２３条１項の責任を負
　　う。

　　　　　　　　　　　　　　　　　　　　　　　　　　　以　上

● 　出題趣旨によれば，Dの任務懈怠
の有無を検討する際には，会計監査
人からも不正行為をうかがわせる指
摘を受けたことがなかったこと，本
件通報は甲社の従業員の実名による
ものであること等の事情を踏まえる
ことが求められていたが，本答案は
これらの事情について言及できてい
ない。

● 　任務懈怠を認める場合には，因果
関係が認められる損害の範囲ないし
額の検討も必要となるところ，本答
案は，EとFが着服した5000万円
全額について因果関係が認められる
かについて，検討できていない。

平成29年

問題文

[民事系科目]

〔**第2問**〕（配点：１００〔**〔設問１〕**から**〔設問３〕**までの配点の割合は，３５：４０：２５〕）

次の文章を読んで，後記の**〔設問１〕**から**〔設問３〕**までに答えなさい。

1．A及びBは，Cから，加工食品の製造業及び卸売業を営む甲株式会社（以下「甲社」という。）を設立するので，協力してほしいと頼まれた。そこで，甲社の設立に際し，Aは，唯一の発起人となるとともに，甲社の設立に際して発行される株式の一部を引き受け，出資の履行として１２００万円を払い込み，Bは，発起人とならなかったが，残りの株式を引き受け，出資の履行として１８００万円を払い込んだ。

2．Aは，甲社の設立手続を進める上で，当初の１か月間は，設立事務を行う事務所と設立事務を補助する事務員が必要であると考えた。そこで，Aは，Dから，平成２３年５月９日，「甲社発起人A」の名義で，事務所用建物を，賃貸期間を１か月に限り，賃料を後払いで６０万円とする約定により賃借した。また，Aは，同月１２日，「甲社発起人A」の名義で，Eを，設立事務を補助する事務員として，期間を１か月に限り，報酬を後払いで４０万円とする約定により雇用した。なお，当該賃料及び当該報酬は，相場に照らし，いずれも適正な金額であった。

3．Aは，Fとの間で，平成２３年５月１３日，「甲社発起人A」の名義で，成立後の甲社の事業に用いる目的で，食品加工用の機械（以下「本件機械」という。）を，甲社の成立を条件として，本件機械の引渡し及び代金の支払の期日をいずれも同年７月２９日とし，代金を８００万円とする約定により，甲社がFから購入する契約（以下「本件購入契約」という。）を締結した。

4．平成２３年６月１４日，甲社の設立登記がされた。公証人の認証を受けた甲社の定款には，設立費用については「設立費用は８０万円以内とする。」との記載のみがあり，また，甲社の成立を条件として特定の財産を譲り受けることを約する契約については記載がなかった。なお，当該設立費用については，裁判所の選任した検査役の調査等の必要な手続を経ていた。

甲社は取締役会設置会社かつ監査役設置会社であり，甲社の代表取締役はCである。甲社の設立時の株主は，A及びBの二人のみであり，甲社の発行済株式及び総株主の議決権のいずれも，４０％はAが，６０％はBが，それぞれ保有している。甲社の純資産額は，設立後，数か月の間，３０００万円を超えることがなかった。

5．甲社は，Fから，平成２３年６月１６日，本件機械について代金として５０万円を追加するように要求されるとともに，この要求に応じないのであれば，本件購入契約の有効性を問題とし，本件機械の引渡しに応じないと主張された。

〔設問1〕

(1) Aは，Dに対して上記2の賃料60万円を，Eに対して上記2の報酬40万円を，いずれも支払っておらず，甲社は，その成立後，直ちに，D及びEから，これらの支払を求められた。この場合において，甲社がこれらの支払を拒否することができるかどうかについて，判例の立場及びその当否を検討した上で，論じなさい。

(2) 甲社の代表取締役Cは，本件機械が甲社の事業活動に不可欠であったことから，上記5のFの要求に応ずることもやむを得ないが，できれば代金を追加して支払うことなく本件機械の引渡しを受けたいと考え，平成23年6月20日頃，その旨を弁護士に相談した。当該弁護士の立場に立って，本件購入契約に関する会社法上の問題点について論じた上で，それを踏まえつつ，甲社が本件機械の引渡しを受けるために採ることができる方法及びこれに必要となる会社法上の手続について，検討しなさい。

6. 平成27年12月，甲社の取締役会は，甲社と取引関係があった加工食品の小売販売業を営む乙株式会社（以下「乙社」という。）が経営不振に陥り，乙社から援助を求められたことを受け，乙社の全ての発行済株式を取得して，乙社を完全子会社化した上で，乙社の経営を立て直すことを決定した。乙社を完全子会社化するのは，甲社の経営方針に反対する少数株主を排除するためであった。

   乙社は，会社法上の公開会社であるが，金融商品取引所にその発行する株式を上場していない。乙社は，種類株式発行会社ではなく，その定款には，その発行する株式について株券を発行する定めや単元株式数に関する定めはない。なお，乙社の定款のうち，本問に関係する定めは，別紙の1のとおりである。

7. 甲社は，乙社の株式を買い集め，乙社の発行済株式の60％に当たる6000株を取得した。乙社の取締役はいずれも乙社が甲社の完全子会社となることに賛成していたが，乙社の創業者の一族である株主Gは，乙社が甲社の完全子会社となることに強硬に反対し，甲社からの株式売却の勧誘にも一切応じない姿勢を見せていた。

8. 乙社は従業員持株制度を採用しており，乙社の従業員のうち希望者が従業員持株会に加入している。当該従業員持株会（以下「本件持株会」という。）は，平成28年3月31日の時点で，乙社の従業員20人から成る民法上の組合であり，乙社の株式を1200株取得しており，当該1200株については下記9のとおり株主名簿に株主として本件持株会の理事長であるHが記載されている。本件持株会の会員は，積立口数に応じて本件持株会が保有する乙社の株式について持分を有し，各自の持分に相当する株式を管理の目的をもって理事長に信託している。すなわち，当該1200株については，実質的には，本件持株会の会員である従業員20人が，その持分に応じて，保有していることとなる。本件持株会の規約のうち本問に関係する定めは別紙の2のと

おりである。なお，本件持株会の規約の内容は適法であり，当該規約に基づく株式の信託を無効とする事由はない。

9．平成２８年３月３１日の最終の株主名簿に記載された乙社の株主及びその持株数は，次のとおりであった。

甲社：６０００株，Ｇ：２０００株，乙社従業員持株会（本件持株会）理事長Ｈ：１２００株，
Ｉ：８００株

10．甲社と乙社の取締役が話し合った結果，乙社を甲社の完全子会社とするため，乙社は，株式の併合をすることとなった。乙社の代表取締役Ｊは，取締役会の決議に基づき，平成２８年６月１日に定時株主総会の招集通知を発した。当該招集通知には，株主総会の目的の一つが株式の併合であること，株式の併合に係る議案の概要として，①３０００株を１株に併合すること，②株式の併合がその効力を生ずる日（以下「効力発生日」という。）を同年７月１１日とすること，③効力発生日における発行可能株式総数を効力発生日における発行済株式の総数の４倍に当たる数とすること等が記載されていた。他方で，株主総会に出席しない株主が書面又は電磁的方法によって議決権を行使することができることとする旨は記載されていなかった。

乙社は，当該招集通知を発した日に，上記①から③までの事項を公告するとともに，上記①から③までの事項を含む株式の併合に関する所定の事項を記載した書面を本店に備え置いた。

11．上記10の招集通知に基づき平成２８年６月２０日に開催された乙社の定時株主総会（以下「本件株主総会」という。）には，Ｇのほか，甲社の代表取締役Ｃが甲社を代表して出席し，また，本件持株会の発足以来その会員であるＫが本件持株会理事長Ｈの代理人として出席した。Ｋは，その際，本件株主総会において議決権行使の代理人をＫとする旨のＨが作成した委任状を乙社に提出した。なお，本件持株会の会員でＨに対し本件株主総会における議決権行使についての特別の指示をしたものはいなかった。

12．Ｉは平成２７年１０月１日に死亡し，Ｉの唯一の相続人であるＬが，Ｉが保有していた乙社株式８００株（以下「本件株式」という。）を相続した。Ｌは，Ｉの生前から，乙社の株主名簿上のＩの住所においてＩと同居しており，Ｉが死亡した後も，引き続き同所において居住している。Ｌは，Ｉの生前から，Ｉが本件株式を保有していたことを知っていたものの，本件株式を相続により取得した後も，本件株式について株主名簿の名義書換えを請求していなかったが，Ｉ宛ての本件株主総会の招集通知を受け取った日の翌日である平成２８年６月３日，乙社に対し，相続により本件株式を取得したことを証する書面を提示して株主名簿の名義書換えを請求するとともに，上記10の株式の併合に反対する旨を乙社に通知した。乙社は，同日，Ｌの請求のとおり株主名簿の名義書換えを行った。

本件株主総会の当日，Ｌは，本件株主総会の会場に現れ，入場を求めたが，乙社の受付担当者は，乙社の代表取締役Ｊの指示に基づき，Ｌが本件株主総会に係る議決権行使の基準日において

株主名簿上の株主でなかったことを理由として，Lの入場を認めなかった。

13. 本件株主総会において，乙社の代表取締役Jは，株式の併合をすることを必要とする理由として，①株主への通知や配当金の支払に掛かるコストを削減するために株主の人数を減少させる必要があること，②乙社は，数年後に，会社の事業規模に合わせて資本金の額を減少する予定であり，そのためには，会社法上，発行済株式の総数を減少させる必要があることの2点を説明したが，乙社を甲社の完全子会社とした上で甲社の支援により乙社の経営を立て直すという本来の目的については説明しなかった。

14. 本件株主総会において，上記10の株式の併合の議案については，Gが反対したが，甲社及びHの代理人であるKが賛成したことにより，可決された（以下「本件決議」という。）。

〔設問2〕 Gは，本件決議の瑕疵を主張して，本件決議の効力を否定することを検討している。平成28年7月20日の時点で，本件決議の効力を争うためにGの立場において考えられる主張及びその当否について，論じなさい。

〔設問3〕 上記10の株式の併合により乙社の株式を失うこととなるLの経済的利益が会社法上どのように保護されるかについて，論じなさい。ただし，株式の併合をやめることを請求し，株式の併合の効力を否定し，又は損害賠償を請求するという手段については，論じなくてよい。

別　紙

1　乙株式会社定款（抜粋）

（なお，以下の定めは，設立時から本件株主総会の終結の時までの間，変更されていない。）

（定時株主総会の基準日）

第11条　当会社は，毎年３月31日の最終の株主名簿に記載された議決権を有する株主をもって，その事業年度に関する定時株主総会において議決権を行使することができる株主とする。

（決議）

第15条　株主総会の普通決議は，法令又は定款に別段の定めがある場合のほか，出席した議決権を行使することができる株主の議決権の過半数をもって決する。

2　会社法第309条第２項に定める決議は，議決権を行使することができる株主の議決権の３分の１以上を有する株主が出席し，出席した当該株主の議決権の３分の２以上に当たる多数をもって行う。

（議決権の代理行使）

第16条　株主は，当会社の他の株主１名を代理人として，その議決権を行使することができる。

2　乙株式会社従業員持株会規約（抜粋）

（株式の管理及び名義）

第10条　会員は，各自の持分に相当する株式を管理の目的をもって理事長に信託するものとする。

2　前項により理事長が受託する株式は，株主名簿において理事長名義とする。

（議決権の行使）

第11条　理事長名義の株式の議決権は，理事長が行使するものとする。ただし，会員は，各自の持分に相当する株式の議決権の行使について，理事長に対し，株主総会ごとに特別の指示を与えることができる。

▶ MEMO

平成29年・司法

【民事系科目】

〔第２問〕

　本問は，①発起人が取引の相手方に対し設立費用について未払額を残した状態で会社が成立した場合において設立費用の総額が定款に記載した金額を超えていたときの設立費用の負担（設問１(1)），②定款に記載がない財産引受けの効力及び当該財産引受けの追認の許否等（設問１(2)），③買収者が対象会社の少数株主を会社から退出させる（締め出す）目的で行われた株式の併合に係る株主総会の決議の取消事由及び無効事由（設問２），④株式の併合により株式の数に１株に満たない端数が生ずるときの当該端数の処理の手続や反対株主の株式買取請求（設問３）に関する理解等を問うものである。

　設問１(1)においては，判例は，設立費用の全部又は一部が未払の状態で会社が成立した場合には，債務は，定款に記載した金額（会社法第２８条第４号）の範囲で，成立後の会社に帰属し，その金額の範囲では，取引の相手方は，成立後の会社に対し，弁済等を請求することができ，発起人に対しては，弁済等を請求することができないという立場を採っていること（大判昭和２年７月４日民集６巻４２８頁，大判昭和８年３月２７日法学２巻１３５６頁）を明らかにするとともに，判例に賛成し，又は反対するいずれかの立場から，その当否を検討することが求められる。

　判例に賛成する見解としては，設立費用の総額が定款に記載した金額を超えていた場合においては，債務は，①契約を締結した順序により，契約を締結した順序が明らかでないときは，債務の額に応じた按分の方法により，定款に記載した金額の範囲で，成立後の会社に帰属するというものや，②契約を締結した順序にかかわらず，債務の額に応じた按分の方法により，定款に記載した金額の範囲で，成立後の会社に帰属するというものなどが考えられる。他方で，判例に反対する見解としては，債務は，①定款に記載した金額の範囲であっても，成立後の会社に帰属せず，取引の相手方は，発起人に対し，弁済等を請求することができるにとどまり，弁済等をした発起人が，定款に記載した金額の範囲で，成立後の会社に対し，求償をすることができるにすぎないというものや，②定款に記載した金額にかかわらず，全て成立後の会社に帰属し，取引の相手方は，成立後の会社に対し，弁済等を請求することができ，定款に記載した金額を超えている部分については，会社が，発起人に対し，求償をすることができるというもの，③取引の相手方は，会社及び発起人のいずれに対しても，弁済等を請求することができるというものなどがある。判例に賛成し，又は反対するいずれの立場を採る場合であっても，これらの見解といわゆる設立中の会社の概念や発起人の権限の範囲との関係を意識し，甲社がＤから求められた賃料６０万円の支払及びＥから求められた報酬４０万円の支払を拒否することができるかどうかについて，事案に即して説得的に論ずることが望まれる。

　設問１(2)においては，甲社の代表取締役Ｃから相談を受けた弁護士の立場に立って，判例が，定款に記載がない財産引受けは，無効であり，譲渡人も無効を主張することができ，会社成立後，株主総会の特別決議をもってこれを承認しても，有効とならず，成立後の会社が追認しても，有効とならないとしていること（最判昭和２８年１２月３日民集７巻１２号１２９９頁，最判昭和４２年

９月２６日民集２１巻７号１８７０頁，最判昭和６１年９月１１日裁判集民１４８号４４５頁）を意識しながら，本件購入契約に関する会社法上の問題点として，定款に記載がない財産引受けの効力及び当該財産引受けの追認の許否について，説得的に論ずることが求められる。その上で，甲社が本件機械の引渡しを受けるために採ることができる方法及びこれに必要となる会社法上の手続について，判例に賛成する見解からは，甲社がＦから本件機械を購入する契約を改めて締結しなければならず（この場合には，Ｆの増額要求をある程度受け入れるのもやむを得ないであろう。），そのために，本問においては，本件機械の価額及び甲社の純資産額等に照らし，本件機械の取得が事後設立に当たり，株主総会の特別決議によって，当該契約の承認を受けなければならないこと（会社法第４６７条第１項第５号，第３０９条第２項第１１号）に言及しながら，事案に即して検討することが望まれる。他方で，判例に反対し，定款に記載がない財産引受けの追認を認める見解からは，本件購入契約を追認することが考えられるが，そのために，本問においては，本件機械の価額及び甲社の純資産額等に照らし，株主総会の特別決議によって，当該契約の承認を受けなければならないと考えられること（同法第４６７条第１項第５号類推，第３０９条第２項第１１号類推）などに言及しながら，事案に即して検討することが望まれる。

設問２においては，乙社の創業者の一族である株主Ｇが，平成２８年７月１１日を効力発生日とする株式の併合により株主の地位を失ったとしても，本件決議の取消しにより株主の地位を回復するので，本件決議の取消しの訴えについて原告適格を有すること（会社法第８３１条第１項柱書き後段）を前提として，Ｇの立場から，買収者である甲社が対象会社である乙社の少数株主を会社から退出させる（締め出す）目的で行われた株式の併合に係る本件決議の取消事由について論ずるとともに，その無効事由についても，事案に即して説得的に論ずることが求められる。

本件決議の取消事由として，第１に，本件持株会の会員であるＫが，株主名簿に記載されている株主でないにもかかわらず，本件持株会理事長Ｈの代理人として議決権を行使したことが，株主総会の決議の方法の定款違反（会社法第８３１条第１項第１号）に当たるか否かについて，株主は，代理人によってその議決権を行使することができる（同法第３１０条第１項）が，乙社の定款第１６条は，議決権を行使する株主の代理人の資格を当該会社の株主に制限しているところ，判例が，そのような定款の規定は，株主総会が，株主以外の第三者によって攪乱されることを防止し，会社の利益を保護する趣旨に出たものと認められ，合理的な理由による相当程度の制限ということができるから，有効であるとしていること（最判昭和４３年１１月１日民集２２巻１２号２４０２頁）を前提として，そのような趣旨も踏まえて，検討することが求められる。例えば，Ｋは，株主名簿上の株主ではないが，実質的に乙社の株主であることをどのように評価するかが検討対象となろう。

第２に，乙社の代表取締役Ｊは本件株主総会において株式の併合をすることを必要とする理由を説明している（会社法第１８０条第４項）が，Ｊの説明の内容に照らし，その説明が株主総会の決議の方法の法令違反（同法第８３１条第１項第１号）に当たるか否かについて，事案に即して検討することが求められる。

第３に，Ｉの相続人である株主Ｌに議決権を行使させなかったことが，株主総会の決議の方法の法令違反（会社法第８３１条第１項第１号）に当たるか否かなどについて，株式の譲渡の対抗要件に関する同法第１３０条第１項が株式の相続にも適用されるか否かに言及しながら，事案に即して検討することが求められる。

第4に，買収者である甲社の代表取締役Cが甲社を代表して議決権を行使しているところ，本件決議が，株主総会の決議について特別の利害関係を有する者が議決権を行使したことによる著しく不当な決議（会社法第831条第1項第3号）に当たるか否かについて，事案に即して検討することが求められる。

　本件決議の無効事由としては，買収者である甲社が対象会社である乙社の少数株主を会社から退出させる（締め出す）目的で行われた株式の併合が，株主平等原則（会社法第109条第1項）に違反するか否かについて，論ずることが求められる。

　設問3においては，平成28年7月11日を効力発生日とする株式の併合により乙社の株式を失うこととなる株主Lの経済的利益が会社法上どのように保護されるかについて，説明及び検討することが求められる。

　まず，株式の併合により株式の数に1株に満たない端数が生ずるときの当該端数の処理の手続（会社法第235条，第234条第2項から第5項まで）について説明する必要がある。

　次に，反対株主の株式買取請求（会社法第182条の4）についても説明することが求められる。その際には，株主Lは，本件株主総会に先立って株式の併合に反対する旨を乙社に対し通知したが，本件株主総会の会場への入場を認められなかったため，本件株主総会において株式の併合に反対していないこと（同法第182条の4第2項第1号参照）から，株主Lが乙社に対し株式買取請求をすることができるかどうかについて，同法第130条第1項が株式の相続にも適用されるか否かについての設問2における検討と整合的かつ説得的に論ずることが求められる。

　例えば，株式の相続は「株式の譲渡」（会社法第130条第1項）に当たらないとの立場を採ると，相続人は名義書換えをすることなく，株式の取得を会社に対抗することができ，したがって，Lは本件株主総会において議決権を行使することができた株主となる。この場合には，前述のとおり，形式的には，Lは同法第182条の4第2項第1号に規定する株主の要件を満たしていないものの，その原因が，Lが本件株主総会の会場への入場を求めたにもかかわらず，これを乙社の受付担当者が代表取締役Jの指示に基づき不当に拒否したことにあるから，乙社は同号の規定によるLからの株式買取請求を信義則上拒否することができないと解し，又はLは同項第2号に規定する株主（「当該株主総会において議決権を行使することができない株主」）に当たり，Lは乙社に対し株式買取請求をすることができると解することが考えられよう。

　他方で，株式の相続は「株式の譲渡」（会社法第130条第1項）に含まれるとの立場を採ると，相続人は株主総会に係る議決権行使の基準日までに名義書換えをしなければ，株式の取得を会社に対抗することができず，したがって，Lは本件株主総会において議決権を行使することができなかった株主となる。この場合には，Lが乙社に対し株式買取請求をすることができるかどうかについて，同法第182条の4第2項第2号に規定する株主（「当該株主総会において議決権を行使することができない株主」）に，株主総会の基準日以前に議決権を有する株式を取得しながら名義書換えを怠った者（株主総会の基準日後に株主名簿の名義書換えをした株主）が含まれるか否かに言及しながら，検討することが期待される（なお，この点に関する裁判例として，例えば，東京地決平成21年10月19日金判1329号30頁，東京地決平成25年9月17日金判1427号54頁参照）。

採点実感

1 出題の趣旨等

既に公表されている平成２９年司法試験の論文式試験出題の趣旨に，特に補足すべき点はない。

2 採点方針及び採点実感

(1) 民事系科目第２問は，商法分野からの出題である。これは，事実関係を読み，分析し，会社法上の論点を的確に抽出して各設問に答えるという過程を通じ，事例解析能力，論理的思考力，会社法に関する基本的な理解並びに法令の解釈及び適用の能力等を確認するものであり，従来と同様である。

その際に，論点について，過不足なく記述がある答案や，記述に多少の不足があっても，総じて記述が論理的である答案，制度の趣旨等に照らして条文を解釈している答案，事案に即して具体的な検討がされている答案には，一定の高い評価を与えた。これらも，従来と同様である。

なお，昨年も言及したが，読みにくい文字の答案であっても可能な限り正確に文章を理解するように努めているものの，それにもかかわらず，読みにくい文字のために文章を理解することができないような答案が，少数であるとはいえ，見られる。そのような文章については，その趣旨が不明であるものと判断した上で，採点せざるを得ない。

(2) 設問１(1)について

ア 全体的な採点実感

設問１(1)は，発起人が取引の相手方に対し設立費用について未払額を残した状態で会社が成立した場合において，設立費用の総額が定款に記載した金額を超えていたときにおける，相手方であるD及びEに対する債務の帰属に関して，問うものである。

まず，本問においては，判例の立場及びその当否を検討することが求められているため，判例が，設立費用を未払の状態で会社が成立した場合に，定款に記載した金額（会社法第２８条第４号）の範囲で，債務は成立後の会社に帰属し，その範囲では，取引の相手方は，成立後の会社に対し，弁済等を請求することができ，発起人に対しては，弁済等を請求することができないという立場を採っていること（大判昭和２年７月４日民集６巻４２８頁，大判昭和８年３月２７日法学２巻１３５６頁）を指摘する必要があるところ，判例を正確に指摘することができていない答案が相当数あった。

判例の当否については，多くの学説において，発起人が複数の相手方と取引をしてその債務の総額が定款に記載した金額を超える場合に，どの債務についてどの範囲で会社に請求することができるかという困難な問題を生ずることなどから，批判的な立場が採られているところ，答案においても同様の理由を示して判例に反対する立場を採るものが多かった。他方で，成立後の会社の財産的基礎を確保するという会社法第２８条第４号の趣旨を重視し，判例に賛成する立場を採る答案も少なくなかった。

債務の帰属については，判例に賛成する見解によると，設立費用の総額が定款に記載した金額を超えていた場合においては，債務は，①契約を締結した順序により，契約を締結した順序

が明らかでないときは，債務の額に応じた按分の方法により，定款に記載した金額の範囲で，成立後の会社に帰属するというものや，②契約を締結した順序にかかわらず，債務の額に応じた按分の方法により，定款に記載した金額の範囲で，成立後の会社に帰属するというものなどが考えられる。他方で，判例に反対する見解によれば，債務は，①定款に記載した金額の範囲であっても，成立後の会社に帰属せず，取引の相手方は，発起人に対し，弁済等を請求することができるにとどまるというものや，②定款に記載した金額にかかわらず，全て成立後の会社に帰属し，取引の相手方は，成立後の会社に対し，弁済等を請求することができるというもの，③取引の相手方は，会社及び発起人のいずれに対しても，弁済等を請求することができるというものなどが考えられる。なお，判例に賛成する立場を採る答案には，定款に記載した金額の範囲で，成立後の会社に対し，弁済等を請求することができると論ずるにとどまり，複数の取引債務の総額が定款の記載額を超える場合に，どの債務についてどの範囲で会社に請求することができるかについて言及していないものが相当数あった。

判例に賛成又は反対のいずれの立場を採る場合であっても，これらの見解といわゆる設立中の会社の概念や発起人の権限の範囲との関係を意識して論ずることが望まれる。

イ　答案の例

（ア）優秀又は良好に該当する答案の例

判例の立場及びその当否について，会社法第28条第4号の趣旨と取引の相手方の保護の必要性ないし取引の安全との調和の観点から丁寧に論じ，その論述と整合的に，支払を拒否することができるかどうかについて自らの見解を論じた上で，事案に即して結論を導いているものには，高い評価を与えた。

（イ）不良に該当する答案の例

本問においては，明示的に，判例の立場及びその当否を検討することが求められているにもかかわらず，これらについて言及していないものが相当数あったほか，以下のとおり，設立費用や設立中の会社の法律関係に関する基本的な理解を欠いているものが一定数見られた。

本問において定款に設立費用についての記載がないとするもの，設立費用が登記事項であるとするもの，設立費用について会社法第27条第4号又は第28条第1号若しくは第2号を引用するものなど，設立費用の意義等を明らかに誤解しているもの

①設立を直接の目的とする行為，②設立のために必要な行為，③財産引受け，④開業準備行為といった行為の類型や，意義，具体例を誤解し，例えば，本問を定款に記載がない開業準備行為に関する問題として論ずるものや，設立事務を行う事務所用建物の賃借と設立事務を補助する事務員の雇用とで，該当する行為の類型を異にするものとして論ずるもの

(3)　設問1(2)について

ア　全体的な採点実感

設問1(2)は，定款に記載がない財産引受けの効力及び当該財産引受けの追認の許否等について，問うものである。

まず，本問においては，相談を受けた弁護士の立場に立って，検討することが求められているため，判例が，定款に記載がない財産引受けは，無効であり，譲渡人も無効を主張することができ，成立後の会社が追認しても，有効とならないとしていること（最判昭和28年12月

３日民集７巻１２号１２９９頁，最判昭和４２年９月２６日民集２１巻７号１８７０頁，最判昭和６１年９月１１日裁判集民１４８号４４５頁）を意識しながら，本件購入契約に関する会社法上の問題点として，定款に記載がない財産引受けの効力及び当該財産引受けの追認の許否について，説得的に論ずることが求められる。しかし，判例の考え方に言及せず，又は定款に記載がない財産引受けが当然に発起人の無権代理行為であると論ずるものなど，判例を意識していないと思われる答案が多かった。

甲社が本件機械の引渡しを受けるために採ることができる方法及びこれに必要となる会社法上の手続について，判例に賛成する見解からは，甲社がＦから本件機械を購入する契約を改めて締結しなければならないが（この場合には，Ｆの増額要求をある程度受け入れるのもやむを得ないであろう。），本問においては，本件機械の価額及び甲社の純資産額等に照らし，本件機械の取得が事後設立に当たる。そのため，事後設立の手続について，株主総会の特別決議によって，当該契約の承認を受けなければならないこと（会社法第４６７条第１項第５号，第３０９条第２項第１１号）など，事案に即して検討することが望まれる。しかし，本件機械を購入する契約を改めて締結することと，本件機械の取得が事後設立に当たることとの関係を正確に理解しておらず，本件機械を購入する契約を改めて締結することに言及しないで，単に，事後設立に関する手続を採れば，本件機械を取得することができるというような論述をする答案が相当数あった。また，「純資産額の５分の１を超えることから，事後設立に当たらない。」などと論述し，同法第４６７条第１項第５号ただし書の意味を誤解している答案も散見された。なお，株主総会の特別決議の要否に言及せず，取締役会の決議（同法第３６２条第４項第１号）の要否に言及するのみの論述には，高い評価を与えていない。

判例に反対し，定款に記載がない財産引受けの追認を認める見解からは，本件購入契約を追認することが考えられる。そのために，本件機械の価額及び甲社の純資産額等に照らし，事後設立に関する手続により株主総会の特別決議による承認を受けなければならないと考えられること（会社法第４６７条第１項第５号類推，第３０９条第２項第１１号類推）などに言及しながら，事案に即して検討することが望まれる。しかし，本件購入契約を追認するための手続について何ら言及していない答案や，上記と同様に株主総会の特別決議による承認の要否に関する同法第４６７条第１項第５号ただし書の意味を誤解している答案も散見された。

なお，相手方の無効主張を不可とする立場等からの論述にも，一定の評価を与えている。

イ　答案の例

（ア）　優秀又は良好に該当する答案の例

特に，定款に記載がない財産引受けの追認の許否について，判例の立場にも配慮した上で，財産引受けの規制の趣旨を踏まえつつ，会社や，株主及び債権者等の会社の利害関係人，取引の相手方の利益も勘案し，自らの見解を説得的に論じ，その論述と整合的に，追認又は再契約の方法を指摘するとともに，そのために必要となる会社法上の手続として，事後設立に関する手続（同法第４６７条第１項第５号，第３０９条第２項第１１号）について，丁寧に検討するものには，高い評価を与えた。

（イ）　不良に該当する答案の例

以下のとおり，定款に記載がない財産引受けに関する基本的な理解が不十分であると判断せざるを得ないものが相当数見られた。

①定款に記載がない財産引受けの効力が無効であることについて，会社法第２８条柱書き及び第２号という条文上の根拠に何ら言及せず，単に発起人の権限が開業準備行為に及ばないということからのみ論ずるもの，②定款に記載がない財産引受けの追認の許否について言及していないもの，③本件機械を購入する契約を改めて締結することに言及しないで，単に，事後設立に関する手続を採れば，本件機械を取得することができるとするもの，④事後設立に関する手続として株主総会の特別決議（同法第４６７条第１項第５号，第３０９条第２項第１１号）の要否に言及せず，重要な財産の譲受けとして取締役会の決議（同法第３６２条第４項第１号）の要否のみに言及するもの

そのほか，事実関係を全く踏まえず，①会社の成立後であるにもかかわらず，定款の変更をした上で，財産引受けを行うとするもの，②現物出資により給付を受けるとするものも一定数見られた。

(4) 設問２について

ア　全体的な採点実感

設問２は，買収者が対象会社の少数株主を会社から退出させる（締め出す）目的で行われた株式の併合に係る株主総会の決議の取消事由及び無効事由について，問うものである。

本問においては，まず，乙社の創業者の一族である株主Ｇが，平成２８年７月１１日を効力発生日とする株式の併合により株主の地位を失っていることから，Ｇの原告適格について，会社法第８３１条第１項柱書き後段を指摘する必要があるが，これについて何ら言及していない答案が極めて多かった。

本件決議の取消事由については，第１に，本件持株会の会員であるＫが，株主名簿に記載されている株主でないにもかかわらず，代理人として議決権を行使したことが，株主総会の決議の方法の定款違反（会社法第８３１条第１項第１号）に当たるか否かについて，事案に即して検討することが求められる。株主は，代理人によってその議決権を行使することができる（同法第３１０条第１項）が，乙社の定款第１６条は，議決権を行使する株主の代理人資格を当該会社の株主に制限している。判例は，そのような定款の規定は，株主総会が，株主以外の第三者によって攪乱されることを防止し，会社の利益を保護する趣旨に出たものと認められ，合理的な理由による相当程度の制限ということができるから，有効であるとしていること（最判昭和４３年１１月１日民集２２巻１２号２４０２頁）から，そのような趣旨も踏まえて，Ｋの議決権の代理行使が定款に違反するか否かを検討することが求められる。例えば，Ｋは，株主名簿上の株主ではないが，実質的に乙社の株主であることをどのように評価するかが検討対象となろう。しかし，このような問題の所在等を正確に理解せず，的確に指摘することができていない答案が相当数あった。なお，以上とは別に，甲社の代表取締役Ｃが甲社を代表して議決権を行使していることについて，代理人による議決権の行使であると誤解し，Ｃによる議決権の代理行使が株主総会の決議の方法の定款違反に当たるか否かを論ずる答案が相当数あった。

第２に，乙社の代表取締役Ｊは本件株主総会において株式の併合をすることを必要とする理由を説明している（会社法第１８０条第４項）が，Ｊの説明の内容に照らし，その説明が株主総会の決議の方法の法令違反（同法第８３１条第１項第１号）に当たるか否かについて，事案に即して論ずることが求められる。具体的には，問題文１３の①及び②の説明のうち，②の説明が虚偽ということができるかどうか（減資のため株式数を減少させる法的な必要性はな

い。）や，本来の目的を説明しなかったことの適否を検討することが必要となる。しかし，そもそも同法第１８０条第４項違反に当たるか否かについてではなく，同法第３１４条違反に当たるか否かについてのみ論ずる答案が多かった。なお，同法第１８０条第４項に規定する株式の併合をすることを必要とする理由の説明の意義について，学説における解釈に沿って的確に論ずる答案はほとんどなかった。

　　第３に，Ｉの相続人である株主Ｌに議決権を行使させなかったことが，株主総会の決議の方法の法令違反（会社法第８３１条第１項第１号）に当たるか否かについて，論ずることが求められる。これについては，株主総会の決議の取消しの訴えを提起する者は他の株主に関する瑕疵を取消事由として主張することができること（最判昭和４２年９月２８日民集２１巻７号１９７０頁）を前提とした上で，株式の譲渡の対抗要件に関する同法第１３０条第１項が株式の相続にも適用されるか否かに言及しながら，事案に即して検討することが期待される。しかし，同項が株式の相続にも適用されるか否かという問題の所在を正確に理解し，的確に指摘することができている答案は極めて少なく，これを的確に指摘した上で論ずる答案には，一定の高い評価を与えた。

　　第４に，買収者である甲社の代表取締役Ｃが甲社を代表して議決権を行使しているところ，本件決議が，株主総会の決議について特別の利害関係を有する者が議決権を行使したことによる著しく不当な決議（会社法第８３１条第１項第３号）に当たるか否かについて，事案に即して検討することが求められる。しかし，特別の利害関係の意義について言及していない答案が散見された。また，特別の利害関係を有する者に当たるか否かと，著しく不当な決議に当たるか否かとの関係について，正確に理解していないと思われる答案や，著しく不当な決議の意義を誤解している答案が相当数あった。

　　以上４点の取消事由に関する論点について，ほぼ全てに言及し，かつ，その記述が正確で論理的である答案は，少なかった。

　　そのほか，買収者である甲社が対象会社である乙社の少数株主を会社から退出させる（締め出す）目的で行われた株式の併合が，株主平等原則（会社法第１０９条第１項）に違反するのではないかという観点から，本件決議の無効事由となる余地があることを検討することも求められるが，これについて論ずる答案は，ほとんどなかった。

イ　答案の例

　㋐　優秀又は良好に該当する答案の例

　　株式の併合により株主の地位を失ったＧの原告適格について，的確に指摘した上で（会社法第８３１条第１項柱書き後段），本件決議の取消事由として前記の４点の全てに言及し，それぞれについて事案に即した簡潔かつおおむね適切な論証をしているものには，高い評価を与えた。もっとも，取消事由のうち，Ｌに議決権を行使させなかったことの適否については，同法第１３０条第１項が株式の相続にも適用されるか否かという問題の所在等を的確に指摘することができている答案は極めて少なく，良好に該当するような答案であっても，株主名簿や基準日の制度の趣旨を会社の事務処理上の便宜であるとしつつ，株式の取得が相続によるものであり，また，本件株主総会に係る議決権行使の基準日の後であるものの，株主名簿の名義書換えが行われており，Ｌが株主であることは会社にも明らかであったとして，本件においては，会社の事務処理上の便宜よりも，株主による議決権の行使を優先すべきで

あるというように論ずるものが多かった。甲社の代表取締役Cが議決権を行使したことが，同法第831条第1項第3号に当たるか否かについても，良好に該当するような答案であっても，特別の利害関係を有する者に当たるか否かと，著しく不当な決議に当たるか否かとの関係について，的確に論ずることができている答案は少なかった。

　㈑　不良に該当する答案の例

　　　株主総会の決議の取消事由，無効事由及び不存在事由を正しく理解せず，又は誤解しており，適切に区別することができていないもの

　　　取消事由に当たるなどと論ずるものの，具体的に会社法第831条第1項第1号から第3号までの取消事由のいずれに当たるかについて言及していないもの

　　　乙社は書面による議決権行使に関する事項を定めなければならないわけではない（会社法第298条第2項本文参照）にもかかわらず，定時株主総会の招集通知に，株主総会に出席しない株主が書面によって議決権を行使することができることとする旨が記載されていなかったことをもって株主総会の招集の手続が法令に違反するとするもの

　　　Kによる議決権の代理行使が，本件持株会の規約の定めに違反するか否かや，会社法第106条の規定に違反するか否かについてのみ論ずるもの

　　　代理人の資格を当該会社の株主に制限する定款の規定が有効であると解されていることに全く言及がなく，このような趣旨を踏まえた検討も全くされていないもの

　　　Jによる株式の併合の理由の説明が株主総会の決議の方法の法令違反に当たるか否かとして，会社法第180条第4項違反に当たるか否かについてではなく，同法第314条違反に当たるか否かについてのみ論ずるもの

　　　会社法第124条第4項の適用範囲を誤解し，Lに議決権を行使させなかったことが同項に違反すると論じていると解さざるを得ないもの

　　　乙社がLの請求に応じて株主名簿の名義書換えを行ったのが本件株主総会に係る議決権行使の基準日の後であったことを適切に考慮しないで，乙社がLに議決権を行使させなかったことが信義則に違反するというように論ずるもの

　　　株主総会の決議について特別の利害関係を有する者に当たる甲社の代表取締役Cが議決権を行使したことによってされた本件決議は，そのことのみにより，その内容にかかわらず，直ちに著しく不当な決議に当たるかのように論ずるもの

　　　いわゆる裁量棄却（会社法第831条第2項）の要件を正確に理解しておらず，本件決議が，株主総会の決議について特別の利害関係を有する者が議決権を行使したことによる著しく不当な決議（同条第1項第3号）に当たるとした上で，そのこととの関係で，いわゆる裁量棄却の可否について論ずるもの

(5)　設問3について

　ア　全体的な採点実感

　　　株式の併合により株式の数に1株に満たない端数が生ずるときの当該端数の処理の手続や反対株主の株式買取請求について，問うものである。

　　　設問3においては，平成28年7月11日を効力発生日とする株式の併合により乙社の株式を失うこととなる株主Lの経済的利益が会社法上どのように保護されるかについて，説明及び検討することが求められる。

　まず，株式の併合により株式の数に１株に満たない端数が生ずるときの当該端数の処理の手続（会社法第２３５条，第２３４条第２項から第５項まで）について説明する必要がある。しかし，この手続に言及する答案は，極めて少なかった。

　次に，反対株主の株式買取請求（会社法第１８２条の４）についても説明することが求められる。株主Ｌは，本件株主総会に先立って株式の併合に反対する旨を乙社に対し通知したが，本件株主総会の会場への入場を認められなかったため，本件株主総会において株式の併合に反対していない（同条第２項第１号参照）。そのため，このような株主Ｌが同号又は同項第２号の「反対株主」に該当するか否かが問題となることから，この要件について，株主Ｌが株主総会において議決権を行使することができた株主であると解するか否かについての設問２における検討と整合的に論ずることが求められる。

　設問２において，株主Ｌが株主総会においてその議決権を行使することができた株主であると解した場合には，前述のとおり，形式的には，Ｌは会社法第１８２条の４第２項第１号に規定する株主の要件を満たしていないものの，その原因が，Ｌが本件株主総会の会場への入場を求めたにもかかわらず，これを乙社の受付担当者が代表取締役Ｊの指示に基づき不当に拒否したことにあるから，乙社は同号の規定によるＬからの株式買取請求を信義則上拒否することができないと解し，又はこのような事情から，Ｌは同項第２号に規定する株主に当たり，Ｌは乙社に対し株式買取請求をすることができると解することが考えられよう。このような解釈を採る答案は比較的多かった。そのような答案には，その論述の内容もおおむね論理的なものが相当数あり，高い評価を与えた。

　他方で，設問２において，株主Ｌが株主総会においてその議決権を行使することができなかった株主であると解した場合には，会社法第１８２条の４第２項第２号に規定する株主に，株主総会の基準日以前に議決権を有する株式を取得しながら名義書換えを怠った者（株主総会の基準日後に株主名簿の名義書換えをした株主）が含まれるか否かを検討することが期待される（なお，この点に関する裁判例として，例えば，東京地決平成２１年１０月１９日金判１３２９号３０頁，東京地決平成２５年９月１７日金判１４２７号５４頁参照）。もっとも，この点について検討している答案はほとんどなく，単に同号の「議決権を行使することができない株主」に当たるとのみ指摘し，結論においては，Ｌが乙社に対し株式買取請求をすることができるとの立場を採る答案が多かったが，このような答案には，高い評価は与えていない。

　なお，例えば，設問２においては，結論として，Ｌは株主総会において議決権を行使することができた株主であると解しているにもかかわらず，設問３においては，何ら説明をすることなく，Ｌが会社法第１８２条の４第２項第２号に規定する当該株主総会において議決権を行使することができない株主に当たるとのみ論ずるなど，設問２における検討と設問３における論述とが何ら理由もなく矛盾する答案が散見され，そのような答案には，低い評価を与えるにとどめた。

イ　答案の例
　㋐　優秀又は良好に該当する答案の例
　　株式の併合により株式の数に１株に満たない端数が生ずるときの当該端数の処理の手続（会社法第２３５条，第２３４条第２項から第５項まで）と反対株主の株式買取請求（同法第１８２条の４）との二つの制度により経済的利益が保護されることを的確に指摘している

ものは，総じて高い評価であった。

　また，このうち，反対株主の株式買取請求に関しては，Ｌが「反対株主」（会社法第
１８２条の４第２項）の要件を満たすか否かについて，設問２の検討と整合的に論証し，か
つ，その論述内容も事案に即した説得的なもの，例えば，前記アで記載したような論述のほ
かにも，Ｌが議決権を行使することができなかった株主であるとの立場であっても，株主名
簿の名義書換えを怠った株主を保護する必要はないなどとし，同項第２号に規定する株主の
要件を満たしていないと解して買取請求権の行使を否定するものなどには，高い評価を与え
た。

　(イ)　不良に該当する答案の例

　会社法第１８２条の４第２項第１号の要件を理解しておらず，単に，株式の併合に反対す
る旨を乙社に対し通知したことのみをもって，当然に，反対株主に当たるかのように論ずる
もの

　Ｌが株主総会において議決権を行使することができたか否かについての設問２における検
討と，設問３における反対株主の株式買取請求に関する論述とが何らの理由もなく矛盾する
もの

　そのほか，問題文６に，乙社は，種類株式発行会社ではなく，その定款には，単元株式数
に関する定めはないと明示していたにもかかわらず，単元未満株式の買取請求（会社法第
１９２条）について説明するものや，同法１１６条第１項第３号イに規定する反対株主の株
式買取請求のみに言及するものが散見された。なお，同法第７８５条に規定する反対株主の
買取請求に言及するものが少数ながら見られた。

3　法科大学院教育に求められるもの

　設立に関して，設立費用に関する会社法第２８条第４号の趣旨，設立中の会社の発起人の権限の
範囲並びに定款に記載がない財産引受けの効力及びその追認の許否等といった基本的な論点につい
て，代表的な判例の理解のみならず，条文の趣旨又は意義を含めた基本的な理解が不十分であっ
た。株主総会の決議の取消しの訴えに関しても，その原告適格について条文の指摘を欠いていたり，
取消事由のうち，議決権行使の代理人資格を株主に制限する定款の定めの有効性やその例外といっ
た基本的な論点について的確に論証せず，特別の利害関係を有する株主による議決権行使や同法
１８０条第４項の説明義務といった基本的な条文又は制度の理解等も不十分であったりするなど，
総じて会社法の基本的な理解について不十分な面が見られる。

　条文の引用が不正確又は不十分である場合が目に付き，代表的な判例についても引用又は言及が
少なく，条文の適用又は解釈を行っているという意識や代表的な判例の存在を前提にして論ずると
いう意識が高いとは言い難い。論点についての論述において，条文の適用関係を明らかにしないま
ま，又は判例を意識しないままに，自説を論述する例が見られる。これらについては，基本的に昨
年までと同様の印象である。

　問題文における事実関係から会社法上の論点を的確に抽出する点等においても，不十分さが見ら
れた。

　従来と同様に，会社法に関する代表的な判例の理解を含めた基本的な理解を確実なものとすると
ともに，事実関係から重要な事実等を適切に拾い上げ，これを評価し，条文を解釈及び適用する能

力と論理的思考力を養う教育が求められる。

第1　設問1

1　小問(1)

(1)　Ｄからの設立事務を行う事務所の賃借，同事務を行う事務員としてのＥの雇用は，甲社の設立のために必要な行為である。

甲社がＤの賃料請求やＥの賃金請求を拒否できるかとの関係で，Ａが行ったこれらの設立のために必要な行為の効果が，成立後の甲社に帰属するか否かが問題となる。

判例は，定款に記載された設立費用の範囲内に限り，設立のための行為の効果が成立後の会社に帰属するという立場を採る。

しかし，本件では甲社定款に「設立費用は８０万円以内とする」との記載があるところ，ＤＥの債権は合計１００万円であるから，この判例の立場では，債権取得の先後でＤの６０万円が優先するのか，按分してＤが４８万円，Ｅが３２万円となるのか，明らかでない。

(2)ア　会社法（以下，法）の設立規制の趣旨は，成立後の会社財産の充実にある。よって，法が成立後の会社に帰属することを当然に予定している行為以外は，成立後の会社に設立のための行為は帰属せず，相手方は発起人に責任を追及すべきと解する。

イ　本件のような設立事務を行う事務所の賃借，同事務を行う事務員の雇用は，成立後の会社に効果が帰属することは予定されていない。よって，Ｄの賃料債権，Ｅの賃金債権は成立後の甲社には帰属しない。

したがって，甲社はこれらの支払を拒否することができる。

2　小問(2)

(1)ア　本件購入契約は，法２８条２号にいう財産引受けである。

同号の成立後の会社財産の確保という趣旨から，定款に記載のない財産引受けは無効と解される（法２８条柱書）。

本件では，甲社定款に特定の財産を譲り受けることを約する契約について記載がないので，同条により本件購入契約は無効である。

イ　また，成立後の会社による追認を認めると，定款記載等の規制に従う者はいなくなり，財産引受けの規制が空洞化し，ひいては現物出資規制の潜脱につながる。

よって，成立後の会社の追認によって，定款に記載がない無効な財産引受けを有効とすることはできない。

本件では，成立後の甲社は本件購入契約を追認することで有効にすることはできない。

(2)ア　よって，甲社が本件機械を有効に譲り受けるためには，Ｆと新たに購入契約を締結する必要がある。

イ　その際には，甲社が取締役会設置会社であるので，法３６２条４項１号の「重要な財産の譲受け」として取締役会決議を経る必要がある。

なぜなら，甲社の純資産額は３０００万円であり，本件機械の価格はＦの要求に従うと８５０万円であるから，本件機械は甲社の純資産額の約２８％という大きな割合を占めるわけであり，「重要な財産」に当たるからである。

● 出題趣旨によれば，判例（大判昭2.7.4／百選［第３版］〔7〕）の立場を明らかにすることが求められていたところ，本答案はこの点につき端的に説明することができており，適切である。

● 判例の立場に立ったとしても，設立費用の総額が定款に記載した金額を超えていた場合，債務の帰属の仕方が一律に定まらないことの理解を示すことができており，出題趣旨に合致する。

● 設立事務所の賃料，設立事務員の給与は設立費用（28④）に当たり，定款に記載された範囲で成立後の会社に請求することができるとするのが通説である。

● 出題趣旨によれば，判例（最判昭28.12.3等）を意識しながら，定款に記載がない財産引受けの効力及び当該財産引受けの追認の許否について論じることが求められているところ，本答案はこれらの点について説得的に論述することができている。

● 判例の立場に立てば，甲社がＦから本件機械を購入する契約を改めて締結しなければならないことを示せており，出題趣旨に合致する。もっとも，そのための手段としては，事後設立（467Ⅰ⑤，309Ⅱ⑪）に言及すべきであった。

第2　設問2
　乙社株主Gは，本件決議の効力を否定するため，株主総会決議取消し
の訴え（法831条1項）を提起する。本件決議は平成28年6月20
日に行われ，現在は同年7月20日なので，提訴期間（決議から3か月
間）は満たされる。
1　Gは，本件決議について，乙社株主でないKが，Hの代理人として
　議決権を行使したことは乙社定款16条に反し，決議方法の定款違反
　（法831条1項1号）の取消事由があると主張する。
　(1)　まず，議決権行使の代理人資格を株主に限る乙社定款16条の有
　　効性が問題となる。
　　　株主の議決権行使の機会を保障するという法310条1項の趣
　　旨から，定款で議決権の代理行使そのものを認めないとすること
　　はできない。しかし，①合理性と②相当性があれば，議決権行使
　　の代理人資格の制限も有効である。
　　　代理人資格を株主に限定することは，①一般より当該会社経営
　　に関心があるであろう株主のみを代理人とすることで実質的な議
　　決権行使を確保し，かつ議事のかく乱を防止できるので合理性が
　　ある。また，②株主の議決権行使の機会を奪うことにもならず相
　　当性がある。よって，乙社定款16条自体は有効である。
　(2)　次に，本件持株会の会員Kは乙社株主か否かが問題となる。たし
　　かに，持株会が取得した株式は理事長名義となっており（持株会規
　　約10条2項），理事長が議決権を行使することになっている（同
　　規約11条本文）。しかし，これは議決権行使の便宜のためであ

り，実質的には本件持株会の会員がその持分に応じて株式を保有し
　　ている。
　　　よって，持株会の会員Kは，実質的には乙社定款16条の乙社
　　「株主」に当たる。
　　　したがって，Gの上記主張は認められない。
2　Gは，乙社が本件株主総会において株主Lの入場を認めなかったこ
　とをもって決議方法の法令違反（法831条1項1号）の取消事由が
　あると主張する。
　(1)　Lは，Iの相続人であり，平成27年10月1日のIの死亡によ
　　り，Iの保有していた乙社株式を相続し承継した（民法882条，
　　896条）。
　　　しかし，Lは本件株主総会に係る基準日の平成28年3月31
　　日には，名義書換請求をしておらず，株主名簿に記載がない。
　(2)　法130条1項は，「株式の譲渡」の対会社対抗要件を株主名簿
　　の記載と定めている。しかし，同条の会社の事務処理の便宜という
　　趣旨から，株式譲渡に限らず株式の相続についても，同条の適用が
　　あると解すべきである。
　(3)　本件では，Lは上記基準日に株主名簿に記載がなく，その時点で
　　株式の相続により乙社株式を承継していたことを乙社に対抗できな
　　い。したがって，乙社は本件株主総会においてLを株主と扱う必要
　　はないので，Lの入場を認めなかったことは適法である。
　　　よって，Gの上記主張は認められない。
3　Gは，本件株主総会において，Jが，乙社を甲社の完全子会社とし

● 株主総会決議取消しの訴えの前提となる提訴期間を検討できている。Gが「当該決議の取消しにより株主……となる者」（831 I柱書後段）に当たることまで言及できるとなお良かった。

● 乙社定款16条が310条1項に反しないかという点につき，判例（最判昭43.11.1／百選［第3版］〔32〕）の見解を意識して丁寧に検討することができている。

● 出題趣旨によれば，Kは株主名簿上の株主ではないが，実質的には乙社の株主であることをどのように評価するかが検討の対象であった。本答案は，この問題の所在等を正確に理解し，的確に検討することができている。

● 出題趣旨によれば，Iの相続人である株主Lに議決権を行使させなかったことが，株主総会の決議の法令違反（831 I①）に当たるか否かについて論述することが求められていたところ，本答案はこの点につき事案に即した検討ができている。

● 130条1項が株式の相続にも適用されるかについて，条文の趣旨から検討できており，出題趣旨に合致する。採点実感によれば，この点に言及できた受験生は極めて少なく，この点を的確に指摘した上で論ずる答案には，一定の高い評価を与えたとされている。

た上で乙社経営を立て直すという株式併合の本来の目的を説明しなかったことは，法180条4項に反し決議方法の法令違反（法831条1項1号）の取消事由があると主張する。

(1)ア　法180条4項の趣旨は，株主が株主総会において合理的判断をすることができるようにする点にある。よって，株式併合について，株主に合理的判断を可能ならしめる程度の実質的な理由の説明が要求される。

イ　本件では，株式併合によって甲社を乙社の完全親会社とし，従来の会社の株主は乙社の株主の地位を奪われ，乙社の経営に一切関わることがなくなる。この本来の目的を知っているか否かは，従来の乙社株主が株式併合に賛成するかを左右する重大事であり，説明が必須の事項である。しかし，Jは①通知等のコスト削減や，②資本金の減少という理由を説明するのみで，本件株式併合の本来の目的である甲社の完全子会社化に言及していないので，同項に違反する。よって，決議方法の法令違反がある。

(2)　もっとも，かかる瑕疵があっても裁量棄却（法831条2項）されないか。

上記瑕疵は，必要な説明をしないというもので，株主の議決権行使を形骸化させるものであり，「違反する事実が重大」であるから裁量棄却はできない。

したがって，Gの上記主張は認められ，本件決議には取消事由がある。

第3　設問3

Lは，反対株主として乙社に対し株式買取請求をする（法182条の4第1項）。

1　本件株式併合は3000株を1株とするので，LがIから相続により承継した乙社株式800株全てが端数となり，「一株に満たない端数が生ずる」ことになる（同項）。

2(1)　Lの同条2項1号該当性について検討すると，Lは本件株主総会に先立ち平成28年6月3日に株式「併合に反対する旨」通知している。しかし，Lはこの総会に入場できておらず議決権を行使していないので，同号には該当しない。

(2)　同項2号該当性について検討すると，Lは本件株主総会については，基準日に名義株主となっていないので，株主として議決権を行使できる立場にない。したがって，本件「株主総会において議決権を行使することができない株主」に当たり，同号に該当する。

3　よって，本件株式併合において，Lの経済的利益は乙社に対する株式買取請求により保護される。なお，株式買取りの「公正な価格」（同条1項）が協議により決まらないときは，裁判所に価格の決定を申し立てることができる（法182条の5第1項2号）。

以　上

● 出題趣旨によれば，Jは本件株主総会において株式の併合をすることを必要とする理由を説明している（180IV）ところ，その説明内容に照らし，Jの説明が株主総会の決議の方法の法令違反（831I①）に当たるかどうかについての検討が求められていた。本答案は，180条4項というあまり学習しない条文の趣旨を考えた上で，自分なりの規範を導き，問題文中の具体的事実を引用して的確な評価を加え，妥当な結論を導いており，非常に優れた論述といえる。

● 出題趣旨によれば，本件決議が，株主総会の決議について特別の利害関係を有する者が議決権を行使したことによる著しく不当な決議（831I③）に当たるか否かについて，検討が求められていたところ，この点の検討を落としてしまっている。

● 出題趣旨によれば，182条の4の適用につき，130条1項が株式の相続にも適用されるか否かについての設問2における検討との整合的な論述が求められていた。本答案は，株式の相続は「株式の譲渡」（130I）に含まれるとの立場に立ちつつ，182条の4第2項1号の該当性を否定し，論理の一貫した論述ができている。ここで，同項2号の該当性につき，Lのように株主総会の基準日以前に議決権を有する株式を取得しながら名義書換えを怠った者が，同項2号の株主に含まれるかどうかについて検討できれば，ほぼパーフェクトであった。

▶ **MEMO** ———————————————————————————

平成29年・司法

第1 設問1
1 (1)について
甲社がD及びEに対する支払を拒否できるかどうかは，Aが成立前にした行為が甲社に帰属するかどうかによる。そこで，いかなる行為であれば，発起人の行為の効果が成立後の会社に帰属するのか問題となる。

この点につき，成立前の会社は権利能力を有しない以上，発起人がした行為が形式的には発起人に帰属すると解さざるを得ないものの，実質的には会社に帰属しているといえる。そして，会社の成立により，発起人の行為に効果は当然に成立後の会社に帰属することになる。

そこで，発起人は設立のため法律上及び事実上必要な行為を行うことができると解する。

これを本件についてみると，AはDと設立事務を行う事務所の賃貸借契約を，Eと設立事務を補助する事務員として雇用契約を締結している。いずれも，会社の設立のため事実上必要な行為であるから，発起人の権限の範囲内として会社に帰属すると解する。

もっとも，公証人の認証を受けた甲社の定款には，「設立費用は80万円以内とする」との記載のみがあるところ，成立後の会社の財産を確保する観点から，会社は定款に記載された範囲内の金額についてのみ責任を負うと解する。そこで，DとEに対する支払金額は合計100万円であることから，どのように支払をなすべきか問題となる。

この点につき，契約のなされた時系列順に支払をなすべきであると解する。このように解することで，会社の恣意的な判断を防ぐことができるからである。

よって，甲社はDに対して60万円，Eに対して20万円の支払をすべきである。
2 (2)について
本件購入契約は，成立後の甲社の事業に用いるための本件機械に関するものであることから，開業準備行為にあたる。そうだとすると，発起人の権限の範囲内に属さないことから，成立後の会社に帰属しない。よって，本件機械の引渡しを求めることができないのが原則である。

もっとも，本件機械は甲社の事業活動に不可欠であることから，引渡しを求めることができるようにするために，事後設立（467条1項5号）の方法によることができないか。

これを本件についてみると，甲社の純資産額は設立後数か月間，3000万円を超えることがなかったことから，本件購入契約の代金800万円はその5分の1を超える。そこで，本件購入契約について株主総会特別決議を得る必要があることになる。

よって，株主総会特別決議の承認を得ることにより，本件購入契約に基づき本件機械の引渡しを求めることができる。
第2 設問2
Gとしては，本件決議の効力を争うために，株主総会決議取消しの訴え（831条）を提起することが考えられる。

株主総会決議が行われたのは平成28年6月20日であることから，

● 出題趣旨によれば，甲社がDから求められた賃料60万円の支払及びEから求められた報酬40万円の支払を拒否することができるかについて，設立中の会社の概念や発起人の権限の範囲との関係を意識して論述することが求められていたところ，本答案はこれらの点について簡潔に言及できており，出題趣旨に合致する。

● 賃料60万円も報酬40万円も設立費用（28④）に当たることを条文とともに示すべきである。

● 定款に記載した金額の範囲で，成立後の会社に債務が帰属するという判例（大判昭2.7.4／百選［第3版］〔7〕）の見解を端的に示すことができている。

● 判例の立場に立った場合，DとEがいくらずつ甲社に請求することができるかという問題を理解している。そして，自らの考えを，理由を付して論述することができており，出題趣旨に合致する。

● 本件購入契約が財産引受け（28②）に当たることを指摘すべきである。

● 出題趣旨によれば，判例（最判昭28.12.3等）を意識しつつ，定款に記載がない財産引受けの効力及び当該財産引受けの追認の許否について論じることが求められていたところ，追認の許否についての言及ができていない。

● 事後設立（467Ⅰ⑤）に関する手続について，事案に即して検討することができている点は良い。もっとも，改めて本件機械を購入する契約を締結しなければならない点について言及できると，なお良かった。

出訴期間を満たしており、またＧは「株主」であることから、原告適格を有する。そこで、決議取消事由が認められるかについて検討する。

1　まず、Ｌの入場を認めなかったことは決議取消事由（８３１条１項１号）に該当しないか。

Ｌはｌから株式を相続し、平成２８年６月３日に名義書換を請求している。そうだとすると、Ｌは自己が株主であることを会社に対抗できるから（１３０条）、本件株主総会の時点では株主であることになる。もっとも、乙社の定款によると、３月３１日時点で株主であった者に限り株主総会で議決権を行使できるとされていることから（乙社定款１１条）、適法であるとも思える。

しかし、議決権行使は株主が自己の意見を会社に反映する貴重な機会であり、１２４条４項においても基準日後の株主であっても会社が認めれば議決権行使をすることができるようになるなど、株主の議決権行使の機会を奪うことは原則として認められない。そこで、合理的理由なく株主の議決権行使を認めない場合は、株主平等原則（１０９条）に反し、決議取消事由になると解する。

これを本件についてみると、Ｊは予め受付担当者にＬの入場を認めないよう指示しているところ、これはＬが事前に株式の併合に反対していたためであると推測される。そうだとすると、合理的理由があるとはいえないから、株主平等原則に反する。

よって、決議取消事由が認められる。

2　次に、本件株主総会において、乙社を甲社の完全子会社としたうえで、乙社の経営を立て直すという本来の目的について説明しなかった

ことが、説明義務（１８０条４項）に違反するとして、決議取消事由が認められないか。

この点につき、説明義務が要請されたのは、株式の併合が株主の地位に影響を及ぼすおそれがあるものであることから、株主が株式併合を認めるかどうかにつき、合理的に判断できるようにするためである。そうだとすると、説明義務が果たされたといえるためには、株式併合について合理的に判断できるような説明がなされたといえることが必要である。

これを本件についてみると、本件における株式併合の本来の目的は乙社を甲社の完全子会社として乙社の経営を立て直すという点にあるのだから、この点について説明がなされていない以上、説明義務が果たされたとはいえない。よって、説明義務に違反し、決議取消事由が認められる。

3　次に、甲社が議決権を行使したことは８３１条１項３号の決議取消事由に当たらないか。

まず、甲社は特別利害関係人に当たるか問題となる。

この点につき、特別利害関係を有する者とは、他の株主と共通しない利益を獲得し、もしくは不利益を免れる者をいう。

これを本件についてみると、甲社は株式の併合がなされることにより、乙社を完全子会社とすることができるようになるため、他の株主とは共通しない利益を取得するといえる。よって、甲社は特別利害関係人に当たる。

では、甲社の議決権行使により、「著しく不当な決議」がなされた

本答案は、Ｇは「株主」であるとしているが、厳密には、「当該決議の取消しにより株主……となる者」（８３１Ⅰ柱書後段）である。

出題趣旨によれば、ｌの相続人である株主Ｌに議決権を行使させなかったことが株主総会の決議の方法の法令違反（８３１Ⅰ①）に当たるか否かを検討するに当たり、株式の譲渡の対抗要件に関する１３０条１項が株式の相続にも適用されるかどうかという問題を検討しなければならないところ、本答案は、この点について検討することができていない。

出題趣旨によれば、Ｊは本件株主総会において株式の併合をすることを必要とする理由を説明している（１８０Ⅳ）ところ、その内容に照らして、Ｊの説明が株主総会の決議の方法の法令違反に当たらないかの検討を求めていた。本答案は、的確に論理を展開し、本問に即して具体的に検討することができており、出題趣旨に合致する。

出題趣旨によれば、本件決議が、株主総会の決議について特別の利害関係を有する者が議決権を行使したことによる著しく不当な決議（８３１Ⅰ③）に当たるか否かについて検討が求められていたところ、本答案はこの点に言及できており、出題趣旨に合致する。

といえるか。

　これを本件についてみると，甲社は発行済株式の６０パーセントを有しており，甲社の賛成がなかったならば株式併合の議案について可決はされなかったといえる。したがって，「著しく不当な決議」がなされたと認められる。

　よって，決議取消事由が認められる。

第３　設問３

　本件における株式併合は３０００株を１株に併合するものであることから，Ｌは株式を失うことになる。そこで，Ｌの経済的利益を保護するためには，反対株主の株式買取請求権（１８２条の４）を行使することが考えられる。

　もっとも，かかる請求をするためには，Ｌが「反対株主」にあたる必要があるところ，Ｌは入場が認められず，本件株主総会において反対の議決権を行使できていない。そこで，Ｌが「反対株主」といえるか問題となる。

　本件において，Ｌは事前に反対する旨を乙社に通知し，本件株主総会の会場に現れ入場を求めたにもかかわらず，入場が認められなかった。そして，乙社のかかる取扱いは株主平等原則に反するものである。かかる事情からすると，Ｌは「当該株主総会において議決権を行使することができない株主」にあたるとして，株式買取請求権の行使を認めるべきである。

　よって，株式買取請求権の行使により，Ｌの経済的利益を保護することができる。　　　　　　　　　　　　　　　　　　　　　　　　　以　上

● 　乙社定款16条が310条１項に反しないかという問題点に言及できていない。この問題点については，再現答案①が良く検討できている。

● 　出題趣旨によれば，182条の４の適用につき，設問２における検討との整合的な論述が求められていた。本答案は，Ｌの入場を認めなかった乙社の扱いが株主平等原則に反するという自説の立場から，一定程度論理の一貫性に配慮した論述ができており，高い評価が与えられたものと推察される。

第1　設問1
1　小問(1)
 (1)　甲社はこれらの支払を拒否することができるか。本件設立は，変態設立（会社法（以下略）25条1項2号）である。そして，甲社の支払拒否の可否については，Aの行為が有効に会社に帰属しているかが問題となる。
 (2)　AがDから賃貸したのは，設立事務を行うための事務所用建物である。また，設立事務を補助する事務員を確保するためにEとの雇用契約を締結している。
　　　これらは「設立に関する費用」（28条4号）として，絶対的記載事項にあたる。本件では，甲社の定款において「設立費用は80万円とする」との記載があるが，本件設立費用は合計100万円である。このように超過した場合であっても，判例は，有効としている。
　　　設立費用を定款記載事項とした趣旨は，会社財産を害することの防止及び円滑な会社設立の実現である。そして，設立段階では，設立費用を厳格に見積もることは困難であるから，多少定款記載額を超過したとしても，会社に有効に帰属すると考える。すなわち，判例の立場は妥当である。
 (3)　よって，甲社はこれらの支払を拒絶することができない。
2　小問(2)
 (1)　成立後の甲社の事業に用いることを目的として行われた本件購入契約は，いわゆる財産引受（28条2号）にあたる。財産引受について

は，会社財産を害することの防止の必要性が高いことから，定款に記載がない限り，絶対的に無効であり，特段の事情がない限り会社側から追認もすることができない。
 (2)　甲社が採るべき手続は，本件購入契約が，「重要な財産の……譲受け」（362条4項1号）にあたることから，取締役会決議（369条1項）を経る必要がある。
　　　追加費用については，新たな契約となることから，避けがたい。
第2　設問2
1　Gは，株主総会決議取消しの訴え（831条）を提起することができるか。
2(1)　Gは，乙社の「株主」である。
 (2)　本件決議が行われたのは，平成28年6月20日であり，現在は同年7月20日であるから，「3箇月以内」という出訴期間を満たす。
 (3)　Gが取消事由として，以下のように他の株主に関する瑕疵についても主張できるか問題となるが，本条の趣旨は，公正な株主総会決議の成立であるから，主張できると考える。
3　以下，瑕疵について検討する。
 (1)　Lは，株主総会の基準日（定款11条）までに株主名簿の書き換えを行っていないことを理由に，乙社から株主総会の入場を認められていない。この点について瑕疵がないか（瑕疵1）。
　　　130条1項の趣旨は，画一的処理により，株主の議決権の二

● 出題趣旨によれば，設立中の会社の概念や発起人の権限の範囲との関係を意識した検討が求められていたが，本答案はこれらの点につき言及できていない。

● 変態設立事項は絶対的記載事項ではない。このような基本事項に関する積極ミスは致命傷になりかねないため，注意が必要である。また，判例（大判昭2.7.4／百選［第3版］〔7〕）は，定款に記載した金額の範囲で，成立後の会社に債務が帰属する旨判示しており，本答案は，判例の理解を誤っている。
● 会社財産を害することの防止を趣旨とするのなら，むしろ定款に記載した金額を超過した分は成立後の会社に帰属しないと考えるのが論理的である。

● 判例（最判昭28.12.3等）の見解と考えられるが，判例は特段の事情の有無にかかわらず追認を認めていないため，理解が不正確である。他方，学説を採用しているのであれば，判例を採用しない理由を論述すべきである。

● Gは，株式併合により株主の地位を失っていることから，Gの原告適格について，831条1項柱書後段（「当該決議の取消しにより株主……となる者」）を摘示する必要があるが，本答案はこの点を摘示できていない。

重行使等を防止する点にある。そして，相続の場合には，議決権
の二重行使のおそれが小さく，相続の時期によっては株主の議決
権行使の機会を奪うことにもなりかねない。
　　ゆえに，この点について瑕疵があるといえる。
(2)　本件株主総会において，①，②の併合の必要性を説明している
が，本来の目的については説明していないことから，１８０条４項
に反しないか（瑕疵２）。
　　本条の趣旨は，併合の可否について，株主が判断するのに十分
な情報を与える点にある。
　　ゆえに，本来の目的について説明していない本件では，同条に
反する。
(3)　Kは，本件持株会理事長Hの代理人として本件株主総会に出席
し，委任状に基づいて議決権を行使しているが，この点について瑕
疵がないか。
　　従業員持株会規約１１条において，会員は各自の持分に相当す
る株式の議決権の行使について理事長に対し特別の指示ができる
とされているが，本件では特別の指示がなく，持分を信託された
理事長の意思に基づいて議決権を行使することができる。
　　したがって，かかる議決権行使は適法であり，瑕疵がない。
(4)　甲社が議決権を行使した点について，８３１条１項３号に該当し
ないか（瑕疵３）。
　　「特別の利害関係を有する者」とは，他の株主と共通しない利
害関係を有する者をいう。甲社以外の株主は，本件併合によって

株主としての地位を失うことになるから，甲社は他の株主を共通
しない利害関係を有しているといえ，「特別の利害関係を有する
者」にあたる。
　　本件決議で可決されたのは，①という多大な合併比率であるか
ら，「著しく不当な決議」といえる。
　　甲社は乙社株式を６０００株有しており，かかる議決権が行使
されたことによって特別決議（３０９条２項４号）が成立してい
ることから，「行使したことによって」といえる。
　　よって，かかる点について瑕疵がある。
4　瑕疵１，２については，「決議の方法が法令……に違反」（８３１
条１項１号）しているといえ，裁量棄却（同２項）されないか。
　　瑕疵１について，議決権の行使自体が認められないというのは，株
主総会という会社の経営参加の機会を奪うものである。瑕疵２につい
ては，議決権の行使に当たり重要な情報取得を妨げるものである。ゆ
えに，「違反する事実が重大でな」いとはいえない。
　　瑕疵３については，裁量棄却はされない。
5　よって，訴訟要件を満たすため，かかる訴えを提起できる。
第3　設問3
1　Lの不利益の保護については，反対株主の株式買取請求権（１８２
条の４）がある。
2　前述のように，Lは本来本件株主総会において議決権を行使できる
者であったにもかかわらず，乙社から議決権の行使を認めてもらえな
かったことから，同２項２号の要件を満たす。

● 130条１項が株式の相続にも適用
されるかという問題を条文の趣旨か
ら検討できている。もっとも，問題
の所在が明確に示されていないた
め，結論が抽象的である。

● Jの説明義務（180Ⅳ）違反の有
無について検討できており，出題趣
旨に合致する。もっとも，再現答案
①と比べれば，具体的な検討と評価
することはできない。

● 出題趣旨によれば，Kが株主名簿
に記載されている株主でないにもか
かわらず，Hの代理人として議決権
を行使したことにつき，判例（最判
昭43.11.1／百選［第３版］〔32〕）
を踏まえた上で，乙社定款16条と
310条１項との関係性が問われてい
た。本答案は，題意からかい離した
論述となってしまっている。

● 出題趣旨によれば，買収者である
甲社の代表取締役Cが甲社を代表し
て議決権を行使しているところ，本
件決議が，株主総会の決議について
特別の利害関係を有する者が議決権
を行使したことによる著しく不当な
決議（831Ⅰ③）に当たるか否かに
ついて論ずることが求められてい
た。本答案は，この点につき事案に
即して論じることができている。

● 出題趣旨によれば，182条の４の
適用につき，130条１項が株式の相
続にも適用されるか否かについての
設問２における検討との整合的な論

3 買取価格については，買取請求権行使時に，売買契約成立と同様の関係になるといえるから，この時点が基準となる。すなわち，市場価格があればそれが基準となり，当事者間に協議が整わない場合には，裁判所に価格決定の申立てをすることができる（１８２条の５第２項）。

以　上

述が求められていた。本答案は，設問２において，130条１項の適用が株式の相続に適用されない旨論述しているから，Ｌは議決権を行使できるはずである。にもかかわらず，本答案は，安易にＬが「議決権を行使することができない株主」（182の４Ⅱ②）に当たる旨論述しているため，設問２との整合性を意識することができていない。

▶ **MEMO** ————————————————————————

平成29年・司法

第1　設問1

1　小問(1)

(1)　AがDから事務所用建物を借り受ける契約，AがEと事務所設立の補助事務員として雇用契約を結んだ行為は開業準備行為にあたる。開業準備行為についてはそもそも発起人の権限に含まれるかが問題となる。

(2)　この点，開業準備行為は28条が設立後の会社財産を保護しようとした趣旨から，開業準備行為は設立に直接必要な行為に限り，発起人の権限の範囲に含まれると解する。

(3)　本問では，事務所用建物を借り，また事務所設立の補助事務員を雇うことは設立のために直接必要な行為であるので，発起人の権限の範囲に含まれると解する。

(4)　そうだとしても，かかる行為の効果が設立後の会社に帰属するかが問題になるも，含まれると解する。

(5)　次に，Dに対する債務及びEに対する債務は設立費用（28条4号）にあたるところ，甲社定款上上限が80万円以内とすると定められているが，DEの費用の合計額がこれを上回ることから，甲社が支払を拒絶できるかが問題となる。

(6)　この点，判例は，定款記載額を上回る設立費用については，費用を按分して請求できるとするところ，本問でも，Dは48万円，Eは32万円の範囲内でのみ請求でき，甲はこの範囲でのみ請求を拒絶できないと解する。

2　小問(2)

(1)　本件機械は甲社の成立を条件として成立後の甲社が譲り受けることを約しているので，28条2号の財産引受けにあたる。

(2)　そして，財産引受けは定款に記載しないと効力を生じないところ，甲社定款には本件機械につき記載がないので，本件購入契約は甲社に効果帰属しないのが原則である。そして，これは設立後の会社の財産保護という28条の趣旨から，成立後の会社が追認することのできないものと解されている。

(3)　したがって，甲社としては，本件購入契約の引渡しを求めることはできない。

第2　設問2

1　Gは，831条1項の本件決議取消訴訟を提起することが考えられる。

Gは，乙社株主であるので「株主等」にあたる。

また，決議の日は平成28年6月20日であり，現在は平成28年7月20日であるので，「決議の日から三箇月以内」にあたる。

2　取消事由

(1)　Lの入場を認めなかったこと

乙社受付担当者はLの入場を認めておらず，議決権行使を許さなかったが，かかる行為が招集手続の法令違反にあたらないか。

この点，まずGがLに対する招集手続の瑕疵を主張できるかが問題となるも，株主総会決議取消訴訟は決議の公正が害されていたかもしれないことに対する抗議の制度であるので，Gも主張できると考える。

● 本答案は，「事務所用建物を借り受ける契約，AがEと事務所設立の補助事務員として雇用契約を結んだ行為は開業準備行為にあたる」としているが，開業準備行為とは，事業に必要な土地を取得する等，事業を開始する準備行為をいい，本件賃貸借契約・雇用契約は開業準備行為には当たらない。本答案は，開業準備行為が発起人の権限に含まれるかという論点に飛び付いてしまったために，出題趣旨からかい離してしまっている。また，出題趣旨によれば，判例（大判昭2.7.4／百選［第3版］〔7〕）の立場及びその当否を検討することが求められていたが，これもできていない。

● 判例（大判昭2.7.4／百選［第3版］〔7〕）が按分請求を認めているとの論述は誤りである。

● 定款に記載がない財産引受けの効力及び当該財産引受けの追認の許否について言及できている点は良い。もっとも，出題趣旨によれば，「甲社が……採ることができる方法」及び「これに必要となる会社法上の手続」の検討まで求められており，事後設立（467Ⅰ⑤，309Ⅱ⑪）に言及する等して，これらの点を検討すべきである。

● Gは株式併合により株主の地位を失っていることから，「株主等」（831Ⅰ柱書前段）には当たらず，「当該決議の取消しにより株主……となる者」（同後段）に当たる旨指摘すべきである。

● 株主総会決議取消しの訴えを提起する者は他の株主に関する瑕疵を取消事由として主張できること（最判昭42.9.28／百選［第3版］〔36〕）に言及できている点は評価できる。

そして，Lは基準日に名簿上の株主でなかったことから入場を認められていない。株主名簿制度は会社の便宜のための制度であり，画一的処理を行うために有効であるから，基準日に株主名簿に記載されている者のみ株主と扱えば足りる。

したがって，かかる取り扱いに法令違反はなく，取消事由にあたらない。

(2) 甲社が議決権行使したこと

これが，831条1項3号の取消事由にあたらないか。

まず，「特別の利害関係を有する者」とは，決議の成立によって他の株主と異なる利益を得，または不利益を免れる株主をいう。

本問では，甲社は当該決議の成立によって株式併合が行われると3000株が1株に併合されることで自分以外の株主をすべて排除でき，甲社の経営方針に反対する少数株主の排除ができるという点で決議の成立によって他の株主と異なる利益を得るから，特別利害関係人にあたる。

次に，甲社の議決権行使によって著しく不当な決議がされたといえるのかが問題になる。

甲社は6000株あり，甲社が議決権を行使しなければ，賛成はH代理人Kの1200株であるのに対して，反対はGの2000株であり，決議は否決されていたことに鑑みれば，著しく不当な決議がなされたといえる。

したがって，831条1項3号を満たし取消事由となる。

なお，3号には裁量棄却はなされない（同2項参照）。

(3) 3000株が1株に併合されること

これが，決議方法の法令違反にあたらないか。

この点，3000株が1株に併合されると，甲社以外の株主は3000株以上保有していないので，排除されることになる。したがって，決議方法の法令違反にあたると解する。

第3 設問3

1 Lは182条の4第1項により，株式買取請求をすることが考えられる。

2 Lは株式併合に反対する旨乙社に通知しているので，同2項1号の先立って通知をした者にあたる。もっとも，Lは株主総会で議決権は行使できなかったので，反対した株主とはいえない。

3 もっとも，上述のようにLは議決権行使が阻まれているので，2項2号の株主にあたる。

4 したがって，Lは株式買取請求をすることができる。

以 上

● 出題趣旨によれば，130条1項が株式の相続にも適用されるかを聞いていたが，この点についての言及がない。

● 特別利害関係人の論点につき出題趣旨に沿った論述ができている。しかし，出題趣旨が求める，KがHの代理人として議決権を行使することが乙社定款16条に反しないかという論点や，Jは説明義務違反（180Ⅳ）ではないかという論点には全く触れられていない。これらの点は，問題文や資料において詳細に事情が挙がっており，多くの受験生が何らかの言及をするものと思われるため，他の受験生に差をつけられてしまったと考えられる。

● 株式併合の手段を用いて株主を締め出すことがなぜ「決議方法の法令違反にあたる」のか，論旨不明である。少なくとも，法令違反に当たるとするのであれば，どの条項に違反したのかを明示すべきである。

● 本答案は，出題趣旨が述べる問題点についての検討がほぼできていない。すなわち，出題趣旨によれば，株式の併合により株式の数に1株満たない端数が生ずるときの当該端数の処理の手続（235，234Ⅱ～Ⅴ）や，設問2で行った130条1項が株式の相続にも適用されるか否かの検討（本答案は設問2でこの点を検討できていない）との整合的な論述も求められていた。

平成29年・司法

平成30年

[民事系科目]

〔第２問〕（配点：１００〔〔設問１〕から〔設問３〕までの配点の割合は，２５：５０：２５〕）
　次の文章を読んで，後記の〔設問１〕から〔設問３〕までに答えなさい。

1．Ａは，関東地方のＰ県において，個人でハンバーガーショップを営んでいた。Ａが作るハンバーガーは，Ａが独自に調合した調味料による味わいにより，地域で評判であった。

2．Ａは，Ｐ県内に複数の店舗を出店しようと考え，Ａの子Ｂ，弟Ｃ及び叔父Ｄの出資を得て甲株式会社（以下「甲社」という。）を設立した。甲社の発行済株式の総数は１０００株であり，Ａが３００株を，Ｂが２５０株を，Ｃが２５０株を，Ｄが２００株を，それぞれ有している。
　甲社は，取締役会及び監査役を置いている。甲社では，Ａが代表取締役を，Ｂ，Ｃ及び甲社の使用人でもあるＥが取締役を，それぞれ務めている。甲社は，会社法上の公開会社ではなく，かつ，種類株式発行会社でもない。甲社の定款には，取締役を解任する株主総会の決議は，議決権を行使することができる株主の議決権の過半数を有する株主が出席し，出席した当該株主の議決権の３分の２以上に当たる多数をもって行う旨の定めがある。

3．甲社は，Ｐ県内に十数店舗を出店した。この間，Ｄの子Ｆが，甲社が出店する予定がない近畿地方のＱ県において，ハンバーガーショップを営む乙株式会社（以下「乙社」という。）の代表取締役として，乙社を経営するようになった。乙社の発行済株式はＤが全て有しているが，Ｄは乙社の経営に関与していない。

4．甲社は，当初，順調に売上げを伸ばしたが，その後，３期連続で売上げが減少した。そのような中，ＡとＣとの間で，甲社の経営方針をめぐる対立が生じた。

5．Ｃは，Ｄと面会し，Ｄに対し，Ａが仕入先からリベートを受け取っていると述べ，次の甲社の定時株主総会において，Ａを取締役から解任する旨の議案を提出するつもりであるから，これに賛成してもらいたいと求めた。Ｄは，甲社に見切りを付けており，自己の有する甲社株式２００株（以下「Ｄ保有株式」という。）を売却することを考えていたため，Ｃの求めに対して回答を保留した上で，ＣがＤ保有株式を買い取ることを求めた。Ｃは，資金が十分ではなかったので，Ｄの求めに対して回答を保留した。

6．その後，Ｄは，甲社において営業時間内にＡと面会し，Ｄ保有株式をＡが買い取ることを求めた。Ａがこれを拒否したところ，ＤはＡが仕入先からリベートを受け取っている疑いがあるため，Ａの取締役としての損害賠償責任の有無を検討するために必要であるとして，直近３期分の総勘定元帳及びその補助簿のうち，仕入取引に関する部分の閲覧の請求をした。これに対し，Ａが，どうすればこの請求を撤回してもらえるかと尋ねたところ，Ｄは，自分は甲社に対して興味を失っており，Ａがリベートを受け取っているかどうかなどは本当はどうでもよいと述べた上で，Ａ

がD保有株式を買い取ることを重ねて求めた。

〔設問1〕　上記1から6までを前提として，上記6の閲覧の請求を拒むために甲社の立場において考えられる主張及びその主張の当否について，論じなさい。

7．後日，Dは，Aに対し，AとCとの間の対立は知っているが，仮に，甲社の株主総会において，Cを取締役から解任する旨の議案が提出された場合には，これに反対するつもりであると述べた。

　Aは，次の甲社の定時株主総会において，Cを取締役から解任する旨の議案を提出することを計画していたため，当該議案について，Dが反対し，否決されることを恐れ，D保有株式を買い取りたいと考えたが，Aには甲社株式のほかに見るべき資産がなかった。

8．そこで，Aは友人Gに対してD保有株式の買取りを持ち掛けたところ，Gはこれに前向きであった。D保有株式の適正な売買価格は2400万円であったが，Gは，D保有株式の買取資金として1600万円しか用意することができなかったため，丙銀行株式会社（以下「丙銀行」という。）から当該買取資金として800万円を借り入れることとした。そして，D，G及び甲社は，平成27年2月2日，下記契約（以下「本件契約」という。）を締結した。

　　本件契約
⑴　Dは，平成27年4月1日，Gに対し，売買代金2400万円の支払を受けるのと引換えにD保有株式を譲渡し，その株券を引き渡す。
⑵　甲社は，Gが丙銀行からD保有株式の買取資金として800万円を借り入れることができるように，Gの丙銀行に対する借入金債務を連帯保証する。甲社は，Gに対し，保証料の支払を求めない。
⑶　Dは，平成27年3月25日に開催される甲社の定時株主総会においては，自らは出席せず，Aを代理人として議決権の行使に関する一切の事項を委任する。

9．平成27年3月10日，丙銀行及びGは，D保有株式の買取資金800万円について融資契約を締結し，甲社は，適法な取締役会の決議を経て，丙銀行との間で，Gの丙銀行に対する当該融資契約に基づく借入金債務について連帯保証契約を締結した。甲社は，Gから，保証料の支払を受けていない。なお，仮に，甲社が保証料の支払を受けてこのような保証をする場合には，保証料は60万円を下回らないものであった。

10．甲社は，適法な取締役会の決議に基づき，平成27年3月25日を定時株主総会（以下「本件株主総会」という。）の日として，招集通知を発した。本件株主総会においては，会社提案としてCを取締役から解任する旨の議案が，Cの株主提案としてAを取締役から解任する旨の議案が，

それぞれ提出されることとなった。

11. 本件株主総会には，A，B及びCが出席した。Dは，本件株主総会における議決権の行使に関する一切の事項をAに委任する旨の委任状をAに交付し，本件株主総会には，自らは出席しなかった。

　本件株主総会において，Cを取締役から解任する旨の議案は，Cが反対したが，A，B及びDの代理人Aが賛成したことにより，可決された（以下「本件決議1」という。）。

　続いて，Aを取締役から解任する旨の議案について，Cが提案の理由としてAの不正なリベートの受取について説明しようとした。これに対し，議長であるAは，そのような説明は議案と関連がないとして，これを制止し，直ちに採決に移り，当該議案は，Cが賛成したのみで，否決された（以下「本件決議2」という。）。

12. 平成27年4月1日，丙銀行はGに対して800万円の融資を実行し，Gは，Dに対して売買代金2400万円を支払い，D保有株式を譲り受け，その株券の引渡しを受けた。

13. 本件契約の内容並びに上記9及び12の事実を知ったCは，平成27年4月15日，本件決議1及び2について，株主総会の決議の取消しの訴えを提起した。

14. Gが丙銀行に対する借入金債務を弁済することができなかったため，甲社は，平成27年12月1日，丙銀行に対し，800万円の保証債務を弁済した。甲社はGに対して800万円を求償しているが，Gはこれに応じなかった。

〔設問2〕

　(1)　上記13の本件決議1及び2についての各決議の取消しの訴えに関して，Cの立場において考えられる主張及びその主張の当否について，論じなさい。なお，本件株主総会の招集の手続は，適法であったものとする。

　(2)　上記14の事実を知ったCが甲社の株主としてA及びGに対し会社法に基づき責任追及等の訴えを提起する場合に，A及びGの責任に関し，Cの立場において考えられる主張及びその主張の当否について，論じなさい。

15. Bは，甲社の内紛が継続することにより，取引銀行の信用を失うことを危惧し，親族会議を開催し，AとCとの間を取り持つこととした。A及びCは，Bの提案に従い，下記のとおり合意した。

　(1)　Bが経営者として十分な経験を積んできたことから，Aが取締役を退任した後は，Cも取締役を退任し，Bが代表取締役社長を務めることとする。ただし，内紛が解決したことをアピールするため，当面の間は，Aが代表取締役会長を，Cが代表取締役社長を，Bが取締役専務を，それぞれ務め，甲社を共同で経営する。

(2)　甲社が丙銀行に対して弁済した８００万円の求償については，Ａ及びＣが，資金を用意し，ＧからＧの有する甲社株式２００株を買い取り，Ｇがその売買代金をもって当該求償に係る支払に充てる。

16．Ｇからの甲社株式の買取りの結果，甲社の発行済株式については，Ａが４５０株を，Ｂが２５０株を，Ｃが３００株を，それぞれ有することとなった。また，甲社では，Ａが代表取締役会長を，Ｃが代表取締役社長を，Ｂが取締役専務を，Ｅが取締役を，それぞれ務めることとなった。

17．平成２９年５月，Ａが交通事故により死亡したことから，Ｂは，他の役員に対し，上記15(1)の合意に従い，代表取締役社長に就任し，甲社を経営していく意思を伝えた上で，Ｃに対し，取締役を退任して相談役として支援してほしいと依頼した。Ａの唯一の相続人であるＢは，Ａが有していた甲社株式４５０株について，単独で相続し，株主名簿の名義書換を終えた。

18．甲社の定款には，設立当初から，会社法第１７４条に基づく下記定めがあった。Ｃは，上記15(1)の合意に反し，自らが代表取締役社長の地位にとどまりたいと考えた。そこで，分配可能額との関係では，Ｂが相続した甲社株式４５０株全てについて，定款の下記定めに基づき，甲社がＢに対して売渡しの請求をすることもできたが，Ｃが甲社の総株主の議決権の過半数を確保するために最低限必要な４０１株についてのみ，甲社がＢに対して売渡しの請求をすることとした。

　甲株式会社定款（抜粋）
　　（相続人等に対する売渡しの請求）
　第９条　当会社は，相続その他の一般承継により当会社の株式を取得した者に対し，当該株式を当会社に売り渡すことを請求することができる。

19．Ｃは，甲社の取締役会を招集し，取締役会において，適法な手続に基づき，上記18の請求に関する議案を決議するための甲社の臨時株主総会の招集が決議された。

20．甲社は，上記19の取締役会の決議に基づき，平成２９年７月３日，臨時株主総会を開催した。当該臨時株主総会において，上記18の請求に関する議案は，議長であるＣがその決議からＢを除いた上で，Ｃのみが議決権を行使して賛成したことにより，可決された。甲社は，当該臨時株主総会の終結後，直ちにＢに対して上記18の請求をした（以下「本件請求」という。）。

〔設問３〕　会社法第１７４条の趣旨を踏まえつつ，本件請求の効力を否定するためにＢの立場において考えられる主張及びその主張の当否について，論じなさい。

平成30年・司法

【民事系科目】

〔第2問〕

　本問は，①会計帳簿の閲覧の請求の拒絶事由（設問1），②株主の権利の行使に関する利益の供与を理由とする株主総会の決議の取消しの訴え，株主総会の否決決議の取消しを請求する訴え（設問2(1)），③株主の権利の行使に関して財産上の利益を供与することに関与した取締役及び当該利益の供与を受けた者に対する責任追及等の訴え（設問2(2)），④譲渡制限株式の相続人に対する売渡しの請求（設問3）についての理解等を問うものである。

　設問1においては，(1)Dによる閲覧の請求が会社法第433条第1項の会計帳簿の閲覧の請求に該当すること，当該請求の要件等に言及した上で，(2)当該請求が同条第2項第1号又は第3号の拒絶事由等に該当し，甲社が当該請求を拒むことができるかどうかについて検討することが求められる。

　(2)のうち，Dによる閲覧の請求が会社法第433条第2項第1号の拒絶事由に該当するか否かを検討するに当たっては，Dが，その権利の確保又は行使に関する調査の目的でなく，D保有株式をAに買い取らせる目的で当該請求を行ったと認めることができるかどうかについて，Dの言動等の事実関係を適切に評価した上で説得的に論ずることが求められる。

　また，Dによる閲覧の請求が会社法第433条第2項第3号の拒絶事由に該当するか否かを検討するに当たっては，乙社の営む事業が甲社の「業務と実質的に競争関係にある」と認めることができるかどうかについて，甲社及び乙社はいずれもハンバーガーショップを営んでいること，甲社は関東地方のP県に，乙社は近畿地方のQ県に，それぞれ出店していること，甲社はQ県には出店する予定がないことなどの事実関係を適切に評価した上で，説得的に論ずることが必要となろう。さらに，Dが「～事業を営み，又はこれに従事するものである」と認めることができるかどうかについても，Dは，乙社の発行済株式の全部を有していること，乙社の経営には関与していないこと，乙社の代表取締役であるFと親子関係にあることなどの事実関係を踏まえて，具体的に検討することが求められる。

　設問2(1)においては，甲社がGから保証料の支払を受けないでGの丙銀行に対する借入金債務について連帯保証したことが，「何人に対しても」（会社法第120条第1項）という文言に照らして，Gに対する財産上の利益の供与（同項）に該当するか否か（同項の文言上，利益供与の相手方は誰でもよく，現に株主である者に限られない。），あるいはこのことがD保有株式の売買契約が成立する前提となっており，Dに対する財産上の利益の供与（同項）に該当するか否かについて説得的に論ずることが求められる。そして，上記連帯保証が，（G又はDに対する）財産上の利益の供与に該当するとすれば，当該利益の供与が株主の権利の行使に関してされたもの（同項）ということができるかどうかについて，本件契約によれば，Dが本件株主総会には自らは出席しないでAを代理人として議決権の行使に関する一切の事項を委任することとされていたといった諸々の事実関係に即して検討することが望まれる。その上で，本件決議1についての株主総会の決議の取消しの訴えに関して，当該利益の供与により，本件決議1が株主総会の決議の方法が法

令に違反したもの（同法第８３１条第１項第１号）と認めることができるかどうかについて検討することが求められる。

また，本件決議２についての株主総会の決議の取消しの訴えに関しては，本件決議２が株主総会の決議の方法が法令に違反し，又は著しく不公正なもの（会社法第８３１条第１項第１号）と認めることができるかについて，ＣがＡを取締役から解任する旨の議案の提案の理由を説明しようとしたところ，議長であるＡがこれを制止し，直ちに採決に移ったことを，株主による提案理由の説明の拒絶として株主提案権の（実質的）侵害に該当し，あるいは議長の議事整理に関する権限（同法第３１５条第１項）の濫用に該当すると位置付けることができるのではないかといった観点から，検討することが考えられる。さらに，判例は，ある議案を否決する株主総会等の決議の取消しを請求する訴えは不適法であるとしていること（最判平成２８年３月４日民集７０巻３号８２７頁）を意識した上で，その適否を論ずることが求められる。

設問２(2)においては，Ａに対する責任追及等の訴え（会社法第８４７条第１項）については，甲社がＧから保証料の支払を受けないでＧの丙銀行に対する借入金債務について連帯保証したことが，Ｇ又はＤに対する財産上の利益の供与（同法第１２０条第１項）に該当するとすれば，①Ａは，同条第４項及び会社法施行規則第２１条第１号に基づき，少なくとも，供与した利益の価額に相当する額である６０万円を支払う義務を負うと認めること，②甲社がＧの丙銀行に対する借入金債務について連帯保証したことに関するＡの行為は，法令に違反し，又は善管注意義務に違反するため，任務懈怠（同法第４２３条第１項）に該当し，Ａは，甲社に対し，少なくとも，保証債務の履行として丙銀行に弁済した８００万円を支払う義務を負うと認めることが考えられる。なお，Ａが支払義務を負う金額（①にあっては「供与した利益の価額に相当する額」，②にあっては会社の損害額）については，上記の各金額以外の額であるとする論理も考えられるところであり，事案に即して説得的に論じられていれば，必ずしも，上記の各金額でなければならないものではない。

Ｇに対する責任追及等の訴え（会社法第８４７条第１項）については，Ｇが，「当該利益の供与を受けた者」に該当するのであれば，同法第１２０条第３項に基づき，供与を受けた財産上の利益である６０万円を返還する義務を負うと認めることが考えられる。なお，Ｇが返還義務を負う金額についても，同様に，必ずしも，上記の金額でなければならないものではない。

設問３においては，譲渡制限株式の相続人等に対する売渡しの請求（会社法第１７４条）の趣旨は，株式会社が，定款にその旨の定めを設けることにより，相続その他の一般承継により当該株式会社の譲渡制限株式を取得した者に対し，当該譲渡制限株式を当該株式会社に売り渡すことを請求することができることとし，当該株式会社にとって必ずしも好ましくない者が当該株式会社の株主となることを防ぐことができるようにすることにあることを踏まえつつ，本件請求の適否について，具体的に検討することが求められる。

その際には，Ｂは甲社株式を相続する前から甲社の株主であったこと，Ｂが相続した甲社株式４５０株の全部についてではなく，Ｃが甲社の総株主の議決権の過半数を確保するために最低限必要な４０１株についてのみ，甲社がＢに対して売渡しの請求をすることとしたこと，Ａが取締役を退任した後はＣも取締役を退任してＢが代表取締役社長を務める旨のＡＣ間の合意が存在していたこと，本件請求はＣが甲社の支配権を取得する目的でされていること，他方で，会社法第１７４条の文言上は，これらのことにより，譲渡制限株式の相続人等に対する売渡しの請求が不

適法となるとは規定されていないこと，甲社定款第９条の定めは設立当初から設けられていたことなどの諸事情を総合的に考慮して，説得的に論ずることが求められる。

　その上で，平成２９年７月３日に開催された臨時株主総会における甲社がＢに対して売渡しの請求をすることに関する議案を可決した決議について，①特別の利害関係を有する者が議決権を行使したことによる著しく不当な決議に該当するか否か（会社法第８３１条第１項第３号），②決議の内容が法令に違反するか否か（同法第８３０条第２項），又は③決議の内容が定款（定款の趣旨）に違反するか否か（同法第８３１条第１項第２号），及び当該決議が取り消され，又は無効であることが確認されることにより，本件請求が効力を生じないこととなることなどについて，検討することが考えられる。

採点実感

1 出題の趣旨等

既に公表されている平成３０年司法試験の論文式試験出題の趣旨に，特に補足すべき点はない。

2 採点方針及び採点実感

(1) 民事系科目第２問は，商法分野からの出題である。これは，事実関係を読み，分析し，会社法上の論点を的確に抽出して各設問に答えるという過程を通じ，事例解析能力，論理的思考力，会社法に関する基本的な理解並びに法令の解釈及び適用の能力等を確認するものであり，従来と同様である。

その際に，論点について，過不足なく記述がある答案や，記述に多少の不足があっても，総じて記述が論理的である答案，制度の趣旨等に照らして条文を解釈している答案，事案に即して具体的な検討がされている答案には，一定の高い評価を与えた。これらも，従来と同様である。

なお，例年言及しているが，文字を判読することができず，文章を理解することができない答案が見られる。そのような文章については，趣旨が不明であるものと判断した上で，採点せざるを得ない。

(2) 設問１について

ア 全体的な採点実感

設問１は，会計帳簿の閲覧の請求の理由（会社法第４３３条第１項柱書き後段）と請求者の言動等から認められる当該請求の目的とが異なる場合や，請求者が会社の業務と同種の事業を営む別の会社の株式の全部を保有する場合に，会社が当該請求を拒むことができるかどうか，当該請求の拒絶事由（同条第２項各号）についての理解等を問うものである。

設問１においては，まず，本設問に答える前提として，Ｄによる閲覧の請求が会社法第４３３条第１項の会計帳簿の閲覧の請求に該当すること，当該請求の要件等に簡潔に言及することが求められる。しかし，これらに全く言及しないでＤによる閲覧の請求が同条第２項各号の拒絶事由に該当するか否かについてのみ検討している答案や，逆に，Ｄによる閲覧の請求が，同項各号の拒絶事由に該当するか否かについて全く検討しないで，同条第１項の要件を満たしているか否かについて相当の分量を割いて検討している答案が散見された。本設問に限らず，会社法上の論点について検討するに当たっては，その前提となる法的枠組みについて言及することが求められ，そのような言及をしている答案には一定の評価を与えている。もっとも，論点についての記述の分量とその前提となる法的枠組みについての記述の分量とが明らかにバランスを失しており，論点を的確に抽出することができず，又は論点についての記述が不十分となっている答案は，結果として各設問に答える上で重要と考えられる各事項についての記述も総じて不十分なものとなっており，低い評価を得るにとどまるものとなりやすい。各設問に答える時間の配分にも配慮した上で，各設問を通じて，各論点とその前提となる各法的枠組みについて，バランス良く記述することが期待される。

そして，Ｄによる会計帳簿の閲覧の請求が会社法第４３３条第２項第１号又は第３号の拒絶

事由等に該当し，甲社が当該請求を拒むことができるかどうかについて検討することが求められる。同項第1号の拒絶事由に該当するか否かを検討するに当たっては，Dが，株主の権利の確保又は行使に関する調査の目的でなく，単にD保有株式をAに買い取らせる目的で当該請求を行っていると認めることができるかどうかについて，Aが仕入先からリベートを受け取っている疑いがあるため，Aの取締役としての損害賠償責任の有無を検討するために必要であるとして，会計帳簿の閲覧の請求をしている一方で，自分は甲社に対して興味を失っており，Aがリベートを受け取っているかどうかなどは本当はどうでもよいと述べた上で，AがD保有株式を買い取ることを求めていることなどのDの言動等の事実関係を適切に評価した上で説得的に論ずることが求められる。Dの言動等の事実関係については，これらを丁寧に認定した上で，適切に評価している答案が相当数見られる一方で，これらを全く，又はほとんど認定せず，結論のみを記載するような答案も一定数見られた。

　また，Dによる会計帳簿の閲覧の請求が会社法第433条第2項第3号の拒絶事由に該当するか否かを検討するに当たっては，乙社の営む事業が甲社の「業務と実質的に競争関係にある」と認めることができるかどうかについて，甲社及び乙社はいずれもハンバーガーショップを営んでいること，甲社は関東地方のP県に，乙社は近畿地方のQ県に，それぞれ出店していること，甲社はQ県には出店する予定がないことなどの事実関係を適切に評価した上で，説得的に論ずることが必要となる。さらに，Dが「～事業を営み，又はこれに従事するものである」と認めることができるかどうかについても，Dは，乙社の発行済株式の全部を有していること，乙社の経営には関与していないこと，乙社の代表取締役であるFと親子関係にあることなどの事実関係を踏まえて，具体的に検討することが求められる。これらの事実関係についても，同様に，丁寧な認定等をしている答案が相当数見られる一方で，例えば，甲社はQ県には出店する予定がないことに言及せず，このような事実関係に何ら評価を加えていなかったり，Dが乙社の事業を営んでいると認めることができるかどうかを十分に検討しないで，直ちにDと乙社とを同視したりするなどして，結論のみを記載するような答案も一定数見られた。

　なお，Dの言動等から，Dによる会計帳簿の閲覧の請求について，会社法第433条第2項第2号の拒絶事由に該当し，又は株主権の濫用であるといった論述をしている答案についても，説得的なものには，相応の評価を与えている。

イ　答案の例
　㋐　優秀又は良好に該当する答案の例
　　　Dによる閲覧の請求が会社法第433条第1項の会計帳簿の閲覧の請求に該当すること，当該請求の要件等に言及した上で，同条第2項第1号と第3号など，複数の拒絶事由への該当性について，問題文中の事実関係を踏まえて検討しているもの
　　　会社法第433条第2項第1号及び第3号の拒絶事由の趣旨を明らかにした上で，当該拒絶事由への該当性について，問題文中の事実関係を踏まえて検討しているもの
　　　会社法第433条第2項第3号の拒絶事由の趣旨を明らかにした上で，当該拒絶事由への該当性について，請求者に会計帳簿の閲覧によって知り得る情報を実質的に競争関係にある事業に利用するなどの主観的意図があることを要するか否かを，理由を付して検討しているもの
　㋑　不良に該当する答案の例

会社法第４４２条第３項の計算書類等の閲覧請求の問題として論ずるもの

会社法第４３３条第１項の会計帳簿の閲覧の請求の要件を満たしているか否か，例えば，請求の理由を明らかにしているか否かや，請求の理由を基礎付ける事実が客観的に存在することについての立証の要否，閲覧対象の具体的な特定の要否等について，本設問に答える上で明らかにバランスを失している分量を割いて検討しており，その結果，拒絶事由への該当性についての検討が不十分となっているもの

会社法第４３３条第２項第１号及び第３号の拒絶事由への該当性について，検討することができていないもの

会社法第４３３条第２項第１号の拒絶事由への該当性について，同条第１項柱書き後段の「請求の理由」から客観的に判断しなければならず，請求者の主観を考慮してはならないと論じており，かつ，そのような解釈論を採ることについての説得的な理由付けを欠くもの

会社法第４３３条第２項第１号の拒絶事由への該当性について，問題文中の事実関係に関する適切な評価を欠いたまま，株式の譲渡は株主の権利であるから，株主の権利の確保又は行使に関する調査の目的で請求を行ったと論ずるもの

会社法第４３３条第２項第３号の拒絶事由への該当性について，乙社の営む事業が甲社の「業務と実質的に競争関係にある」と認めることができるかどうかという問題と，Ｄが「～事業を営み，又はこれに従事するものである」と認めることができるかどうかという問題とを区別して検討することができていないもの

会社法第４３３条第２項第３号の拒絶事由への該当性について，例えば，甲社はＱ県には出店する予定がないことや，Ｄは乙社の経営には関与していないことなどの問題文中の事実関係に言及せず，評価を加えていないもの

(3) 設問２(1)について

ア　全体的な採点実感

設問２(1)は，自社の株式が譲渡される際に，譲渡人による株主総会における議決権の行使を回避する目的で，会社が譲受人の株式買取資金の借入金債務を無償で連帯保証したことが，株主の権利の行使に関する利益の供与（会社法第１２０条第１項）に該当するか否かや，これが当該利益の供与に該当するとすれば，そのことを理由として株主総会の決議の取消しが認められるか否か，株主総会の否決決議の取消しを請求する訴えが認められるか否かなど，株主の権利の行使に関する利益の供与や，これを理由とする株主総会の決議の取消しの訴え，株主総会の否決決議の取消しを請求する訴え等についての理解等を問うものである。

設問２(1)においては，甲社がＧから保証料の支払を受けないでＧの丙銀行に対する借入金債務について連帯保証したことが，「何人に対しても」（会社法第１２０条第１項）という文言に照らして，Ｇに対する財産上の利益の供与（同項）に該当するか否か（同項の文言上，利益供与の相手方は誰でもよく，現に株主である者に限られない。），あるいはこのことがＤ保有株式の売買契約が成立する前提となっており，Ｄに対する財産上の利益の供与（同項）に該当するか否かについて説得的に論ずることが求められる。そして，連帯保証をしたことが，（Ｇ又はＤに対する）財産上の利益の供与に該当するとすれば，当該利益の供与が「株主の権利の行使に関し」されたもの（同項）ということができるかどうかについて，本件契約によれば，Ｄが本件株主総会には自らは出席しないでＡを代理人として議決権の行使に関する一切の事項を

平成30年・司法

委任することとされていたといった諸々の事実関係に即して検討することが望まれる。その上で、本件決議1についての株主総会の決議の取消しの訴えに関して、当該利益の供与により、本件決議1が株主総会の決議の方法が法令に違反したもの（同法第831条第1項第1号）と認めることができるかどうかについて検討することが求められる。これらについて、適切に論ずることができている答案も、少数ではあるが、見られたものの、全く検討することができていない答案が多かった。本件決議1についての株主総会の決議の取消しの訴えに関しては、取消事由として、専ら、議決権の代理行使に関する同法第310条との関係で、Dが本件株主総会における議決権の行使に関する一切の事項をAに委任する旨の委任状をAに交付し、本件株主総会において、Dの代理人AがCを取締役から解任する旨の議案に賛成したことの当否を論ずる答案が多く見られ、これらの答案は低い評価を得るにとどまるものが多かった。

　本件決議2についての株主総会の決議の取消しの訴えに関しては、本件決議2が株主総会の決議の方法が法令に違反し、又は著しく不公正なもの（会社法第831条第1項第1号）と認めることができるかどうかについて、CがAを取締役から解任する旨の議案の提案の理由を説明しようとしたところ、議長であるAがこれを制止し、直ちに採決に移ったことを、株主による提案理由の説明の拒絶として株主提案権の（実質的）侵害に該当し、あるいは議長の議事整理に関する権限（同法第315条第1項）の濫用に該当すると位置付けることができるのではないかといった観点から、検討することが考えられる。議長の議事整理に関する権限（同項）の濫用に該当すると論ずる答案が多かったが、株主提案権の（実質的）侵害に該当すると論ずる答案も一定数見られた。しかし、議長であるAによりCによる説明が制止されたことを、取締役の説明義務に関する同法第314条との関係で、同条の「株主から特定の事項について説明を求められた場合には」という要件を全く考慮せず、同条に基づく取締役の説明義務の不履行に該当すると位置付けようとする答案が相当数見られ、これらの答案は低い評価を得るにとどまるものが多かった。

　さらに、判例は、ある議案を否決する株主総会等の決議の取消しを請求する訴えは不適法であるとしていること（最判平成28年3月4日民集70巻3号827頁）を意識した上で、その適否を論ずることが求められる。しかし、当該訴えの適否については、全く検討することができていない答案が非常に多く、検討することができている答案であっても、この判例を意識した適切な論述がされていると評価することができるものは多くなかった。また、判例と異なり、訴えの利益がないと論ずるものが多かった。

　なお、本件決議1又は2について、特別の利害関係を有する者（会社法第831条第1項第3号）の意義を正しく理解しておらず、Cを取締役から解任する本件決議1について、Cとの間で対立が生じていたAが特別の利害関係を有する者に該当するか否かを論ずるものが多く見られた。また、解任に関する議案を提出されている取締役であるC又はA自身が株主として議決権を行使していることから、C又はAが特別の利害関係を有する者に該当するか否かについて検討している答案が多く見られた。そのような答案には、特別の利害関係を有する者（同号）は株主総会において議決権を行使することができないと誤解しているものが多く、また、C又はAが特別の利害関係を有する者に該当するとするものも多かった。判例は、株主総会における取締役解任決議については、当該取締役の議決権行使は株主の経営参加権の行使にすぎず、特別の利害関係を有する者に当たらないとしている（最判昭和42年3月14日民集21巻2

号３７８頁）ので，判例と異なる結論を採る場合であっても，判例を意識した記述をすることが求められる。

イ　答案の例

(ア)　優秀又は良好に該当する答案の例

「何人に対しても」（会社法第１２０条第１項）という文言に照らして，財産上の利益の供与を受ける者は株主であることを要せず，Ｄによる株主の権利の行使に関し，Ｇに対して利益の供与を行ったと論ずるもの

株主の権利の行使に関する利益の供与（会社法第１２０条第１項）の要件を適切に整理し，特に財産上の利益の供与が「株主の権利の行使に関し」されたもの（同項）ということができるかどうかという要件について，株式の譲渡自体は「株主の権利の行使」ということができないが，譲渡人による議決権の行使を回避する目的である場合には，「株主の権利の行使に関し」されたものということができるという解釈を採った上で，適切に当てはめをしているもの

本件決議１についての株主総会の決議の取消しの訴えに関して，当該利益の供与により，本件決議１が株主総会の決議の方法が法令に違反したもの（会社法第８３１条第１項第１号）と認めることができるかどうかについて論ずるに当たり，当該利益の供与がＤによる議決権の行使に及ぼした影響を適切に述べているもの

本件決議２についての株主総会の決議の取消しの訴えに関して，議長であるＡがＣによる説明を制止し，直ちに採決に移ったことを，議長の議事整理に関する権限（会社法第３１５条第１項）の濫用に該当すると論ずる上で，株主提案権の意義にも言及しているもの

株主総会の否決決議の取消しを請求する訴えが，株主総会の決議の取消しの訴えの対象となるか否かについて，株主総会の否決決議又はこれを取り消すことによって新たな法律関係が生ずるか否かについて言及した上で，論ずるもの

(イ)　不良に該当する答案の例

Ｄは議決権の行使をＡに一任しているにもかかわらず，Ａによる議決権の代理行使がＤの意思に反するとしているもの

特別の利害関係を有する者（会社法第８３１条第１項第３号）の意義を正しく理解しておらず，Ｃを取締役から解任する本件決議１について，Ｃとの間で対立が生じていたＡが特別の利害関係を有する者に該当するか否かを論ずるものや，特別の利害関係を有する者（同号）は株主総会において議決権を行使することができないと誤解し，株主総会の決議の取消しの訴えを提起しているＣ自身が特別の利害関係を有する者に該当するとした上で，Ｃが自身の解任に反対の議決権を行使したことが直ちに取消事由に該当すると論ずるもの

株主の権利の行使に関する利益の供与（会社法第１２０条第１項）への該当性について，その要件を適切に整理することができておらず，保証料の支払を受けていないことから，財産上の利益の供与があったとのみ論ずるにとどまっているもの

本件決議１についての株主総会の決議の取消しの訴えに関して，裁量棄却が認められるかどうかを，明らかにバランスを失している分量を割いて検討しているもの

議長であるＡによりＣによる説明が制止されたことを，取締役の説明義務に関する会社法第３１４条との関係で，同条の「株主から特定の事項について説明を求められた場合には」

という要件を全く考慮せず，同条に基づく取締役の説明義務の不履行に該当すると位置付けようとするもの

(4) 設問2(2)について

ア　全体的な採点実感

　設問2(2)は，上記(3)のとおり，自社の株式が譲渡される際に，会社が譲受人の株式買取資金の借入金債務を無償で連帯保証した場合において，会社が保証債務の弁済をし，譲受人に対して求償をしたが，譲受人がこれに応じなかったときに，会社がこのような連帯保証をすることに関与した取締役がどのような責任を負うか，また，会社からこのような連帯保証を受けた者がどのような責任を負うかなど，株主の権利の行使に関して財産上の利益を供与することに関与した取締役及び当該利益の供与を受けた者の責任等についての理解等を問うものである。

　設問2(2)においては，Aに対する責任追及等の訴え（会社法第847条第1項）については，甲社がGから保証料の支払を受けないでGの丙銀行に対する借入金債務について連帯保証したことが，G又はDに対する財産上の利益の供与（同法第120条第1項）に該当するとすれば，①Aは，同条第4項及び会社法施行規則第21条第1号に基づき，少なくとも，供与した利益の価額に相当する額である60万円を支払う義務を負うと認めること，②甲社がGの丙銀行に対する借入金債務について連帯保証したことに関するAの行為は，法令に違反し，又は善管注意義務に違反するため，任務懈怠（同法第423条第1項）に該当し，Aは，甲社に対し，少なくとも，保証債務の履行として丙銀行に弁済した800万円を支払う義務を負うと認めることが考えられる。なお，Aが支払義務を負う金額（①にあっては「供与した利益の価額に相当する額」，②にあっては会社の損害額）については，上記の各金額以外の額であるとする論理も考えられるところであり，事案に即して説得的に論じられていれば，必ずしも，上記の各金額でなければならないものではない。設問2(1)においては，株主の権利の行使に関する利益の供与について検討することができていない答案であっても，設問2(2)においては，Aが，同法120条第4項に基づき，供与した利益の価額に相当する額を支払う義務を負うと認めることについて検討することができている答案も一定数見られた。また，利益の供与について検討することができていない答案であっても，友人Gの資力を調査せず，担保の提供を受けることなどもしなかったAの行為が，善管注意義務に違反し，任務懈怠に該当すると論ずる答案が一定数見られた。他方で，Aが支払義務を負う金額について，具体的に検討することができていない答案が多く見られた。

　なお，本設問においては，取締役Aに経済的利益が帰属していると認めることができないから，甲社がGの債務を保証したことが甲社と取締役Aとの利益が相反する取引（間接取引。会社法第356条第1項第3号）に該当するとして，取締役Aに対し，任務懈怠によって生じた損害の賠償責任を追及することは，難しいと考えられる。

　Gに対する責任追及等の訴え（会社法第847条第1項）については，Gが，「当該利益の供与を受けた者」に該当するのであれば，同法第120条第3項に基づき，供与を受けた財産上の利益である60万円を返還する義務を負うと認めることが考えられる。なお，Gが返還義務を負う金額についても，必ずしも，上記の金額でなければならないものではない。同様に，設問2(2)においても，Gが，同項に基づき，供与を受けた財産上の利益を返還する義務を負うと認めることについて検討することができている答案も一定数見られたが，Gが返還義務を負

う金額について，具体的に検討することができていない答案が多く見られた。

イ　答案の例

　㋐　優秀又は良好に該当する答案の例

　　　取締役の供与した利益の価額に相当する額の支払義務（会社法第１２０条第４項）と任務懈怠によって生じた損害の賠償責任（同法第４２３条第１項）について，当該支払義務又は当該賠償責任を負う金額も含め，適切に区別して論ずるものや，これらの責任を追及する訴えを責任追及等の訴えとして提起することができることを，条文を引用しながら丁寧に論ずるもの

　㋑　不良に該当する答案の例

　　　主債務者であるＧに対する求償債務の弁済を求める訴えを責任追及等の訴えとして提起することができるとするものや，取締役でないＧに対する責任追及等の訴えについて論ずるに当たり，役員等（取締役）の責任に取引債務についての責任も含まれるか否かを論ずるもの

　　　取締役の供与した利益の価額に相当する額の支払義務（会社法第１２０条第４項）と任務懈怠によって生じた損害の賠償責任（同法第４２３条第１項）を全く区別することができていないものや，当該支払義務又は当該賠償責任を負う金額について全く検討することができていないもの

　　　責任追及等の訴えについて問われている場面であるにもかかわらず，Ｇの責任として，民法上の不法行為責任や主債務者として求償義務についてのみ論ずるもの

　　　Ａの会社法第１２０条第４項に基づく供与した利益の価額に相当する額の支払義務又はＧの同条第３項に基づく供与を受けた財産上の利益の返還義務のいずれか一方のみを論ずるもの

　　　募集株式の発行の場合でないことは前提としつつも，Ａについては，出資の履行を仮装した場合の取締役の責任（会社法第２１３条の３）を，Ｇについては，出資の履行を仮装した募集株式の引受人の責任（同法第２１３条の２）や，不公正な払込金額で株式を引き受けた者の責任（同法２１２条）を，それぞれ論ずるもの

(5)　設問３について

ア　全体的な採点実感

　　設問３は，譲渡制限株式の相続人等に対する売渡しの請求（会社法第１７４条）に関する定款の定めが設けられている会社において，株式を相続した相続人に対し，相続した株式の一部についてのみ売渡しの請求がされた場合に，売渡しの請求の効力が否定されるかどうか，譲渡制限株式の相続人に対する売渡しの請求についての理解等を問うものである。本設問は会社法上の典型的な論点とまではいうことができないため，問題文中で，適用条文が同条であることを明示した上，その趣旨を踏まえて設問に答えることを求めている。同条の趣旨を考えた上で，その文言及び事案を踏まえて，適切な法令の解釈及び適用がされることが期待されている。

　　譲渡制限株式の相続人等に対する売渡しの請求（会社法第１７４条）の趣旨は，会社が，定款にその旨の定めを設けることにより，相続その他の一般承継により当該会社の譲渡制限株式を取得した者に対し，当該譲渡制限株式を当該会社に売り渡すことを請求することができることとし，当該会社にとって必ずしも好ましくない者が当該会社の株主となることを防ぐことができるようにすることにある。

このような趣旨からすれば，本設問においては，本件請求を受けたBは甲社株式を相続する前から甲社の株主であったことや，Aが取締役を退任した後はCも取締役を退任してBが代表取締役社長を務める旨のAC間の合意が存在していたにもかかわらず，Cが代表取締役社長の地位にとどまるため，総株主の議決権の過半数を確保するために必要な限度で，本件請求がされたことなどから，本件請求は会社法第174条又は定款第9条に違反するということができるかどうかについて，適用条文の文言と条文の適用結果の相当性の両方を意識して説得的に論ずることが求められる。本件請求をすることを肯定する立場からは，同法第174条以下及び定款第9条の形式的な適用結果が不相当とまではいうことができないことを，本件請求をすることを否定する立場からは，条文の形式的な適用結果が不相当であることに加え，趣旨に照らした文言の限定解釈や権利濫用の法理により，同法第174条以下及び定款第9条の文言や適用場面を限定的に解釈し得ることを，それぞれ論ずることが期待される。同法第174条の趣旨については適切に論ずることができている答案が相当数あったが，その趣旨に反するなどとして，直ちに既存株主に対する適用がないと論じている答案が目立った。法令及び定款の文言上，認められていないわけではない請求を否定するためには，条文の形式的な適用結果が不相当なものであることや条文の文言の実質的な解釈等を説得的に論ずることが望ましい。なお，問題文中において，Bの提案に従いAC間でされた合意については，これを株主全員による株主間契約であると解する余地があり，本件請求は，文言上，同条に反しないとしつつ，当該合意が実質的に株主全員によるものであるということができるかどうかを丁寧に検討し，当該合意との関係で本件請求の効力を論ずる答案には高い評価を与えた。

　そして，臨時株主総会における甲社がBに対して売渡しの請求をすることに関する議案を可決した決議について，①会社法第175条第2項本文に基づき，Bを除いた上で，Cのみが議決権を行使しているが，Cが特別の利害関係を有する者に該当し，特別の利害関係を有する者が議決権を行使したことによる著しく不当な決議に該当するか否か（同法第831条第1項第3号），②決議の内容が法令に違反するか否か（同法第830条第2項），又は③決議の内容が定款（定款の趣旨）に違反するか否か（同法第831条第1項第2号），及び当該決議が取り消され，又は無効であることが確認されることにより，本件請求が効力を生じないこととなることなどについて，検討することが期待されるが，これらについて的確に論ずることができている答案はほとんどなかった。

イ　答案の例

　㋐　優秀又は良好に該当する答案の例

　　　会社法第174条の趣旨について，相続その他の一般承継は株式の譲渡ではなく，株式の譲渡制限では一般承継による株式の取得を制限することができないため，会社にとって必ずしも好ましくない者が当該会社の株主となることを防ぐという譲渡制限株式制度の趣旨を貫徹させるものであると適切に述べるもの

　　　本件請求の効力を否定する立場から，支配権維持のための取得であることを丁寧に認定し，趣旨に立ち戻って会社法第174条以下及び定款第9条の文言の限定解釈や権利濫用の法理により，同法第174条以下及び定款第9条の文言や適用場面を限定的に解釈した上で，臨時株主総会の決議の取消し又は無効について論ずるもの

　　　本件請求の効力を肯定する立場から，既存株主に対する請求又は一部取得の請求はいずれ

も会社法上禁止されておらず，臨時株主総会決議においてCのみが議決権を行使したことは会社法の明文に合致することを指摘するもの

(イ)　不良に該当する答案の例

会社法第174条の趣旨について，相続人の投下資本回収の便宜を図る相続人のための制度であるとしたり，相続による株式の準共有状態を防止するものであるとしたりするなど，明らかに誤解しているもの

譲渡制限株式の相続人等に対する売渡しの請求（会社法第174条）の趣旨が，会社にとって必ずしも好ましくない者が当該会社の株主となることを防ぐことにあるということから，直ちに本件請求が無効であるとし，その法的根拠を挙げないもの

売渡株式等の取得の無効の訴え（会社法第846条の2）の問題として論ずるもの

会社法第175条第2項本文の規定があることを踏まえず，Bに議決権を行使させなかったことが決議の方法の法令違反であるとするものや，Bが特別の利害関係を有する者（同法第831条第1項第3号）に該当するか否かについて論ずるもの

3　法科大学院教育に求められるもの

会計帳簿の閲覧の請求の拒絶事由（会社法第433条第2項各号）については，全体的に良く理解されていた。拒絶事由への該当性を検討するに当たり，問題文中の事実関係を丁寧に認定した上で，適切に評価している答案が相当数見られ，これらの答案は好印象であった。もっとも，設問に答える前提として，当該請求の要件等に簡潔に言及することが求められるが，これらに全く言及しないで，拒絶事由に該当するか否かについてのみ検討している答案が散見された。会社法上の論点について検討するに当たっては，その前提となる法的枠組みについても必要な範囲で言及し，会社法上の基本的な条文又は制度を十分に理解していることを答案上も明らかにすることが望まれる。

株主の権利の行使に関する利益の供与（会社法第120条第1項）を理由とする株主総会の決議の取消しの訴え等については，全体的に理解が不十分であった。他方で，株主の権利の行使に関して財産上の利益を供与することに関与した取締役及び当該利益の供与を受けた者に対する責任追及等の訴えについては，一定程度理解されていた印象であるから，株主の権利の行使に関する利益の供与により，決議の方法が法令に違反し，又は著しく不公正なものとなって，決議の取消事由に該当し得ると捉えることに困難があったものと考えられる。会社法上の条文又は制度の基本的な理解を前提として，事案に応じて柔軟かつ適切に，その理解を応用する能力を養っていくことが期待される。株主の権利の行使に関する利益の供与については，条文の文言の意義や代表的な判例を十分に理解することができているかどうか，これらを理解していることを条文の文言を解釈する上で明らかにすることができているかどうかによって，評価に差が生じた印象であり，条文の適用又は解釈を行っているという意識や代表的な判例の存在を前提にして論ずるという意識を身に付けさせることが重要であろう。

株主総会の否決決議の取消しを請求する訴えについても，理解が不十分であった。近年の判例とはいえ，これを理解していることが望ましいが，判例についての理解をおくとしても，的確な論述をすることができている答案は多くなかった。

譲渡制限株式の相続人に対する売渡しの請求については，適用条文の趣旨を適切に論じ，その趣旨及び問題文中の事実関係を踏まえた論述をすることができている答案が相当数あったが，時間的

な制約もあったのか，臨時株主総会における甲社がBに対して売渡しの請求をすることに関する議案を可決した決議が取り消され，又は無効であることが確認されることにより，本件請求が効力を生じないこととなるかどうかについて的確に論ずることができている答案はほとんどなかった。

　全体的に，問題文中の事実関係から会社法上の論点を的確に抽出する点等において，不十分さが見られた。条文又はその文言の引用が十分とは認め難い答案が少なくなく，また，論点についての論述において，条文の適用関係を明らかにしないまま，又は判例を意識しないままに，論述をする例が見られる。これらについては，基本的に昨年までと同様の印象である。

　従来と同様に，会社法に関する代表的な判例の理解を含めた基本的な理解を確実なものとするとともに，事実関係から重要な事実等を適切に拾い上げ，これを評価し，条文を解釈し，これを適用する能力と論理的思考力を養う教育が求められる。

▶ **MEMO**

第1　設問1
1　Dは甲社に対して，会社法（以下法名略）433条1項に基づく会計帳簿閲覧請求として，甲社の直近3年分の総勘定元帳及びその補助簿のうち，仕入取引に関する部分の閲覧を請求しているものと考えられる。

　Dは甲社の1000株中の200株の株主であるから，「発行済み株式……の100分の3……以上の数の株式を有する株主」にあたる。433条1項1号が掲げる「会計帳簿又はこれに関する資料」とは，会計帳簿及びこれを作成するための直接の資料となったものをいうところ，総勘定元帳及びその補助簿はこれにあたるものである。433条1項柱書は，「請求の理由」を明らかにすることを求めているが，当該理由は，請求対象となる会計帳簿等を特定できる程度に具体的である必要がある。本件では，Dは，Aのリベート収受の疑いの調査のためとしてあり，ここから，会計帳簿のうちの仕入部分を閲覧すべきものであるということができるので，当該部分で閲覧対象は特定されるものであるから，理由提示の具体性を有している。
2　そこで，甲社としては，Dの請求が433条2項の拒否事由，特に同項1号及び3号に該当すると主張することが考えられる。以下検討する。
(1)　433条2項3号
　3号は，請求者が「株式会社の業務と実質的に競争関係にある事業を営み，又はこれに従事するものであるとき」を掲げている。本件で甲社及び乙社はいずれもハンバーガーショップを営むものであり，甲社としては，この点で甲社と乙社が「実質的に競争関係にある」と主張することが考えられる。

　確かに，両社はハンバーガーショップという商品に関する市場においては競争関係にあるともいうるが，甲社は関東地方のP県を中心に展開しているのに対して，乙社は近畿地方のQ県を中心に展開している。ハンバーガーショップについては，顧客はせいぜい通える範囲で店を選ぶものと考えられるから，関東と近畿で地方が離れている以上，甲社と乙社は地理的に市場を異にしていると考えられる。また，近い将来において，甲社が近畿地方ないしはQ県に出店しようとする計画はないし，反対に乙社も，近い将来において，関東地方ないしはP県に出店しようとする計画はない。これらの事実からすれば，甲社と乙社は，現状，競争関係にないだけでなく，将来的にも競争関係になることは考えにくいから，両社は「実質的に競争関係にある」とはいえないと考えられる。
　したがって，甲社の主張は妥当でない。
(2)　433条2項1号
　1号は，請求者が「その権利の確保又は行使に関する調査以外の目的で請求を行ったとき」を掲げている。この点，確かに，本件における請求は客観的にはAのリベート収受の有無，ひいては取締役としての責任の有無に関わるものであって，423条1項の責任追及という権利の行使に関する調査を目的としているといえる。もっとも，本件では，DはAのリベート収受の疑惑の追及に関してはたいして関心がなく，むしろ，事前の株式の買い取りが断られていること，閲覧請求とともに再度株式の買い取りを要求していることなどからすれば，本来の目的は自身の株式の買い取りであり，閲覧請求はそのための嫌がらせとしての手段

● 出題趣旨によれば，設問1では，Dの請求が433条1項の会計帳簿の閲覧の請求に該当すること，及び当該請求の要件等に言及することが求められているところ，本答案は，この両方について，端的に指摘することができており，出題趣旨に合致する。

● 本答案は，「会計帳簿又はこれに関する資料」「請求の理由」の意義について，それぞれ判例（前者につき横浜地判平3.4.19／百選［第3版］〔A30〕，後者につき最判平16.7.1等）に従って論述しており，判例の理解を的確に示すことができている。

● 出題趣旨によれば，乙社の営む事業が甲社の「業務と実質的に競争関係にある」と認めることができるかどうかについては，本問の事実関係を適切に評価した上で論じることが求められているところ，本答案は，出題趣旨が言及している事実に全て触れ，かつ，個々の事実について説得的な評価を加えて具体的に検討できており，出題趣旨に合致する。

● 出題趣旨によれば，433条2項3項該当性を検討するに当たっては，Dが「事業を営み，又はこれに従事するもの」かどうかについても検討することが求められていた。本答案は，かかる点についての論述を欠いており，この点も論じることができれば，さらに高い評価を得ることができたものと考えられる。

● 出題趣旨によれば，433条2項1号該当性を検討するに当たっては，Dの請求が，D保有株式をAに買い取らせる目的で行われたものと認め

として行っているものということができる。そうすると、Dの閲覧請求の真の目的は甲社に対する嫌がらせ、ひいては自身の株式の買い取りの強要であって、「権利の確保又は行使に関する調査」を目的とするものということはできず、４３３条２項１号に該当する。そこで、甲社としては以上のような主張を行うことができると考える。

3　以上より、甲社はDの閲覧請求に対して、４３３条２項１号に基づきこれを拒むことができる。

第２　設問２

1　小問(1)

(1)　Cは本件決議１及び２につき、株主総会決議取消しの訴え（８３１条１項）を提起するものである。Cは、甲社の２５０株の株主であり、「株主等」にあたるから原告適格を有する（８３１条１項柱書）。また、平成２７年３月２５日の決議につき、同年４月１５日に訴えを提起しているため、「決議の日から３箇月以内」という提訴期間も満たす（８３１条１項柱書）。被告は甲社となる（８３４条１７号）。それでは、本件決議１及び２につき、８３１条１項各号が掲げる取消事由は認められるか。

(2)　本件決議１

ア　Cとしては、本件契約第３項のDのAに対する議決権行使の委任が、１２０条１項にいう利益供与の結果なされたものであるため、１２０条１項に違反するもので、決議方法の法令違反（８３１条１項１号）として取消事由があると主張することが考えられる。

イ　１２０条１項によれば、株式会社は、何人に対しても、株主の権利

の行使に関し、財産上の利益の供与をしてはならないとされる。ここで、「財産上の利益」については、積極的な財産の譲渡に限らず、消極的な財産の免除や、その者にとって有用な機会を付与することも含まれると考える。供与相手にとって有益なものの提供があれば、株主の権利の行使に会社が影響を与えることはありうるといえ、健全な会社運営を図るという１２０条の趣旨を全うできないからである。

本件では、「株式会社」である甲社が、株主であるDに対して、Dが甲社株式を売却する機会をあっせんして、本件契約第１項のようにGとの売買をまとめている。Dは従前から甲社株式を売却することを求めており、これに対して、甲社はその買取りを断っていたという状況にあることから、Dは甲社株式を売却する機会を欲していたといえるのであり、このようなDにとって、Gとの取引の機会は有用な機会であったといえる。そのため、甲社がDに本件契約の機会を与えたことは「財産上の利益の供与」にあたるといえる。また、その財産上の利益の供与と引き換えに、本件契約第３項で、Dの議決権行使に関してAに委任することが定められているため、「株主の権利の行使」に関するものであることは明らかである。そして、上記利益供与が、その機会がDにのみ与えられたものであり、かつ、Aが自己の不正なリベート収受にかかる解任議案を一方的に否決するという不当な目的に基づいて行われていることから、これを正当化する事情もない。

したがって、甲社がDにGとの株式売却の機会を用意したことは、１２０条１項に違反するものであり、これにかかる株主の権利の行使としての、DのAに対する議決権行使の委任を定めた本件契約第

ることができるかどうかについて、具体的な事実を踏まえた検討が必要となるところ、本答案は、Dの言動等の事実関係を丁寧に認定した上で、適切に評価して説得的に論述しており、出題趣旨に合致する。

● 出題趣旨・採点実感では、決議取消しの訴えの要件を論ずべきかについて特に言及はないものの、論点に飛びつくことなく、決議取消しの訴えの要件を満たすことを端的に確認する本答案の姿勢は、丁寧な論理展開として参考になる。

● 出題趣旨によれば、本件決議１に関しては、利益供与（１２０Ⅰ）を理由として、株主総会の決議の方法が法令に違反したもの（８３１Ⅰ①）と認めることができるかどうかについて検討することが求められていたところ、本答案は、この問題点を的確に発見・提示できている。

● １２０条１項の「財産上の利益」の意義について、同項の趣旨を踏まえて論理的に論じられている点は評価されたものと推察されるが、「財産上の利益」とは、金銭に見積もることができる経済上の利益と解されており、「有用な機会を付与すること」という金銭に見積もることが困難なものを「財産上の利益」に含めるのは、さすがに無理がある。

● 出題趣旨によれば、甲社とGとの間の連帯保証契約の成立がD保有株式の売買契約の前提となっていることから、これがDに対する財産上の利益の供与に該当しないかを論じることが求められていたが、本答案は、連帯保証契約の成立とD保有株式の売買契約とを関連付けておらず、検討としては不十分といえる。

なお、Gに対してD保有株式の買取を持ち掛けたのはA個人である。また、D保有株式について、甲社は

３項も１２０条１項違反の瑕疵を帯びるものである。
ウ 以上より，本件決議１には，１２０条１項に違反する「決議方法の法令違反」が認められるから，上記Ｃ提起の株主総会決議取消しの訴えでの，本件決議１の取消しは認められる。
(3) 本件決議２
３１５条は，株主総会の議長に議事手続についての裁量権を与えている。そのため，議長の議事手続に裁量権の逸脱濫用がある場合に限り，当該議事手続が違法であるとして決議方法の法令違反（８３１条１項１号）となる。本件決議２の議決においては，Ａ解任議案についてＣが当該議案提出の理由としてのＡの不正なリベートの収受の事実を説明しようとしたところ，議長であるＡが一方的にこれを制止し，直ちに決議をとったものである。当該Ａの議事運営は，自らの解任議案に関して，不利な事実が総会に表れないようにするためのものであって，自己の保身を図るために，自らの議事運営にかかる裁量権を甲社のためではなく自らのために行使したものといえ，その目的が不当なものであり手段も一方的なものである以上，Ａの議長としての裁量権を逸脱濫用したものといわざるを得ない。
もっとも，本件決議２は否決議案である。株主総会決議取消しの訴えは，その取消しによって新たな法律関係を生じさせる形成の訴えである。そうであるとすると，株主総会決議取消しの訴えの対象となる決議は可決議案に限られ，否決議案は含まれないものであるといえる。なぜならば，否決議案を取り消したとしても，従前の法律関係に何らの変動も生じないのであって，すなわち新たな法律関係を生じさせるものでは

ないからである。
したがって，上記Ｃ提起の株主総会決議取消しの訴えでの，本件決議２の取消しは認められない。
2 小問(2)
(1) Ｃは，Ａ及びＧに対して，１２０条３項及び４項に基づく利益の返還責任を，株主代表訴訟（８４７条）として追及することが考えられる。Ｃは甲社の２５０株の株主であり，甲社が非公開会社であるから，Ｃは株主代表訴訟を提起できる地位にある（８４７条１項２項）。また，８４７条１項は役員等の責任のほか，１２０条３項も追及の対象としている。そこで，Ｃは８４７条３項又は５項に基づき，株主代表訴訟を提起できる。
(2) １２０条１項は，上述の通り，株式会社は，何人に対しても，株主の権利の行使に関し，財産上の利益の供与をしてはならないとされている。利益供与の対象は，「何人に対しても」とされるように，株主に限らない。また，ここで「株主の権利の行使」について，原則として，株式の譲渡は含まれないと考えられる。株式の譲渡は株主の地位の移転であって，株主としての権利ではないからである。もっとも，たとえばその者による議決権行使を回避するために，その株主としての地位を移転させるような場合には，議決権行使という株主の権利の行使に関して影響を与えるものであるということができるので，１２０条１項にいう「株主の権利の行使に関し」にあたるものと考える。
本件では，甲社は，ＧがＤの株式を購入するに当たり，本件契約第２項において，その買取資金の融資８００万円に関して連帯保証してい

その買取りを断っていたという事実はない。さらに，Ａの目的は，自己の解任議案を一方的に否決する点にあるというよりは，Ｃの取締役解任決議が否決されることを防ぐ点にある。このように，本答案は設問２に関する事実を誤って把握してしまっている。

● 出題趣旨によれば，Ａの行為が議長の議事整理に関する権限（３１５Ⅰ）の濫用等に当たるかどうかの検討が求められていたところ，本答案は，この点の検討ができており，出題趣旨に合致する。

● 出題趣旨によれば，ある議案を否決する株主総会決議の取消しを請求する訴えの適否について，判例（最判平28.3.4／H28重判〔５〕）を意識した上で論ずることが求められていたところ，本答案は，判例を意識した理由付けがなされており，高く評価されたものと思われる。

● Ｇに対する利益供与が認められるか否かを検討するに当たっては，「何人に対しても」，及び「株主の権利……の行使に関し」という１２０条１項の文言に照らして，本問の具体的な事実に即した検討をする必要があるところ，本答案は，上記の各文言に言及した上で，具体的に事実を摘示して検討することができている。

る。当該連帯保証は，少なくとも保証料６０万円を下回らないものであるにもかかわらず，甲社はＧに対して無償でこれを行うものであるから，「財産上の利益の供与」が認められる。また，同利益の供与は，Ｄの株式をＧに売却するためになされたものであるが，Ｄの株式をＧに売却させたかったのは，ＤがＡ解任議案について，賛成する議決権行使をするものであることが認められる状況において，その賛成の議決権行使を阻止するため，当該Ｄの株式をＧに売却させようとしたものということができるから，当該財産上の利益の供与は，議決権行使に関して影響を与えるものとして「株主の権利の行使に関し」にあたるものである。したがって，本件契約は１２０条１項にいう利益供与にあたる。

そのため，Ｇは１２０条３項に基づきその得た利益を返還しなければならず，また，Ａは１２０条４項に基づきＧの返還責任につき連帯してその責任を負うことになる。そして，その責任の範囲は，上記保証料相当額の６０万円であり，甲社が弁済した保証債務８００万円は含まれないと考える。なぜならば，甲社はＧに対して求償権を有しているものであるから，これに基づき返還を求めることができるのであり，仮にこれが免除等された場合に，新たに利益供与として１２０条３項に基づく返還責任が発生するものと考えられるからである。

(3) 以上より，Ｃは株主代表訴訟として，Ａ及びＧに対し，１２０条３項４項に基づき，連帯して６０万円の支払責任を追及することができる。

第３　設問３

1　Ｂは，本件請求の効力を否定するために，本件請求を決議した平成２９年７月３日臨時株主総会決議が，１７４条に反する法令違反のもの

であると主張することが考えられる。

2　ここで，譲渡制限株式に関して相続等の一般承継が生じた場合，譲渡承認請求は必要とされず，会社との関係で承継人が株主となると考えられている。そのため，せっかく譲渡制限を付して，会社にとって好ましくない者が株主となることを避けようとしたにもかかわらず，相続等の一般承継が生じた場合には，会社にとって好ましくない者が株主となってしまうおそれが生じてしまう。そこで，１７４条の趣旨は，株式についての相続人等の一般承継者に対して，株式の売渡請求をすることができる旨を定款で定めることができるとすることで，譲渡制限を付して会社にとって好ましくない者を株主とならないようにすることの実効性を図ることにある。

１７４条の趣旨を以上のように考えるのであれば，仮に相続等の一般承継によってその株式を承継する者が，すでにもともと当該会社の株主である場合には，その承継人は会社にとって好ましくない者ではそもそもないのであり，譲渡制限を付した趣旨に反する結果となるものではないこととなる。そのため，相続等の一般承継により株式を引き受けた者がすでに当該会社の株主である場合には，１７４条の趣旨が及ばない以上，この者に対して一方的に売渡請求ができるとすることは妥当でないから，このような場合は１７４条によって株式売渡請求をすることはできないと考えられる。

3　本件では，請求の対象となるＢはもともと甲社の株主であり，さらには，ＡＢＣの合意では，将来的にはＢが甲社代表取締役となることも示されていたことに鑑みれば，Ｂは甲社にとって好ましくない株主である

● 甲社がＧの債務を保証した目的は，事実7によれば，Ｃを取締役から解任する旨の議案について，Ｄが反対することを表明したため，これによってＣ解任決議が否決されることを防ぐためであったといえるところ，本答案は，Ｄが，Ａ解任決議に賛成する旨の議決権行使を阻止することが目的であったとしており，問題文で示された事実を誤認した認定となってしまっている。

● Ｇが120条3項に基づき返還義務を負う利益の額について，本答案は，甲社がＧに対する800万円の求償権を有していることを踏まえ，深い検討を加えることができている。一方，Ａについては，120条のみならず，423条による責任追及も考えられるところ，この点に関しては言及できていない。

● 174条の趣旨に関して，株式の譲渡制限が一般承継の場合には適用されない（134④）ことを指摘した上で，この場合にもなお譲渡制限の趣旨を貫徹する点に174条の規定の意義がある旨論じることができており，会社法に対する深い理解を示すことができている。

● 採点実感によれば，本件請求を否定する立場に立つ場合には，本件請求が174条の趣旨に反するなどとして，直ちに既存株主に対する適用がないと論ずるだけでは不十分であり，174条や定款9条の文言を限定解釈したり，あるいはこれらの適用場面を権利濫用の法理によって限定的に解釈するというように，本件請求を否定する法的根拠を明確に示す必要があった。

平成３０年・司法

とはいえず，１７４条の趣旨には当たらず，上記のようにＢに対する１
７４条に基づく売渡請求をすることはできないものであるといえる。し
たがって，１７４条及びこれを受けた甲社定款９条にしたがってなされ
た本件請求を可決とする決議は，１７４条に違反する法令違反のもので
あるから，本件請求は無効である。

以　上

※　実際の答案は８頁以内におさまっています。

▶ **MEMO**

第1 設問1
1 甲社の主張について
　Dの請求は，４３３条１項に基づく会計帳簿の閲覧請求であり，Dは同条の要件を充足しているため，同条２項の事由がなければ拒むことができない。
　そこで，甲社は，(1)Dは乙社の一人株主であるため３号に該当する，(2)代表訴訟を起こす気がないため１号に該当するとして，上記請求を拒むと主張する。
2(1)　(1)の主張について
　３号は会計帳簿の情報を競業他社に流用されることを防止する趣旨の規定であるため，そのおそれがあるものを広く含むと考える。そこで，現実に市場が競合していなくとも「実質的に競争関係」にあたり，また一人株主であり経営を支配しうる状況にあれば現実に経営をしていなくとも「営み」にあたると考える。
　本件で乙社は甲社同様ハンバーガーショップを営んでいる。そのため，甲社が出店する予定がない地域での営業であっても，乙社は「実質的に競争関係にある事業」をなしている。そして，Dは乙社の経営を現にしていないとはいえ，一人株主であるため「営み」にあたる。
　よって，３号事由が認められる。
(2)　(2)の主張について
　１号は会計帳簿の重要性に鑑みて，株主であっても不必要に開示をさせないことを定めたものである。そのため，形式の上で権利の

確保を図っていたとしても真に権利の確保を図る意思がないことが明らかであれば「権利の確保……調査以外の目的」となる。
　本件でDは，Aがリベートを取っているか確認し損害賠償請求を代表訴訟で行うという権利行使に関する目的を示唆している。しかし，Dは直後にAのリベートはどうでもよいと言っている。このため，Dに株主代表訴訟などを行う意図はなく，閲覧請求権を買い取りを迫るための脅しの道具に使っているに過ぎない。よって，実質的には上記意図はなく「権利の確保……調査以外の目的」となる。
　よって，１号事由が認められる。
(3)　以上より，甲社の主張は正当である。
第2 設問2
1　(1)について
(1)　「株主」たるCは，決議の日から「３箇月以内」である４月１５日に株主総会決議取消しの訴え（８３１条１項）を提起している。以下それぞれの決議につき示す。
(2)　決議１について
　ア　Cは，本件決議が「著しく不当な決議」であるとして，８３１条１項３号を根拠に決議の取消事由があると主張する。
　イ　「特別の利害関係を有するもの」とは，決議内容につき株主の地位を離れた個人的利害関係を有するものを意味する。
　　Aは甲社取締役であるところ，Cからリベートについて疑いをかけられていた。そのため，Cを取締役から解任すればCから取締役として自身の疑惑を追及されないという利益を有して

● 出題趣旨によれば，設問１では，Dの請求が433条１項の会計帳簿の閲覧の請求に該当すること，及び当該請求の要件等に言及することが求められているところ，本答案は，前者については言及できているが，後者については検討できていない。

● 出題趣旨によれば，本答案が摘示している事実のほか，「業務と実質的に競争関係にある」か否かの検討に際しては，甲社は関東地方のP県に，乙社は近畿地方のQ県にそれぞれ出店していることや，甲社がQ県に出店することは考えていないこと等の事実を，また，「事業を営み，又はこれに従事するもの」か否かの検討に際しては，Dが乙社の経営には関与していないことや，Dと乙社の代表取締役Fとが親子であること等の事実をそれぞれ踏まえた検討が求められていたが，本答案は，これらの事実に言及できておらず，出題趣旨に合致しない。

● 433条２項１号の検討に関しては，設問１におけるDの言動を指摘し，評価した上で，結論を導くことができている。

● 出題趣旨によれば，本件決議１との関係では，G又はDに対する利益供与（120Ⅰ）により，本件決議１の決議の方法が法令に違反したもの（831Ⅰ①）とならないかを論じることが求められていたが，本答案は，G又はDに対する利益供与について言及できておらず，出題趣旨に合致しない。

いる。そのため，不正を追及されない地位という株主の地位を離れた個人的利害関係を有しているといえ，「特別の利害関係を有する」といえる。

そして，Aの議決権行使がなければ解任に必要な３分の２の賛成はなかったため，決議との間に因果関係がある。

もっとも，「著しく不当な決議」とは，少数派株主の利益を著しく害し，資本多数決の原則を修正してでも是正すべきほど不当な決議を意味する。本件で追及した取締役を解任するというのは内容が不当ともいい得る。しかし，Aのリベートの真偽は不明であり，株主が追及を行わないことをよしとする判断もありうる。そのため，決議内容は資本多数決の原則を修正すべきほどの瑕疵があるとはいえず，「著しく不当な決議」とならない。

よって，８３１条１項３号の要件は充足せず，Ｃの主張は失当である。

(3) 決議２について

ア　Ｃは，本件決議は否決の決議であるとはいえ，株主提案について一切審理しなかった瑕疵は重大なため，訴えの利益を例外的に認めるべきであると主張する。

イ　決議取消しの訴えは内容形成を前提としているところ，否決の決議を取り消しても内容は形成されず，前提を欠く。そのため，決議取消しを認めなければ株主の権利救済が図られないなどの特段の事情のない限り，否決の決議は訴えの利益が認めら

れない。

決議２において，Aは株主提案に対し一切説明させずに審議を打ち切っており，非公開会社という特に既存株主の意見が重視されるべき会社において，その意義に真っ向から反する議事運営をなしている。もっとも，ＣはAの解任を実現するには解任の訴え（８５４条１項）を提起する方法がある。

そのため，決議取消しを認めることが権利救済に不可欠とはいえないため，訴えの利益は認められない。よって，Ｃの主張は失当である。

2　(2)について

(1) Aに対する訴え

ア　非公開会社たる甲社の「株主」（８４７条２項，１項）たるＣは，Aに対し，１２０条４項に基づき８６０万円の支払請求を株主代表訴訟の方法でなすことを主張する。

イ　そのためには，「第１項の規定に違反」する利益供与を要するため，まず，１２０条１項の要件を検討する。

「株式会社……利益の供与」をしたかについてみるに，甲社は丙銀行との間でＧの丙銀行への貸金債務を主債務とする連帯保証契約を締結している。連帯保証契約をなせば主債務と連帯保証人は連帯債務を負うこととなるため，丙銀行に対してＧが返済をしなくとも甲が返済をすればよいという状況になっている。そのため，実質的に甲社がＧの債務を引き受けたものといえ，８００万円の利益を供与したものといえる。さらに，甲社

● 本答案は，Aが本件決議１に関して，自身の疑惑を追及されないという利益を理由に，「特別の利害関係」を有するとしている。この点，判例（最判昭42.3.14）は，株主総会における取締役解任決議については，当該取締役の議決権行使は株主の経営参加権の行使にすぎず，「特別の利害関係」を有する者に当たらないとしているところ，判例と異なる結論を採る場合であっても，判例を意識した論述が求められており，本答案はこの点で不十分である。

● 出題趣旨によれば，本件決議２の決議方法が法令に違反し，又は著しく不公正なもの（831Ⅰ①）と認められるかどうかについて，議長であるAの行為に着目し，議事整理に関する権限（315Ⅰ）の濫用等に該当するのではないかといった観点から検討することが求められていたが，本答案は，この点について全く検討できていない。

● 本答案は，結論として「訴えの利益」は認められないとしている。しかし，ある議案を否決する株主総会決議の取消しを請求する訴えの適否について，判例（最判平28.3.4／H28重判〔5〕）は，「ある議案を否決する株主総会等の決議の取消しを請求する訴えは不適法である」と判示しているのであり，訴えの利益に言及してはいない。

● 本答案は，120条4項のみに基づいて，Aに対する860万円の支払請求を認めているが，出題趣旨は，甲社がＧの丙銀行に対する借入金債務について連帯保証したことに関するAの行為は，法令に違反し，又は善管注意義務に違反するため，任務懈怠（423Ⅰ）に該当し，Aは，甲社

は保証料を受けないとしており，本来保証料は６０万円であったことからすれば，６０万円のＧの債務を免除したものと同視でき，６０万円の利益供与があったといえる。

よって，８６０万円の「株式会社……利益の供与」があった。

そして，株式の譲渡それ自体は株主の地位の移転であり，それに対して利益供与をしても「株主の権利の行使に関し」といえないが，特定の株主の議決権行使を阻止する目的で利益供与をなせば，議決権行使を阻止する究極的手段に関して利益供与をしたといえ，「株主の権利の行使に関し」となる。

本件で，上記債務の保証はＧによるＤ株式の買取りのための資金調達をなすためのものであるところ，Ｄの株式の買取りはＤがＣ解任決議に否決を投じることを阻止するために行われたものである。そのため，特定の株主の議決権行使を阻止する目的があったといえる。よって，「株主の権利の行使に関し」となる。

よって，８６０万円について１２０条１項の利益供与があったといえる。

そして，Ａは知りながら上記契約をなしており，「注意を怠」ってなしている。

よって，１２０条４項を充足し，Ｃの主張は正当である。
(2) Ｇに対する訴え

Ｇに対しては，１２０条３項に基づき８６０万円の支払をなすことを主張する。

「１２０条第３項の利益の返還を求める訴え」も代表訴訟の対象である。そして，Ｇは利益の供与を受けたものであり，１２０条３項の要件を充足するものである。

よって，Ｇへの請求はなしうるため，Ｃの主張は正当である。

第３　設問３
1　Ｂの主張

Ｂは，自身は「取得した者」（１７４条，定款９条）に当たらないため，本件請求は認められないと主張する。
2　主張の当否

１７４条は，相続により「取得した者」に対して，非公開会社が株式の売渡しを請求できると定めている。

同条の趣旨は，譲渡制限株式は好ましくない者の会社参加防止のためであるところ，相続という偶然の事情により好ましくない者が不意打ち的に株式を取得し，会社参加をすることを阻止する必要があるため，その者を排除する点にある。したがって，相続により取得した者が従前から取締役を務めており，株式を取得しても上記利益を不意打ち的に害しない場合，その者は「取得した者」に当たらないと考える。

本件でＢは，Ａを相続することによりＡの株式を取得している。しかし，Ｂは従前から甲社の取締役であった。また，ＢはＡの退任後は代表取締役になることについてＡとＣの合意を取り付けられるほどには経営の知識などを有しており，甲社の利益をいたずらに害する可能性は低いといえる。したがって，Ｂが株式を取得したとしても，甲社

に対し，少なくとも，保証債務の履行として丙銀行に弁済した800万円を支払う義務を負うとしており，こちらの構成の方が無理なく860万円の請求を理由付けることができたと思われる。

● 採点実感によれば，本答案のように，「株主の権利……の行使に関し」（120Ⅰ）の要件について，株式の譲渡自体は株主の権利の行使ということができないが，譲渡人による議決権の行使を回避する目的である場合には，「株主の権利……の行使に関し」されたものということができるという解釈を採った上で，適切に当てはめをしているものは，「優秀」又は「良好」に該当する答案として採点された。

● 出題趣旨によれば，設問３については，174条の趣旨を踏まえ，本問の具体的な事情の下で，Ｂに対し，本件請求をすることが認められるか否かを検討することが求められている。本答案は，174条の趣旨を明確に指摘した上で，Ｂが従前より甲社の取締役を務めていたこと等の事実を摘示して，具体的な検討を加えることができており，出題趣旨に合致する。

また，本答案は，単に174条の趣旨に反するから売渡請求が認められないとするのではなく，「取得した者」を限定的に解釈し，これに該当

の上記利益は不意打ち的には害されない。

　よって，Bは「取得した者」に含まれず，売渡請求は要件を充足しない。

　そのため，Bの主張は正当である。

以　上

しないことから売渡請求が認められないとしており，採点実感にも合致する。

第1　設問1
1　Ｄの請求の根拠は，会社法433条1項に基づく会計帳簿閲覧請求権である。

　本件では，Ｄは甲社株式を全1000株中200株有しており，「総株主……の議決権の100分の3……以上の数の株式を有する株主」（433条1項柱書前段）にあたる。

2　これに対して，甲社としては433条2項1号，3号の拒否事由にあたると主張する。

　⑴　433条2項1号

　本件のＤの目的は，Ａのリベート受取りの事実の調査であり，株主の「権利の確保又は行使に関する調査以外の目的」（同号）にはあたらない。よって，1号には該当しない。

　⑵　433条2項3号

　乙社はＤの一人株主であり，Ｄが乙社を「営」（同号）んでいるといえる。

　そして，「株式会社の業務と実質的に競争関係にある事業」（同号）とは，商品と市場が競合する事業をいう。

　本件では，たしかに，乙社は，甲社と同じハンバーガーという商品を販売する会社であり，商品は競合しているといえる。

　しかし，市場については，甲社が関東地方のＰ県であり，乙社は甲社が進出予定のない近畿地方のＱ県である。そのため，市場が競合しているとはいえない。

　よって，乙社の事業は，「実質的に競争関係にある事業」にあ

● 433条1項の要件のうち，議決権に関する要件には言及できているが，「請求の理由を明らかにして」という要件については言及できていない。

● 出題趣旨によれば，433条2項1号の検討に当たっては，Ｄがその権利の確保又は行使に関する調査の目的でなく，Ｄ保有株式をＡに買い取らせる目的で当該請求を行ったと認めることができるかどうかについて，Ｄの言動等の事実関係を適切に評価した上で説得的に論ずることが求められていたが，本答案は，Ｄの言動等を具体的に摘示することなく，端的に433条2項1号には該当しないとしてしまっており，低く評価されたものと思われる。

● Ｄが「事業を営み，又はこれに従事するもの」か否かの検討に際しては，Ｄが乙社の経営には関与していないことや，Ｄと乙社の代表取締役Ｆとが親子であること等の事実を踏まえた検討が求められていたが，本答案は，これらの事情を摘示・評価することができていない。

　たらない。したがって，本件は433条2項2号に該当しない。

　⑶　以上から，甲社の主張は認められず，Ｄの閲覧請求が認められる。

第2　設問2
1　小問⑴

　Ｃは，本件決議1，2について株主総会決議取消しの訴え（831条1項）を提起する。

　⑴　訴訟要件

　Ｃは「株主」（831条1項柱書前段）にあたる。また，決議が平成27年3月25日で，現時点が4月15日であるから，「決議の日から3箇月以内」（同前段）にあたる。また，被告は甲社となる（834条17号）。

　以上から，訴訟要件は満たされる。

　⑵　取消事由

　ア　本件決議1

　本件決議1は，Ｃを取締役から解任することを可決する決議であるが，Ｃが決議に参加している。そこで，831条1項3号の取消事由が認められないか。

　「特別の利害関係を有する者」（同号）とは，他の株主と共通しない利益を有する者をいう。

　Ｃは自身の解任について，他の株主と共通しない利益を有する者といえ，「特別の利害関係を有する者」にあたる。

　しかし，Ｃの解任は3分の2以上の賛成によって可決されて

● 決議取消しの訴えの要件を満たすことを端的に確認しており，丁寧な論理展開といえる。

● 再現答案②においても指摘した通り，判例（最判昭42.3.14）は，株主総会における取締役解任決議については，当該取締役の議決権行使は株主の経営参加権の行使にすぎず，「特別の利害関係」を有する者に当たらないとしている。したがって，判例と異なる結論を採る場合であっても，判例を意識した論述が求めら

いる。したがって、「著しく不当な決議がされたとき」（同号）にあたらない。

よって、本件決議1につき取消事由は認められない。

イ　本件決議2

（ア）　本件決議2は、Aを取締役から解任することを否決する決議であるが、取消しの対象となるか。

そもそも否決決議については、決議によって権利、利益の変動を生じさせないため、決議取消しの訴えは認められないのが原則である。

しかし、取締役解任に関する決議のように、法的地位に影響を与える議案の場合は決議取消しの訴えの対象となると解する。

本件では、取締役の解任の議案であるため、決議取消の訴えの対象となる。

（イ）　次に、本件決議2にあたっては、議長AがCによる提案理由の説明を制止して、直ちに採決に移っている。

本件のAは「特別の利害関係を有する者」（831条1項3号）にあたり、AがCの説明を制止することは、議長の議事進行権（315条1項）の濫用にあたる。

そのため、Aの行為は「決議の方法が……著しく不公正なとき」（831条1項1号）にあたり、決議取消事由となる。

よって、本件決議2は取り消されることになる。

2　小問(2)

(1)　Cは甲社の「株主」（847条2項、1項）にあたり、株主代表訴訟（847条3項）を提起する。

(2)　A、Gの責任

ア　Aの責任

423条1項の責任を負わないか。

（ア）　Aは「取締役」（同条項）にあたる。

（イ）　「任務を怠」（同条項）るとは、忠実義務（355条）違反も含まれる。忠実義務については、決定の過程又は内容に著しく不合理な点がない限り義務違反にあたらないと解する。

本件では、Aは、甲社を代表して、Gに保証料を請求しない形で丙銀行と保証契約を締結しているが、この行為が忠実義務違反にあたらないか。

甲社が本件契約のような保証契約を締結する場合は、60万円の保証料をGに対して請求するのが通常の運用である。

しかし、Gについて特に見るべき資産がないにもかかわらず、AはGに保証料を一切請求しない形で、丙銀行との保証契約の締結を決定している。

この決定の内容は著しく不合理といえ、忠実義務違反にあたる。

よって、Aの行為は「任務を怠った」といえる。

（ウ）　忠実義務違反が認められる以上、Aの過失も認められる。

れており、本答案はこの点で不十分である。

●　ある議案を否決する株主総会決議の取消しを請求する訴えの適否について、判例（最判平28.3.4／H28重判〔5〕）は、「一般に、ある議案を否決する株主総会等の決議によって新たな法律関係が生ずることはないし、当該決議を取り消すことによって新たな法律関係が生ずるものでもないから、ある議案を否決する株主総会等の決議の取消しを請求する訴えは不適法である」とした上で、「このことは、当該議案が役員を解任する旨のものであった場合でも異なるものではない」と判示している。他方、本答案は、「取締役解任に関する決議のように、法的地位に影響を与える議案の場合は決議取消しの訴えの対象となる」としており、上記判例の立場と正反対の結論であるにもかかわらず、その合理的な理由が明らかでなく、不適切な論述といえる。

●　採点実感によれば、設問2小問(2)は、利益供与に「関与した取締役及び当該利益の供与を受けた者の責任等についての理解」を問うものである。

そして、出題趣旨によれば、甲社がGから保証料の支払を受けないでGの丙銀行に対する借入金債務について連帯保証したことが、G又はDに対する「利益供与」（120Ⅰ）に当たるとした場合、①Aは、120条4項・施行規則21条1号に基づき、60万円の支払義務を負うとともに、②Aの行為は、法令違反又は善管注意義務違反であるから、任務懈怠（423Ⅰ）に該当し、甲社が保証債務の履行として丙銀行に弁済した800万円の支払義務を負う。

この点、本答案は、設問2小問(1)、及び小問(2)のいずれにおいても「利益供与」について検討できておらず（ちなみに、再現答案②は、設問2小問(2)において「利益供与」の検討

平成30年・司法

(エ) 損害は甲社が弁済した８００万円であり，Ａの行為との因果関係も認められる。

(オ) したがって，Ａは４２３条１項により８００万円の賠償責任を負う。

イ　Ｇの責任

Ｇは本件契約により甲社の株主になる者である。そして，Ｇが丙銀行から株式の購入代金の８００万円を借り入れるにあたり，甲社はＧの債務を保証する形で，Ｇに対して利益を供与しているといえる。そこで，１２０条３項前段が類推適用され，Ｇは甲社に対して８００万円を返還する義務を負う。

ウ　また，Ａにも１２０条４項本文が類推適用され，８００万円を甲社に返還する義務を負う。ＡとＧの責任は連帯責任となる（同条項本文）。

第３　設問３

1　甲社の本件請求は，会社法１７４条を受けて規定された甲社定款９条に基づくものである。この請求が認められるためには，本件に会社法１７４条の趣旨が及び，同条が適用されることが前提となる。

そこで，本件で１７４条の趣旨が及ぶか問題となる。１７４条の趣旨は，会社経営に無関係で望ましくない者が譲渡制限付株式を相続によって取得することを防ぐ点にある。

そこで，譲渡制限付株式の株主に相続が発生した場合，原則として１７４条が適用される。しかし，例外的に，被相続人と相続人とがともに譲渡制限付株式の株主である場合は，相続人が会社経営にとって

望ましくない者にはあたらず，１７４条の趣旨が及ばず，１７４条が適用されないと解する。そして，１７４条を前提とした定款の規定も適用されないと解する。

2　本件では，たしかに甲社は非公開会社だから，甲社株式は譲渡制限付株式である。そのため，譲渡制限付株式について相続が発生した場面といえ，１７４条が適用されるとも思える。

しかし，相続人Ｂは相続以前より甲社株式を有いていた株主であり，甲社の経営に全く無関係の者ではなく，相続人Ｂは会社経営にとって望ましくない者にはあたらない。よって，１７４条の趣旨が及ばず，１７４条及び甲社定款９条の適用はない。

したがって，甲社の本件請求は認められない。

以　上

をしている），出題趣旨・採点実感に合致しない。

● 本答案は，Ｇに120条３項前段が類推適用されるとしているが，その趣旨は，Ｇが利益の供与を受けた時点では「株主」ではなかった点に着目したためと思われる。しかし，利益供与は「何人」に対しても禁止されるから，当時株主ではなかったＧに対しても利益供与してはならず，甲社がＧに対して利益供与すれば，Ｇは「利益の供与を受けた者」として，120条３項の直接適用によりその返還義務を負う（類推適用する場面ではない）。本答案が「類推適用」とした真意は不明確であるが，少なくとも，その合理的な理由はないように思われる。

● 採点実感によれば，本件請求を否定する立場に立つ場合には，本件請求が174条の趣旨に反するなどとして，直ちに既存株主に対する適用がないと論ずるだけでは不十分であり，174条や定款９条の文言を限定解釈したり，あるいはこれらの適用場面を権利濫用の法理によって限定的に解釈するというように，本件請求を否定する法的根拠を明確に示す必要があった。

▶ MEMO ─────────────────────

第1　設問1について
1　甲社は，Dの会社法433条1項に基づく会計帳簿閲覧請求を拒むことができるか。
2　Dは，1000株中200株を有し，議決権の100分の3以上を有する株主であり，なおかつ「Aの取締役としての損害賠償責任の有無を検討するために必要である」として請求し，「当該請求の理由」を明らかにしているのだから，請求の要件自体は満たす。
3　甲社としては，433条2項1号により，取締役に対する責任追及のために必要な調査以外の目的で請求者が請求を行っているとして，これを拒むことが考えられる。
　　これについては，「Dは，自分は甲社に対して興味を失っており，Aがリベートを受け取っているかどうかなどは本当はどうでもよい」とした上で，「AがD保有株式を買い取ることを重ねて求めた」というのであるから，Dは，保有株式を買い取ってもらうための方策として，嫌がらせで会計帳簿閲覧請求をしているに過ぎないと評価できるため，「権利の確保又は行使に関する調査以外の目的で請求を行った」といえ，甲社は，会計帳簿閲覧請求を拒むことができる。
第2　設問2について
1　(1)について
(1)　本件決議1の取消しについて
　　ア　Cは，本件決議1は，D代理人Aの議決権行使は無効であるため，550議決権の賛成しかない取締役C解任決議は，甲社定款所定の可決要件たる3分の2以上の賛成を欠くとして，8

● 出題趣旨によれば，設問1では，Dの請求が433条1項の会計帳簿の閲覧の請求に該当すること，及び当該請求の要件等に言及することが求められているところ，本答案は，この両方について，端的に指摘することができており，出題趣旨に合致する。

● 出題趣旨によれば，設問1では，433条2項1号及び同3号の検討が求められていたところ，本答案は，同1号の検討はできているが，同3号の検討がなされていない。これにより，他の受験生との差が開いてしまったものと推察される。

31条1項1号の決議方法の定款違反であるとして，取消しを主張する。かかる主張が認められるか。
　　イ　AがD代理人として議決権を行使することができたのは，本件契約(3)による委任を受けたためである。
　　　　しかし，本件契約(3)は，甲社が株主の議決権行使という「株主の権利の行使に関し」，本件契約(1)と(2)により「財産上の利益の供与」をすることを前提に締結されたものであり，120条1項に違反するものである。そして，120条1項違反は，970条1項により刑事罰も規定されている重大な違反であるところ，120条1項に違反する契約は，公序良俗違反（民法90条）となり，それに基づく委任及び議決権行使も無効となる。
　　ウ　以下，「株主の権利の行使に関し」，「財産上の利益の供与」があったか検討する。
　　　　まず，財産上の利益の供与について。Dは，保有株式を2400万円で売却することを欲していた。一方で，購入に積極的であったGは800万円分の購入資金が不足していた。そこで，銀行借入れを利用しようとしたが，甲社は，保証料なしで連帯保証契約を銀行と締結することに応じた。連帯保証契約に際して，Gから保証料は得ておらず，なおかつ連帯保証契約は，債権者から全額請求されうること，Gに対する求償が可能かどうかは不確かであることに鑑みると，実質的には，甲がGに対して，800万円を支出するに等しく，その結果，Gの株

● 出題趣旨によれば，本件決議1との関係では，G又はDに対する利益供与（120 I）により，本件決議1の決議の方法が法令に違反したもの（831 I ①）とならないかを論じることが求められていた。本答案は，利益供与によって委任及び議決権の行使が無効となり，決議要件を欠くから決議方法の定款違反に当たるとしているが，議決権行使が120条1項に反するのであれば，端的に，決議方法の法令違反となる旨論じれば良かったと考えられる。

● 出題趣旨によれば，甲社がGの債務を保証することがD保有株式の売買契約が成立する前提となっており，Dに対する財産上の利益の供与に当たらないかを論じることが求められていた。本答案は，この点を明確に指摘することはできていないものの，甲社による保証が，D保有株式の売買契約成立の前提であることを把握した上で，これがDに対する利益供与に当たるとしている点は，

式購入という手段を介して，Dに対して，800万円分の金銭を支出したに等しい。そして，本件連帯保証契約は，甲社の適法な取締役会決議に基づいてなされており，「当該株式会社」「の計算においてするもの」（120条1項括弧書）である。これは，「財産上の利益の供与」であると評価できる。

次に，「株主の権利の行使に関し」の要件について。120条2項に推定規定がある。すなわち，「特定の株主に対して無償で財産上の利益の供与をしたときは」，「株主の権利の行使に関し，財産上の利益の供与をしたものと推定」される。本件行為は，Dという「特定の株主に対して」のみ行われたものである。そして，連帯保証契約は，甲社が何ら利益を得るものでなく，「無償で」なされたものである。

よって，「株主の権利の行使に関し」，「財産上の利益の供与」があったといえ，本件契約は120条1項に違反するものである。

エ よって，120条1項に違反する契約に基づく委任及び議決権行使も無効となり，550議決権の賛成しかない取締役C解任決議は，甲社定款所定の可決要件たる3分の2以上の賛成を欠くとして，831条1項1号の決議方法の定款違反であるとして，本件決議1の取消しが認められる。

なお，本件は，利益供与という刑事罰も予定されている重大な違反があるため，「違反する事実が重大で」あるとして，831条2項の裁量棄却の余地はない。

(2) 本件決議2の取消しについて
ア Cとしては，取締役A解任議案の提案理由の説明を議長に制止され，直ちに採決に移行したことにつき，315条1項違反であるとして，決議方法の法令違反を主張し，831条1項1号に基づき，決議取消しを主張する。
イ Cの決議取消しの訴えの主張は，訴えの利益を欠き，却下判決が下されるため，妥当でない。

なぜならば，株主総会決議取消しの訴えは，株主総会によって可決された議題の効果を消滅させるものであり，何らの効果を発生させない否決決議を取り消すことは予定されていない。また，仮に否決決議がなかったことになったとしても，それにより何らかの効果が生じるわけではない。

よって，否決決議を取り消す株主総会決議取消しの訴えは認められない。

本件において，決議2は否決決議である。よって，訴えの利益を欠き，却下判決が下される。
ウ 以上より，Cの主張は認められない。
2 (2)について
(1) Aに対する責任追及
ア Cは，847条1項に基づいて甲社に対して，取締役Aに423条1項の損害賠償責任追及の訴えを提起するように請求し，847条3項によって「60日以内に責任追及等の訴え」の提起がないとして，自らAに対する責任追及の訴えを提起す

出題趣旨に合致する。

● 出題趣旨によれば，利益供与が「株主の権利……の行使に関し」（120Ⅰ），なされたものということができるかどうかは，「本件契約によれば，Dが本件株主総会には自らは出席しないでAを代理人として議決権の行使に関する一切の事項を委任することとされていたといった諸々の事実関係に即して検討する」ことが求められていた（なお，再現答案②では，判例（最判平18.4.10／百選[第3版]〔14〕）を意識した論述がなされている。また，再現答案①では，出題趣旨に正面から合致する論述がなされている。いずれも，「優秀」又は「良好」に該当するものと考えられる）。本答案は，このような事実を考慮せず，120条2項の推定規定が及ぶかのみを検討することしかしていないため，出題趣旨に合致しない。

● 出題趣旨によれば，本件決議2に関しては，Aの行為が議長の議事整理に関する権限（315Ⅰ）の濫用等に該当するかどうかを論じる必要があったが，本答案は問題点を指摘するのみで自己の見解を述べておらず，出題趣旨に合致しない。

● 本答案は，結論として「訴えの利益」を欠くとしている。再現答案②でも指摘した通り，判例（最判平28.3.4／H28重判〔5〕）は，「ある議案を否決する株主総会等の決議の取消しを請求する訴えは不適法である」と判示しているのであり，訴えの利益に言及してはいない。

ると主張する。かかる主張は認められるか。
イ　まず、甲社は、「公開会社でない株式会社」であるから、8
　47条2項により、保有期間の要件は問題とならない。
ウ　次に、取締役Aに423条1項の損害賠償責任があるか問題
　となる。423条の要件は、①故意・過失、②任務懈怠、③損
　害、④因果関係である。
　　本件契約及びそれに基づく甲社と丙銀行間の連帯保証契約
　は、取締役AがDに対して、D保有株式の売却手段を用意する
　一方で、見返りとして、Dの議決権行使を委任してもらうこと
　にその目的があった。これは、連帯保証契約の債務者となる甲
　社に利益がなく、不利益を負う一方で、取締役Aは議決権行使
　を委任してもらえるという利益を得る状況にあると評価でき、
　甲社が丙銀行と連帯保証契約を締結することは、「取締役以外
　の者との間において株式会社と当該取締役との利益が相反する
　取引をしようとするとき」（356条1項3号）にあたる。そ
　して、甲社は、本件連帯保証契約に基づき、連帯債務の履行と
　して800万円の弁済をなした。その後、主債務者は求償に応
　じず、求償権は無価値となった。このことは、連帯保証契約に
　よって、800万円の損害が生じたものとして評価できる（要
　件③④充足）。423条3項柱書により、この場合、各号列記
　の取締役につき任務懈怠が推定される（要件②充足）。Aは、
　利益を受けた取締役であるから、356条1項の取締役にあた
　り、1号に該当する。

● 採点実感において、「本設問においては、取締役Aに経済的利益が帰属していると認めることができない」ことから、甲社がGの債務を保証したことが甲社と取締役Aとの利益が相反する取引（間接取引、356Ⅰ③）に該当するとして、取締役Aに対し、「任務懈怠によって生じた損害の賠償責任を追及することは、難しい」とされている。

　　次に、Aにつき①故意・過失が認められるか。Aは、本件契
　約の内容を認識していたのだから、①故意が認められる。
　　よって、取締役Aに423条1項の損害賠償責任がある。
エ　以上より、Cの主張は認められる。
(2)　Gに対する責任追及
ア　Cは、「120条第3項の利益の返還を求める訴え」によ
　り、Gに対して800万円の返還を求めることを主張する。か
　かる主張は認められるか。
イ　前述のように、本件契約は、Dの株主としての議決権行使に
　関してなされ、120条1項に違反するものである。この契約
　により、Dだけでなくも、銀行融資に際して、主債務者とし
　て、甲社の連帯保証契約をつけてもらうという財産上の利益・
　地位を得ている。よって、Gは、120条第3項の「当該利益
　の供与を受けた者」にあたり、利益を返還する義務を負う。
　　ここで、連帯保証契約をつけてもらうという財産上の利益・
　地位が具体的にいくらに相当するのかが問題となる。思うに、
　連帯保証契約は、主債務者に肩代わりして弁済することを内容
　とするものである。そうだとすれば、連帯保証契約をつけても
　らうという財産上の利益は、主債務の額と同一であると考え
　る。よって、本件での利益額は800万円であり、Gが返還す
　る義務を負う額は800万円である。
ウ　よって、Cの「120条第3項の利益の返還を求める訴え」
　により、Gに対して、800万円の返還を求める主張は認めら

● 採点実感によれば、設問2小問(2)は、利益供与に「関与した取締役及び当該利益の供与を受けた者の責任等についての理解」を問うものであるが、本答案は、Aの責任に関して、423条1項のみを論じており、Aが120条4項・施行規則21条1号に基づいて60万円の支払義務を負う点に言及できていない。

● Gに対して、120条3項の責任追及をする場合、Gはこの時点では甲社の株主ではないから、同条1項が「何人に対しても」と規定していることに言及すべきであったが、本答案はこの点についての言及がない。

● 出題趣旨によれば、Gについては、甲社がGより保証料60万円の支払を受けずにGの債務を保証したことから、Gは保証料相当額60万円の利益を供与されており、したがって、60万円の返還義務を負うのではないかということを検討することが期待されていた。

　　れる。
第3　設問3について
1　Bとしては，会社法176条1項本文の売渡請求たる本件請求は，権利の濫用（民法1条3項）にあたり，効力が否定されると主張する。すなわち，174条の趣旨は，譲渡制限株式につき，相続などの一般承継によって，会社にとって好ましくない人物が株式を有するに至った際に，株主の経済的利益に配慮しつつ，これを売り渡させることによって，人的色彩の強い非公開会社の閉鎖性を保つことにある。そうだとすれば，自らが取締役の地位にいたいがために総株主の議決権の過半数を確保するために最低限必要な数についてのみ請求する行為は，権利の濫用にあたるというのである。
2　Bの主張の当否について判断するに，法は175条1項で，株式売渡請求にあたり，株主総会を要するとすることで，株主全体で，一般承継した者が，株式会社にとって好ましい人物であるか否かを判断するようにし，慎重を期している。
　　そうだとすれば，175条2項本文の規定により，一般承継者たるBが議決権を行使できないため，結果として，代表取締役Cのみが議決権を行使できる状況下において，Bの対抗手段なきままに，株式売渡請求を認めることは，権利の濫用に当たる。
3　よって，Bの主張は認められる。
　　　　　　　　　　　　　　　　　　　　　　　　　以　上

● 本答案は，単に174条の趣旨に反するから売渡請求が認められないとするのではなく，権利の濫用（民1Ⅲ）を用いて本件請求の適用場面を限定しており，その点で採点実感に合致する。

● 相続人等に対する売渡請求制度（174以下）の意義は，相続人等の合意の有無にかかわらず，相続人らが取得した株式を強制的に買い取ることを認めた点にある。したがって，「Bの対抗手段なきままに，株式買取請求を認めることは，権利の濫用に当たる」との論述は，相続人等に対する売渡請求制度の趣旨を正しく理解した上での論述とはいえない。

平成30年・司法

令和元年

［民事系科目］

〔**第2問**〕（配点：１００〔〔**設問１**〕から〔**設問３**〕までの配点の割合は，３０：５０：２０〕）

次の文章を読んで，後記の〔**設問１**〕から〔**設問３**〕までに答えなさい。

1．甲株式会社（以下「甲社」という。）は，事務用品の製造及び販売等を目的とする会社法上の公開会社である監査役会設置会社であり，金融商品取引所にその発行する株式を上場している。甲社は，種類株式発行会社でない。甲社の資本金の額は２０億円，総資産額は２５０億円，直近数年の平均的な年間売上高は３００億円である。甲社の取締役は１０人であり，代表取締役社長はＡである。

2．甲社は５年前からその製造拠点の海外移転を進め，甲社の国内物流拠点の役割は大きく変化してきている。甲社は大型倉庫を二つ所有しているが，そのうちＰ県に所在する倉庫（以下「Ｐ倉庫」という。）は２年前からほぼ使用されていなかった。１年前にＰ倉庫の近隣に高速道路のインターチェンジが設置されることが決まってから近隣の不動産価格が上昇し，Ｐ倉庫の市場価格は平成２９年１２月の時点で約１５億円であった。

3．乙合同会社（以下「乙社」という。）は，日本企業への投資を目的とする投資ファンドである。乙社の代表社員Ｂは，甲社がＰ倉庫を始めとする多くの遊休資産を有しているため，これらを売却することにより剰余金の配当を増額すべきであると考えている。乙社は，市場において甲社の株式を買い集め，平成２９年５月の時点で甲社の総株主の議決権の４％を，同年９月の時点で同９．８％を，平成３０年１月の時点で同１５％を保有するに至った。

4．甲社の定款には，以下の定めがあるが，他に株主総会の招集及び株主提案について別段の定めはない。

甲社定款（抜粋）

（招集）

第１２条 当会社の定時株主総会は，毎年６月にこれを招集し，臨時株主総会は，必要があるときに随時これを招集する。

（定時株主総会の基準日）

第１３条 当会社の定時株主総会の議決権の基準日は，毎年３月３１日とする。

（招集権者及び議長）

第１４条 株主総会は，取締役社長がこれを招集し，議長となる。

2 取締役社長に事故があるときは，取締役会においてあらかじめ定めた順序に従い，他の取締役が株主総会を招集し，議長となる。

（事業年度）
第３６条　当会社の事業年度は，毎年４月１日から翌年３月３１日までの１年とする。

〔設問１〕　乙社は，平成３０年１月，甲社の株主として，株主総会において，株主総会の権限に属する一定の事項を提案することを検討していた。上記１から４までを前提として，乙社が，そのために採ることができる会社法上の手段について，甲社の臨時株主総会を自ら招集する場合と平成３０年６月の甲社の定時株主総会の開催に当たり株主提案権を行使する場合のそれぞれの手続を説明し，比較検討した上で，論じなさい。ただし，社債，株式等の振替に関する法律上の手続については，説明しなくてよい。

5.　乙社は，平成３０年３月３１日の時点で，甲社の総株主の議決権の２０％を保有しており，同年４月２５日，以下のとおり，定款変更及びＰ倉庫の売却を甲社の定時株主総会の議題とすることを請求するとともに，各議案の要領を定時株主総会の招集通知に記載することを請求した（以下「本件株主提案」という。）。

　　議題１　定款変更の件
　　議案の要領　現行定款に「当会社の財産の処分は，株主総会の決議によってもすることができる。当該株主総会の決議は，当該株主総会において議決権を行使することができる株主の議決権の過半数を有する株主が出席し，出席した当該株主の議決権の過半数をもって行う。」という条項を追加する。
　　提案の理由　甲社の株主総会において，甲社の遊休資産等の財産の処分を決定することができるようにする。甲社は，現在，市場価格が上昇しているが，ほぼ使用されていないＰ倉庫を始めとする多くの遊休資産を有している。甲社がこのような財産を継続して保有すべきか否かについて，株主の意向を反映すべきである。

　　議題２　Ｐ倉庫の売却の件
　　議案の要領　甲社の取締役会は，遅くとも平成３０年度中にＰ倉庫を近隣の不動産価格に照らし適正な価格で売却する。
　　提案の理由　Ｐ倉庫については，他社から過去に現状のまま購入したいという申出が多数あったが，甲社は合理的な理由なく売却を渋っている。現在，約１５億円まで市場価格が上昇しているＰ倉庫を売却することにより剰余金の配当を増額すべきである。

6.　本件株主提案を受け，甲社の取締役会において，本件株主提案及び乙社による甲社の株式の取

得への対応について審議された。

　甲社の取締役会においては，Ｐ倉庫については，今後，活用する可能性が十分にあるとして，本件株主提案に反対する意見が多かった。

　また，甲社の取締役らからは，乙社について，比較的短期間で株式を売買し，その売買益を得る投資手法を採っていることや，敵対的な買収により対象会社の支配権を取得し，経営陣を入れ替え，対象会社の財産を切り売りする投資手法を採ったことがあることなどの事実，乙社の代表社員Ｂについて，ソーシャル・ネットワーキング・サービスで，甲社の事業に関して「社会のデジタル化に伴い，事務用品は早晩なくなるであろう。」と述べるなど，甲社の事業に対して理解がないことが指摘された。

　そして，甲社の取締役らからは，仮に，乙社が甲社の支配権を取得すれば，甲社の財産を切り売りするのではないかという懸念や，乙社は，このまま甲社の株式を買い増し，経営陣を入れ替える可能性が高いという懸念が示された。

7．審議の結果，甲社の取締役会においては，乙社によるこれ以上の甲社の株式の買い増しを防止し，乙社による甲社の支配権の取得を阻止すべきであるという意見が大勢を占めた。そして，甲社の取締役らは，乙社の持株比率を低下させる新株予約権無償割当てを行うことで意見が一致した。もっとも，甲社の取締役から，このような新株予約権無償割当ては株主との対話を重視して乙社の意向を見極めた上で行うべきであるという意見も述べられたため，これを新株予約権の内容に反映させることとした。さらに，甲社の社外取締役から，取締役会限りでこのような重大な決定をすることには問題があるという意見が述べられたため，甲社の取締役らは，株主総会の決議による承認を受けることでも意見が一致した。

8．そこで，甲社の取締役会は，以下の概要の新株予約権無償割当て（以下「本件新株予約権無償割当て」という。）を，株主総会の決議による承認を受けることを条件として行うことを決定した（以下「本件取締役会決議」という。）。

　本件新株予約権無償割当ての概要

(1) 割当ての方法及び割当先：新株予約権無償割当ての方法により，基準日（下記第3項で定義される。以下同じ。）の最終の株主名簿に記録された株主に対して，その有する甲社の株式1株につき2個の割合で新株予約権を割り当てる。

(2) 新株予約権の総数：基準日の最終の発行済株式（自己株式を除く。）の総数の2倍の数と同数とする。

(3) 基準日：平成30年7月24日

(4) 本件新株予約権無償割当てがその効力を生ずる日：平成30年7月25日

(5) 新株予約権の目的である株式の数：新株予約権1個の行使により甲社が普通株式を新たに発

行又はこれに代えて甲社の有する甲社の普通株式を処分（以下甲社の普通株式の発行又は処分を「交付」という。）する数は，1株とする。

(6) 新株予約権の行使により甲社がその普通株式を交付する場合における株式1株当たりの払込金額は，1円とする。

(7) 新株予約権を行使することができる期間（以下「行使期間」という。）：平成30年11月1日から同月30日まで

(8) 乙社を「非適格者」とする。非適格者は，新株予約権を行使することができないものとする。

(9) 新株予約権の譲渡に際しては甲社の取締役会の承認を要する。

(10) 甲社の取締役会は，行使期間開始日までの日であって取締役会が別に定める日に，その決議により，新株予約権を取得することができる。取得の対価は，非適格者以外の株主については新株予約権1個につき甲社の普通株式1株とし，非適格者については1円とする。

　ただし，甲社は，乙社に対し，これ以上の甲社の株式の買い増しを行わないように要請する。その結果，行使期間開始日までの日であって甲社の取締役会が別に定める日までに，乙社がこれ以上の甲社の株式の買い増しを行わない旨を確約した場合には，甲社の取締役会は，取締役会が別に定める日に，その決議により，本件新株予約権無償割当てにより株主に割り当てた新株予約権の全部を無償で取得することができる。

　そして，甲社の取締役会は，以下のとおり，本件新株予約権無償割当てを行うことの承認を平成30年6月25日に開催する甲社の定時株主総会（以下「本件株主総会」という。）の議題及び議案（以下「本件会社提案」という。）とすることを決定した。

議題3　新株予約権無償割当てを行うことの承認の件
　議案の概要　本件取締役会決議に係る本件新株予約権無償割当てを行うことを承認する。
　提案の理由　本件新株予約権無償割当ては，乙社による甲社の支配権の取得を阻止するために行うものである。甲社の定款上，新株予約権無償割当てを行うことについて株主総会の決議による承認を要するという条項はない。しかし，本件新株予約権無償割当ては，乙社によるこれ以上の甲社の株式の買い増しが甲社の企業価値を毀損し，株主の共同の利益を害するものであるという判断に基づくものであり，このような判断は，最終的には株主の意思によりされるべきである。なお，本件新株予約権無償割当てを行うことにより乙社に生じ得る不利益は，乙社がこれ以上の甲社の株式の買い増しを行わない旨を確約した場合には，甲社の取締役会が解消することができる仕組みとなっており，乙社の利益を不当に害するものでない。

9．平成30年6月25日に開催された本件株主総会には，甲社の総株主の議決権の90％を有す

る株主が出席し，本件株主総会において，本件会社提案に係る議案は出席株主の６７％の賛成により可決され，本件株主提案に係る議案はいずれも否決された。

〔**設問２**〕　乙社は，平成３０年６月２６日，本件新株予約権無償割当ての差止めを請求することを検討している。乙社が採ることができる会社法上の手段について，乙社の立場において考えられる主張及びその主張の当否を検討した上で，論じなさい。なお，本件株主総会の招集の手続及び議事は，適法であったものとする。

下記10及び11では，上記９と異なり，平成３０年６月２５日に開催された本件株主総会において本件会社提案に係る議案が否決され，本件株主提案に係る議案がいずれも可決されたこと（以下議題１（定款変更の件）に関する本件株主総会の決議を「本件決議１」といい，議題２（Ｐ倉庫の売却の件）に関する本件株主総会の決議を「本件決議２」という。），本件株主総会の招集の手続及び議事は適法であったことを前提として，〔**設問３**〕に答えなさい。

10. 本件決議１及び本件決議２を受け，甲社はＰ倉庫の売却の相手方候補数社と交渉を開始し，平成３０年度中にＰ倉庫を近隣の不動産価格に照らし適正な価格で売却することができる見込みが付いた。ところが，平成３１年１月，甲社が所有するもう一つの大型倉庫（以下「Ｑ倉庫」という。）が所在するＱ県において発生した大地震により，Ｑ倉庫が倒壊したため，海外から到着する貨物をＰ倉庫において保管しなければならず，Ｐ倉庫を売却すると，競合他社に多数の顧客を奪われるなど，５０億円を下らない損害が甲社に生ずることが見込まれた。他方で，Ｐ倉庫の近隣の不動産価格が下落する兆候は，うかがわれなかった。

11. その後の甲社の取締役会においては，改めて本件決議１及び本件決議２への対応について，取締役らから，「そもそも本件株主提案の内容は，業務執行の具体的な決定に係るものである以上，これに従う必要はないのではないか。」という意見や，「適法な株主総会の決議を遵守することは取締役の義務であろうが，本件決議２については，これに従いＰ倉庫を売却することにより，損害が発生し，他方で，Ｐ倉庫の売却の交渉を中止しても，Ｐ倉庫の資産価値は維持されるし，現時点では，違約金等の負担も生じないので，遵守することにこだわるべきでない。」という意見が述べられ，さらに，社外取締役から，「適法な株主総会の決議は，常に遵守すべきである。」という意見が述べられるなど，様々な意見が述べられたが，代表取締役社長Ａが本件決議２に従いＰ倉庫を売却する旨の議案を提案し，当該議案が代表取締役社長Ａの賛成を含む賛成多数により可決された。

そこで，代表取締役社長Ａは，平成３０年度中にＰ倉庫を近隣の不動産価格に照らし適正な価格で売却したが，それにより，多数の顧客を奪われるなどした結果，多大な損害が甲社に発生し

た。

〔**設問3**〕　甲社の代表取締役社長Ａの会社法第４２３条第１項の責任について，本件決議１の効
　　力を検討した上で，論じなさい。

【民事系科目】
〔第2問〕

　本問は，①少数株主による株主総会の招集及び株主提案権の行使（設問1），②買収防衛策としての差別的な内容の新株予約権無償割当て（設問2），③取締役会設置会社における株主総会の権限，取締役の株主総会の決議の遵守義務及び取締役の株式会社に対する損害賠償責任（設問3）についての理解等を問うものである。

　設問1においては，乙社が採ることができる会社法上の手段として，少数株主による株主総会の招集の手続（会社法第297条等）並びに議題提案権（同法第303条）及び議案要領通知請求権（同法第305条）の行使の手続について説明し，比較検討した上で，論ずることが求められる。

　少数株主による株主総会の招集の手続並びに議題提案権及び議案要領通知請求権の行使の手続について比較検討するに当たっては，例えば，下記①から③までのことについて，言及することが期待される。

①　議事運営の主導権

　少数株主が臨時株主総会を招集する場合には，少数株主は株主総会の招集等の手続を行うことにより株主総会の議事運営にその意向を反映し得ること，他方で，取締役が招集する定時株主総会の開催に当たり少数株主が議題提案権及び議案要領通知請求権を行使する場合には，取締役が株主総会の招集等の手続を行うため，少数株主が臨時株主総会を招集する場合と比べると，株主総会の議事運営に少数株主の意向を反映することに支障があり得ること。

②　費用等の手続面の負担

　少数株主が臨時株主総会を招集する場合には，少数株主が株主総会の招集及び開催の費用及び労力を負担すること，他方で，議題提案権及び議案要領通知請求権を行使する場合には，株式会社が株主総会の招集及び開催の費用及び労力を負担すること。

③　時期の選択

　少数株主が臨時株主総会を招集する場合には，定時株主総会が開催されるのを待つことを要せず，それよりも前に，株主総会を開催することができること，他方で，議題提案権及び議案要領通知請求権を行使する場合には，定時株主総会が開催されるのを待たなければならないこと。

　設問2においては，乙社による本件新株予約権無償割当ての差止めの請求（会社法第247条類推）が認められるか否かについて，問題文中の事実関係を適切に評価した上で説得的に論ずることが求められる。

　乙社による本件新株予約権無償割当ての差止めの請求が認められるか否かについて論ずるに当たっては，まず，新株予約権無償割当てに関して，会社法第247条が類推適用されるか否かについて，検討することが求められる。

　そして，新株予約権無償割当てについて，会社法第247条が類推適用される（東京地決平成19年6月28日金判1270号12頁）と解する場合には，乙社による差止事由に関する主張

について，条文及びその文言を引用しつつ，具体的に検討することが求められる。乙社による差止事由に関する主張としては，例えば，下記①又は②の主張について，検討することが求められる。

① 本件新株予約権無償割当ては，新株予約権者の差別的な取扱いを内容とするものであり，株主平等の原則（会社法第１０９条第１項）又はその趣旨に反し，法令に違反するものであるとの主張（同法第２４７条第１号。最決平成１９年８月７日民集６１巻５号２２１５頁参照）。

② 本件新株予約権無償割当ては，新株予約権者の差別的な取扱いを内容とするものであって，会社の企業価値ひいては株主の共同の利益を維持するためではなく，専ら経営を担当している取締役等の経営支配権を維持するためのものであり，著しく不公正な方法により行われるものであるとの主張（会社法第２４７条第２号。東京高決平成１７年３月２３日判時１８９９号５６頁，判タ１１７３号１２５頁参照）。

その上で，その主張の当否に関して，例えば，上記①の主張については，前掲最決平成１９年８月７日を参考にするなどしつつ，本件新株予約権無償割当ては，新株予約権者の差別的な取扱いを内容とするものであり，非適格者である乙社を差別的に取り扱うものであるが，他方で，買収防衛策としての導入等の是非が株主総会の決議（ただし，いわゆる勧告的決議である。）に委ねられていること，さらに，本件新株予約権無償割当ては，乙社に経済的損害を与える性質を有するものであるが，他方で，乙社がこれ以上の甲社の株式の買い増しを行わない旨を確約した場合には，甲社の取締役会が，その決議により，本件新株予約権無償割当てにより株主に割り当てた新株予約権の全部を無償で取得することができる仕組みとなっており，乙社に撤退可能性が保障されていることなどの問題文中の事実関係に即し，条文の適用と当てはめを丁寧に行い，説得的に検討することが求められる。

また，上記②の主張については，前掲東京高決平成１７年３月２３日を参考にするなどしつつ，本件新株予約権無償割当ては，いわゆる主要目的ルールに照らすと経営支配権の維持を主要な目的とするものであるが，他方で，上記のとおり買収防衛策としての導入等の是非が株主総会の決議に委ねられていることなどの問題文中の事実関係を踏まえ，この株主総会の決議の意義がどのようなものであるかや，前掲東京高決平成１７年３月２３日が挙げる四つの具体例に照らし，株主全体の利益の保護という観点から本件新株予約権無償割当てを正当化する特段の事情があるかどうかなどについて検討した上で，同様に，説得的に論ずることが求められる。

設問３においては，①甲社の財産の処分を株主総会の決議によってもすることができるようにする定款の変更に関する議案を可決した本件決議１の効力を検討した上で，②本件決議１に基づく本件決議２の効力及び取締役の株主総会の決議の遵守義務（会社法第３５５条）を前提として，③下記の問題文中の事実関係を踏まえ，甲社の取締役会が遅くとも平成３０年度中にＰ倉庫を適正な価格で売却することに関する議案を可決した本件決議２に関して，甲社の代表取締役社長Ａは，これを遵守してはならなかったにもかかわらず遵守したことにより，その任務を怠ったものと認められるのではないか，結果として，甲社に対し，会社法第４２３条第１項に基づき，損害賠償責任を負うか否かについて，論ずることが求められる。

本件決議１の効力を検討するに当たっては，まず，①取締役の業務執行権限に属する事項を株主総会の決議事項とすることができるかどうかについて，論ずることが求められる。

そして，②取締役の業務執行権限に属する事項であっても，定款で定めることにより株主総会

の決議事項とすることができ（会社法第２９５条第２項），本件決議１及び本件決議２はいずれも有効であると解する場合には，取締役は株主総会の決議を遵守しなければならないこと（同法第３５５条）について，言及することが求められる。

　その上で，③株主総会の決議の遵守義務を前提として，例えば，Ｑ県において発生した大地震により，Ｑ倉庫が倒壊したため，海外から到着する貨物をＰ倉庫において保管しなければならず，Ｐ倉庫を売却すると，競合他社に多数の顧客を奪われるなど，５０億円を下らない損害が甲社に生ずることが見込まれ，他方で，Ｐ倉庫の近隣の不動産価格が下落する兆候はうかがわれなかったことなどの問題文中の事実関係を踏まえ，（ア）代表取締役社長Ａは，甲社に損害を与えないように業務を執行するのであれば，本件決議２を遵守してはならなかったにもかかわらず，本件決議２を遵守し，その任務を怠ったものと認められるから，甲社に対し，損害賠償責任を負うと解するか，（イ）本件決議２の後に重大な事情の変更が生じたことに鑑み，改めて株主の意思を確認しなければならなかった（改めて株主総会の決議を得なければならなかった）にもかかわらず，事情の変更が生ずる前の本件決議２を遵守することに固執し，その任務を怠ったものと認められるから，甲社に対し，損害賠償責任を負うと解するか，あるいは（ウ）上記の問題文中の事実関係を踏まえても，代表取締役社長Ａは，本件決議２を遵守しなければならず，その任務を怠ったとは認められないから，甲社に対し，損害賠償責任を負うとは認められないと解するかなどについて，説得的に論ずることが求められる。

　①の検討の結果，本件決議１が無効であると解する場合には，これを前提とする本件決議２も株主総会の決議としての効力はないこととなるが，（エ）なお株主の意向を示すものとして尊重する必要がないかや，代表取締役社長Ａが本件決議２を遵守する義務があると考えてＰ倉庫を売却するという決定をしたことに取締役としての任務懈怠や過失がなかったかどうかについて，説得的に論ずることが求められる。

　なお，設問３は，株主総会の決議の遵守義務が問題となっている場面であり，いわゆる経営判断原則の適用が問題となる典型的な場面ではないため，経営判断原則に言及する場合には，その趣旨や適用範囲について検討した上で言及することが望まれる。

採点実感

1 出題の趣旨等

既に公表されている令和元年司法試験の論文式試験出題の趣旨に，特に補足すべき点はない。

2 採点方針及び採点実感

民事系科目第2問は，商法分野からの出題である。これは，事実関係を読み，分析し，会社法上の論点を的確に抽出して各設問に答えるという過程を通じ，事例解析能力，論理的思考力，会社法に関する基本的な理解並びに法令の解釈及び適用の能力等を確認するものであり，従来と同様である。

その際に，論点について，過不足なく記述がある答案や，記述に多少の不足があっても，総じて記述が論理的である答案，制度の趣旨等に照らして条文を解釈している答案，事案に即して具体的な検討がされている答案には，一定の高い評価を与えた。これらも，従来と同様である。

なお，例年言及しているが，文字を判読することができず，文章を理解することができない答案が見られる。そのような文章については，趣旨が不明であるものと判断した上で，採点せざるを得ない。

(1) 設問1について

ア 全体的な採点実感

設問1は，乙社が，甲社の株主として，株主総会において，株主総会の権限に属する一定の事項を提案するために，会社法上，どのような手段を採ることができるか，少数株主による株主総会の招集の手続（会社法第297条等）並びに議題提案権（同法第303条）及び議案要領通知請求権（同法第305条）の行使の手続についての理解等を問うものである。

(ア) 設問1においては，乙社が採ることができる会社法上の手段として，まず，少数株主による株主総会の招集の手続（会社法第297条等）に関して，条文に言及しながら簡潔に説明することが求められる。例えば，①甲社は公開会社であるから，乙社は甲社の総株主の議決権の100分の3以上の議決権を6か月前から引き続き（請求日から遡って満6か月）有しなければならないこと（同条第1項），②取締役に対し，株主総会の目的である事項（議題）及び招集の理由を示して，株主総会の招集を請求しなければならないこと（同項），③請求の後遅滞なく招集の手続が行われない場合又は請求があった日から8週間以内の日を株主総会の日とする株主総会の招集の通知が発せられない場合に，裁判所の許可を得て，株主総会を招集することができること（同条第4項）などについて説明することが求められる。

そして，乙社は，平成29年5月の時点で甲社の総株主の議決権の4％を，同年9月の時点で同9.8％を，平成30年1月の時点で同15％を保有しており，上記①を満たすと考えられること，上記②及び③を満たす場合には，甲社の臨時株主総会を自ら招集することができることなどについて，説明することが求められる。

次に，議題提案権（会社法第303条）の行使の手続に関して，同様に，例えば，①甲社は公開会社である取締役会設置会社であるから，乙社は甲社の総株主の議決権の100分の

令和元年・司法

１以上の議決権又は３００個以上の議決権を６か月前から引き続き（請求日から遡って満６か月）有しなければならないこと（同条第２項），②取締役に対し，株主総会の目的（議題）とすることを請求する一定の事項は，株主総会の決議事項でなければならないこと（同項前段），③株主総会の日の８週間前までに請求をしなければならないこと（同項後段）などについて，簡潔に説明することが求められる。

　また，議案要領通知請求権（会社法第３０５条）の行使の手続に関して，同様に，例えば，④株主総会の日の８週間前までに請求をしなければならないこと（同条第１項本文），⑤株主総会の目的である事項（議題）につき請求しなければならないこと（同項本文），⑥甲社は公開会社である取締役会設置会社であるから，乙社は甲社の総株主の議決権の１００分の１以上の議決権又は３００個以上の議決権を６か月前から引き続き（請求日から遡って満６か月）有しなければならないこと（同項ただし書），⑦拒絶事由に該当しないこと（同条第４項）などについて，簡潔に説明することが求められる。

　そして，乙社は，上記のとおり甲社の議決権を保有しており，上記①及び⑥を満たすと考えられること，上記②から⑤まで及び⑦を満たす場合には，同年６月の甲社の定時株主総会の開催に当たり議題提案権及び議案要領通知請求権を行使することができることなどについて，説明することが求められる。

　なお，設問１においては，乙社が，甲社の臨時株主総会を自ら招集するための法定の要件や，甲社の定時株主総会の開催に当たり議題提案権及び議案要領通知請求権を行使するための法定の要件については一定程度説明することができている答案が多かった。

　しかし，乙社が採ることができる会社法上の手段として，議案要領通知請求権の行使の手続について説明していない答案が少なくなかった。

　また，設問１に関しては，基本的事項について，条文に沿った正しい理解を示していない答案が少なくなかった（例えば，以下のような答案が散見された。）。

　少数株主による株主総会の招集の手続においては，少数株主が株主総会の目的である事項（議題）を定めること（会社法第２９８条１項括弧書き）など，少数株主が株主総会の招集等の手続（同条等）を行うことを理解していないもの

　少数株主による株主総会の招集の手続においても，議題提案権（会社法第３０３条）及び議案要領通知請求権（同法第３０５条）が適用されると誤解しているもの

　議題提案権（会社法第３０３条），株主総会における議案提案権（同法第３０４条）及び議案要領通知請求権（同法第３０５条）を区別して理解することができていないもの

　議題提案権又は議案要領通知請求権が行使され，法定の要件を満たす場合には，取締役は，その請求に係る事項を株主総会の目的とし，又は株主が提出しようとする議案の要領を株主総会の招集の通知に記載等しなければならないことを理解しておらず，その裁量により，これを拒絶することができるとするもの

　甲社の定時株主総会の議決権の基準日（甲社定款第１３条。会社法第１２４条）の意義を誤解し，少数株主による株主総会の招集の手続や，議題提案権及び議案要領通知請求権の行使の手続に関する議決権の保有期間の要件について，当該基準日から遡って満６か月有しなければならないといった説明をしているもの

(イ)　次に，設問１においては，少数株主による株主総会の招集の手続と議題提案権及び議案要

領通知請求権の行使の手続とを比較検討することが求められる。これらの手続を比較検討するに当たっては，例えば，下記①から③までのことを中心として，設問２及び３との関係で，バランスを失しない程度の適切な分量で論ずることが期待される。

なお，下記③について言及している答案が比較的多く，下記①及び②について言及している答案が少なかった。

① 議事運営の主導権

少数株主が臨時株主総会を招集する場合には，少数株主は株主総会の招集等の手続（会社法第２９８条等）を行うことにより株主総会の議事運営にその意向を反映し得ること，他方で，取締役が招集する定時株主総会の開催に当たり少数株主が議題提案権及び議案要領通知請求権を行使する場合には，取締役が株主総会の招集等の手続を行うため，少数株主が臨時株主総会を招集する場合と比べると，株主総会の議事運営に少数株主の意向を反映することに支障があり得ること。

② 費用等の手続面の負担

少数株主が臨時株主総会を招集する場合には，少数株主が株主総会の招集及び開催（会社法第２９９条，第３０１条，第３０２条等）の費用及び労力を負担すること，他方で，議題提案権及び議案要領通知請求権を行使する場合には，株式会社が株主総会の招集及び開催の費用及び労力を負担すること。なお，少数株主が臨時株主総会を招集する場合には，裁判所の許可を得なければならないので，手間が掛かるとのみ論ずる答案が多かったが，少数株主の負担が大きいと論ずるべきであるのは，少数株主が自ら株主総会の招集等の手続を行わなければならないことである。

③ 時期の選択

少数株主が臨時株主総会を招集する場合には，定時株主総会が開催されるのを待つことを要せず，それよりも前に，株主総会を開催することができること，他方で，議題提案権及び議案要領通知請求権を行使する場合には，定時株主総会が開催されるのを待たなければならないこと。

イ 答案の例

㋐ 優秀又は良好に該当する答案の例

少数株主による株主総会の招集の手続と議題提案権及び議案要領通知請求権の行使の手続との比較検討において，乙社が議題提案権及び議案要領通知請求権を行使する場合には，甲社により，株主総会の決議事項でない（会社法第３０３条第２項前段）として，又は拒絶事由に該当する（同法第３０５条第４項）として，拒絶される可能性があることについて論ずるもの

少数株主による株主総会の招集の手続と議題提案権及び議案要領通知請求権の行使の手続との比較検討において，例えば，株主総会の招集の通知や株主総会参考書類の作成者，議長の選任方法の差異等にも言及し，事案に即して，乙社にとって，いずれの手続を採る方がどのような面で有利又は不利であるかについて具体的に論ずるもの

㋑ 不良に該当する答案の例

手続の一般的説明にとどまり，乙社が法定の要件を満たすと考えられるか否かについて検討していないもの

令和元年・司法

比較検討が求められているにもかかわらず，比較検討に当たるような論述を全くしていないもの

少数株主による株主総会の招集の手続と議題提案権及び議案要領通知請求権の行使の手続との比較検討において，例えば，少数株主による株主総会の招集の手続の方が議題提案権及び議案要領通知請求権の行使の手続よりも議決権数の要件が厳格であるといった抽象的な比較検討をしているにとどまるもの

事実関係を誤解し，乙社は少数株主による株主総会の招集権を行使する要件を満たさないとするもの（又は議案提案権及び議案要領通知請求権の行使要件を満たさないとするもの）

(2) 設問2について

　ア　全体的な採点実感

　　(ア)　設問2は，甲社の取締役会が，乙社による甲社の支配権の取得を阻止するために，株主総会の決議による承認を受け，差別的な内容の本件新株予約権無償割当てを行ったため，乙社が，本件新株予約権無償割当てを差し止めることができるかどうか，買収防衛策としての差別的な内容の新株予約権無償割当てについての理解等を問うものである。

　　　　設問2においては，乙社による本件新株予約権無償割当ての差止めの請求（会社法第247条類推）が認められるか否かについて，問題文中の事実関係を適切に評価した上で説得的に論ずることが求められる。

　　　　乙社による本件新株予約権無償割当ての差止めの請求が認められるか否かについて論ずるに当たっては，会社法第247条については，新株予約権無償割当て（同法第277条）との条文の位置の関係や，同法第247条が規定する内容からすると，新株予約権無償割当てに直接適用することができないと解されるため，まず，新株予約権無償割当てに関して，同条を類推適用することができるかどうかについて，簡潔に検討することが求められる。

　　　　そして，会社法第247条の趣旨に照らし，新株予約権無償割当てについて，新株予約権者を差別的に取り扱う行使条件が付されるなど，株主の地位に実質的変動を及ぼす場合には，同条を類推適用することができる（東京地決平成19年6月28日金判1270号12頁）と解する場合には，乙社による差止事由に関する主張について，条文及びその文言を引用しつつ，具体的に検討することが求められる。

　　　　乙社による差止事由に関する主張としては，例えば，下記①又は②の主張について，検討することが求められる。

　　①　本件新株予約権無償割当ては，新株予約権者の差別的な取扱いを内容とするものであり，株主平等の原則（会社法第109条第1項）又はその趣旨に反し，法令に違反するものであるとの主張（同法第247条第1号。最決平成19年8月7日民集61巻5号2215頁参照）。

　　②　本件新株予約権無償割当ては，新株予約権者の差別的な取扱いを内容とするものであって，株式会社の企業価値ひいては株主の共同の利益を維持するためではなく，専ら経営を担当している取締役等の経営支配権を維持するためのものであり，著しく不公正な方法により行われるものであるとの主張（会社法第247条第2号。東京高決平成17年3月23日判時1899号56頁，判タ1173号125頁参照）。

　　　　なお，以上に関しては，新株予約権無償割当て（会社法第277条）という方法を理解

しておらず，募集新株予約権について募集事項として募集新株予約権と引換えに金銭の払込みを要しないこととする旨を定める場合（同法第２３８条第１項第２号）や，同法第２３８条第１項の募集において，株主に新株予約権の割当てを受ける権利を与える場合（同法第２４１条）と混同している答案が散見された。また，募集新株予約権の発行の差止めに関する規定（同法第２４７条）があることを認識しておらず，募集株式の発行等の差止めに関する規定（同法第２１０条）を類推適用しようとする答案や，株主による取締役の行為の差止めに関する規定（同法第３６０条）を適用しようとする答案が散見された。なお，新株予約権無償割当てについて，同条を類推適用することができるとする理由が説得力を有しない答案も少なくなかった。

㋑ 次に，乙社の主張の当否に関して，例えば，上記①の主張については，前掲最決平成１９年８月７日を参考にするなどしつつ，検討することが考えられる。

前掲最決平成１９年８月７日は，概要として，以下のとおり判示している。会社法第１０９条第１項に定める株主平等の原則の趣旨は，新株予約権無償割当ての場合についても及ぶ。特定の株主による経営支配権の取得に伴い，株式会社の企業価値が毀損され，株主の共同の利益が害されることになるような場合には，その防止のために当該株主を差別的に取り扱うことは，衡平の理念に反し，相当性を欠くものでない限り，株主平等の原則の趣旨に反しない。特定の株主による経営支配権の取得に伴い，株式会社の企業価値が毀損され，株主の共同の利益が害されることになるか否かについては，最終的には，株式会社の利益の帰属主体である株主自身により判断されるべきものであり，株主総会における株主自身の判断の正当性を失わせるような重大な瑕疵が存在しない限り，当該判断が尊重されるべきである。

なお，前掲最決平成１９年８月７日は，株主平等の原則の「趣旨」が新株予約権無償割当ての場合についても及ぶ理由として，以下のとおり判示している。会社法第１０９条第１項は，株式会社は株主をその有する株式の内容及び数に応じて平等に取り扱わなければならないとして，株主平等の原則を定めている。新株予約権無償割当てが新株予約権者の差別的な取扱いを内容とするものであっても，これは株式の内容等に直接関係するものではないから，直ちに株主平等の原則に反するということはできない。しかし，株主は，株主としての資格に基づいて新株予約権の割当てを受けるところ，同法第２７８条第２項は，株主に割り当てる新株予約権の内容及び数又はその算定方法についての定めは，株主の有する株式の数に応じて新株予約権を割り当てることを内容とするものでなければならないと規定するなど，株主に割り当てる新株予約権の内容が同一であることを前提としているものと解されるのであって，同法第１０９条第１項に定める株主平等の原則の趣旨は，新株予約権無償割当ての場合についても及ぶというべきである。

しかし，これを正確に理解しておらず，新株予約権者は，新株予約権を行使すると，株主となるから，株主平等の原則が（類推）適用されるとする答案が少なくなかった。

設問２においては，本件新株予約権無償割当ては，新株予約権者の差別的な取扱いを内容とするものであり，非適格者である乙社を差別的に取り扱うものであるが，他方で，買収防衛策としての導入等の是非が株主総会の決議（ただし，いわゆる勧告的決議である。）に委ねられていること，さらに，本件新株予約権無償割当ては，乙社に経済的損害を与える性質

を有するものであるが，他方で，乙社がこれ以上の甲社の株式の買い増しを行わない旨を確約した場合には，甲社の取締役会が，その決議により，本件新株予約権無償割当てにより株主に割り当てた新株予約権の全部を無償で取得することができる仕組みとなっており，乙社に撤退可能性が保障されていることなどの問題文中の事実関係に即して，条文の適用と当てはめを丁寧に行い，説得的に検討することが求められる。しかしながら，説得力を有する規範の定立をすることができていない答案や，当てはめを具体的にすることができていない答案が多かった。

　なお，株主の差別的な取扱いが相当性を欠くものでないかどうかについての検討を全くしていない答案や，十分にすることができていない答案が非常に多かった。また，前掲最決平成１９年８月７日に関して，株主の共同の利益等が害されることになるか否かについては，最終的には，株主自身により判断されるべきものであり，判断の正当性を失わせるような重大な瑕疵が存在しない限り，当該判断が尊重されるべきであるという判示部分には，言及することができていない答案が非常に多かった。

　そして，前掲最決平成１９年８月７日と同様に，株主総会における株主自身の判断の正当性を失わせるような重大な瑕疵が存在しない限り，当該判断が尊重されるべきであると解する場合には，株主総会において，株主自身が，株主の共同の利益等が害されることになるか否かを判断することになるから，乙社の投資手法や乙社の代表社員Ｂが甲社の事業に対して理解がないことなどの問題文中の事実関係自体は，株主の共同の利益等が害されることになるか否かの判断を直ちには左右しないことに留意すべきである。しかし，このことを理解していない答案が多かった。

　また，乙社を差別的に取り扱うことが，衡平の理念に反し，相当性を欠くものでないかどうかについて，乙社に撤退可能性が保障されていることなどの問題文中の事実関係に即して，具体的に検討していない答案が多かった。

(ウ)　上記(ア)②の主張については，前掲東京高決平成１７年３月２３日を参考にするなどしつつ，検討することが考えられる。

　前掲東京高決平成１７年３月２３日を参考にする場合には，概要として，現に経営支配権争いが生じている場面において，経営支配権の維持・確保を主要な目的として新株予約権者の差別的な取扱いを内容とする新株予約権無償割当てがされた場合には，原則として，著しく不公正な方法による新株予約権無償割当てとして差止請求が認められるべきであるが，株主全体の利益保護の観点から当該新株予約権無償割当てを正当化する特段の事情がある場合，具体的には，敵対的買収者が真摯に合理的な経営を目指すものではなく，敵対的買収者による支配権取得が株式会社に回復し難い損害をもたらす事情がある場合には，対抗手段として必要性や相当性が認められる限り，株式会社の経営支配権の帰属に影響を及ぼすような新株予約権無償割当てを差し止めることはできないと解することになると思われる。

　設問２においては，本件新株予約権無償割当ては，いわゆる主要目的ルールに照らすと経営支配権の維持を主要な目的とするものであるが，他方で，上記のとおり買収防衛策としての導入等の是非が株主総会の決議に委ねられていることなどの問題文中の事実関係を踏まえ，この株主総会の決議の意義がどのようなものであるかや，前掲東京高決平成１７年３月２３日が挙げる四つの類型（①真に会社経営に参加する意思がないにもかかわらず，ただ株

価をつり上げて高値で株式を会社関係者に引き取らせる目的で株式の買収を行っている場合（いわゆるグリーンメーラーである場合），②会社経営を一時的に支配して当該株式会社の事業経営上必要な知的財産権，ノウハウ，企業秘密情報，主要取引先や顧客等を当該買収者やそのグループ会社等に移譲させるなど，いわゆる焦土化経営を行う目的で株式の買収を行っている場合，③会社経営を支配した後に，当該株式会社の資産を当該買収者やそのグループ会社等の債務の担保や弁済原資として流用する予定で株式の買収を行っている場合，④会社経営を一時的に支配して当該株式会社の事業に当面関係していない不動産，有価証券など高額資産等を売却等処分させ，その処分利益をもって一時的な高配当をさせるかあるいは一時的高配当による株価の急上昇の機会を狙って株式の高価売り抜けをする目的で株式買収を行っている場合など，当該株式会社を食い物にしようとしている場合）に照らし，株主全体の利益保護の観点から本件新株予約権無償割当てを正当化する特段の事情があるかどうかなどについて検討した上で，同様に，説得的に論ずることが求められる。しかしながら，説得力を有する規範の定立をすることができていない答案や，当てはめを具体的にすることができていない答案が多かったことは同様である。

　なお，設問2においては，防衛策の導入，発動の是非が株主総会の決議（ただし，勧告的決議である。）に委ねられているため，直ちには，主要目的ルールによって結論を導き出すことができないことに留意すべきである。主要目的ルールによって結論を導き出すためには，例えば，本件会社提案に係る本件株主総会の決議が無効である（勧告的決議にすぎず，尊重することを要しない。）と論ずることや，主要目的ルールによって取締役会の決議のみにより新株予約権無償割当てを行うことが認められる場合には，取締役会の決議により株主総会の決議による承認を受けることを条件として新株予約権無償割当てを行うこともできると論ずることなどが考えられる。しかし，これらのことを論ずることができている答案は少なく，直ちに主要目的ルールによって結論を導き出そうとする答案が多かった。

　また，乙社の投資手法や乙社の代表社員Bが甲社の事業に対して理解がないことなどの問題文中の事実関係から，上記の特段の事情があると認めることができるかどうかについては，これを肯定する立場の答案と否定する立場の答案のいずれもが見られたが，敵対的買収者であることと濫用的買収者であることとを区別することができておらず，敵対的買収者であることをもって直ちに濫用的買収者であるとする答案も散見された。

イ　答案の例

㋐　優秀又は良好に該当する答案の例

　前掲最決平成19年8月7日を参考にしつつ，株主の共同の利益等が害されることになるか否か（必要性の要件を満たすか否か）については，最終的には，株主自身により判断されるべきものであり，判断の正当性を失わせるような重大な瑕疵が存在しない限り，当該判断が尊重されるべきであるとし，本件会社提案に係る議案について賛成するものとして行使された議決権の割合や，判断の正当性を失わせるような重大な瑕疵が存在しないか否かも丁寧に検討しているもの

　前掲最決平成19年8月7日を参考にしつつ，乙社の差別的な取扱いが乙社に経済的損害を与える性質を有するものであることを指摘した上で，株主の差別的な取扱いが相当性を欠くものでないか否か（相当性の要件を満たすか否か）を検討しているもの

前掲最決平成１９年８月７日を参考にしつつ，本件新株予約権無償割当てが株主総会の決議（ただし，勧告的決議である。）に委ねられていることや，甲社の取締役会の決議により，新株予約権を取得する対価が，非適格者については１円とされていることについて，適切に検討しているもの

本件のように，買収防衛策としての新株予約権無償割当ての導入等の是非が株主総会の決議に委ねられている場合にも，主要目的ルールが適用されるか，適用されるとする場合には，著しく不公正な方法による新株予約権無償割当てとして差止請求が認められるべきであるか否かの判断に当たり，本件新株予約権無償割当てが株主総会の決議に委ねられていることをどのように考慮すべきかについて，論理的に論ずるもの

(イ)　不良に該当する答案の例

乙社が敵対的買収者であることから直ちに，差止めを認められないとし，あるいは本件新株予約権無償割当ての主要な目的は経営支配権の維持にあるとはいえないなどの結論に結び付けるもの

新株予約権無償割当てと，募集株式の発行等又は募集新株予約権の発行の差異を十分に理解することができていないもの（例えば，新株予約権無償割当ての本来的な目的が資金調達にあると論ずるものや，本件新株予約権無償割当てが，募集新株予約権について募集事項として募集新株予約権と引換えに金銭の払込みを要しないこととする旨を定める場合（会社法第２３８条第１項第２号）であるとして，新株予約権の有利発行に当たるか否かを論ずるもの）

株主の共同の利益等が害されることになるか否か（必要性の要件を満たすか否か）と，株主の差別的な取扱いが相当性を欠くものでないか否か（相当性の要件を満たすか否か）とを区別して理解することができておらず，乙社の差別的な取扱いの内容を検討することなく，本件株主総会において，本件会社提案に係る議案が可決されたことをもって相当性の要件を満たすとするもの

本件新株予約権無償割当ては，乙社がこれ以上の甲社の株式の買い増しを行わない旨を確約した場合には，甲社の取締役会が，その決議により，本件新株予約権無償割当てにより株主に割り当てた新株予約権の全部を無償で取得することができる仕組みとなっていることが，株主の差別的な取扱いが相当性を欠くものでないか否か（相当性の要件を満たすか否か）の判断に，どのように影響するか，あるいは影響しないかについて，論理的に論ずることができていないもの

株主の差別的な取扱いが相当性を欠くものでないか否か（相当性の要件を満たすか否か）について，単に，新株予約権を行使する際の株式１株当たりの払込金額が１円と定められていることをもって，甲社の取締役会の決議により，新株予約権を取得する対価が，非適格者については１円とされていることを適正な金額であると論ずるもの

問題文中の事実関係を誤解しているもの（例えば，非適格者は，新株予約権の割当てを受けることができないと誤解しているもの，非適格者である乙社は，これ以上の甲社の株式の買い増しを行わない旨を確約した場合には，新株予約権の割当てを受けることができると誤解しているもの）

(3)　設問３について

ア　全体的な採点実感

設問3は，甲社の取締役会が遅くとも平成３０年度中にＰ倉庫を適正な価格で売却することに関する議案を可決した本件株主総会の決議（本件決議２）に関して，甲社の代表取締役社長Ａは，これを遵守したことにより，その任務を怠ったものと認められ，甲社に対し，会社法第４２３条第１項に基づき，損害賠償責任を負うか否かなど，甲社の代表取締役社長Ａの同項の責任に関連して，取締役会設置会社における株主総会の権限，取締役の株主総会の決議の遵守義務及び取締役の株式会社に対する損害賠償責任についての理解等を問うものである。

設問3においては，①甲社の財産の処分を株主総会の決議によってもすることができるようにする定款の変更に関する議案を可決した本件決議１の効力を検討した上で，②本件決議１に基づく本件決議２の効力及び取締役の株主総会の決議の遵守義務（会社法第３５５条）を前提として，③下記の問題文中の事実関係を踏まえ，本件決議２に関して，甲社の代表取締役社長Ａは，これを遵守してはならなかったにもかかわらず遵守したことにより，その任務を怠ったものと認められるのではないか，結果として，甲社に対し，会社法第４２３条第１項に基づき，損害賠償責任を負うか否かについて，論ずることが求められる。

本件決議１の効力を検討するに当たっては，まず，取締役の業務執行権限に属する事項を株主総会の決議事項とすることができるかどうか，会社法第２９５条第２項に関して，取締役会設置会社における株主総会決議事項に一定の制約を認めるべきか否かを検討することが求められる。

会社法第２９５条第２項は，定款で株主総会の決議事項として定めることができる事項について，何ら制約していないことに着目すれば，以下のように論ずることが考えられる。すなわち，取締役会設置会社において株主総会の決議事項が限定されているのは，株主は経営の意思も能力もないから業務執行に介入しないということが株主の通常の意思であるという考え方に基づくものにすぎず，株主が定款で株主総会の決議として定めることを特に欲する事項があるのであれば，当該事項について，株主総会の決議事項とすることが認められ，取締役の業務執行権限に属する事項であっても，定款で定めることにより株主総会の決議事項とすることができるから（会社法第２９５条第２項），本件決議１及び本件決議２はいずれも有効であると解することが考えられる。このような考え方を採る場合には，取締役は株主総会の決議を遵守しなければならないこと（同法第３５５条）について，言及することが求められる。

その上で，株主総会の決議の遵守義務を前提として，例えば，Ｑ県において発生した大地震により，Ｑ倉庫が倒壊したため，海外から到着する貨物をＰ倉庫において保管しなければならず，Ｐ倉庫を売却すると，競合他社に多数の顧客を奪われるなど，５０億円を下らない損害が甲社に生ずることが見込まれ，他方で，Ｐ倉庫の近隣の不動産価格が下落する兆候はうかがわれなかったことなどの問題文中の事実関係を踏まえ，①代表取締役社長Ａは，甲社に損害を与えないように業務を執行するのであれば，本件決議２を遵守してはならなかったにもかかわらず，本件決議２を遵守し，その任務を怠ったものと認められるから，甲社に対し，損害賠償責任を負うと解するか，②本件決議２の後に重大な事情の変更が生じたことに鑑み，改めて株主の意思を確認しなければならなかった（改めて株主総会の決議を得なけれ

ばならなかった。）にもかかわらず，事情の変更が生ずる前の本件決議2を遵守することに固執し，その任務を怠ったものと認められるから，甲社に対し，損害賠償責任を負うと解するか，あるいは③上記の問題文中の事実関係を踏まえても，代表取締役社長Aは，本件決議2を遵守しなければならず，その任務を怠ったとは認められないから，甲社に対し，損害賠償責任を負うとは認められないと解するかなどについて，説得的に論ずることが求められる。

他方で，上記の会社法295条第2項の検討において，取締役会設置会社の場合には，定款により定めることができる株主総会決議事項に一定の制約を認めるべきと解する場合には，取締役の業務執行権限に属する事項，取り分け裁量的な判断になじむ事項については，少なくとも取締役会設置会社の場合には，会社法が専ら専門的経営者たる取締役にその判断を委ねていると理解することができるし，裁量事項を定款で制約すると，定款遵守義務により最適な判断が妨げられ得るので（会社法第355条），定款で定めることによって株主総会の決議事項とすることを認めるべきでないから（同法第29条，第362条第2項第1号，第363条第1項第1号），本件決議1が無効であると解することも考えられる。このような考え方を採る場合には，これを前提とする本件決議2も株主総会の決議としての効力はないこととなる。

なお，本件決議1は，取締役会の決定権限をはく奪する内容ではないことにも配慮することが求められる。このことに言及した答案には一定の評価を与えた。

その上で，④なお株主の意向を示すものとして尊重する必要がないかや，代表取締役社長Aが本件決議2を遵守する義務があると考えてP倉庫を売却するという決定をしたことに取締役としての任務懈怠や過失がなかったかどうかについて，説得的に論ずることが求められる。

なお，会社法第362条第2項に規定する取締役会の決議事項を，株主総会において決議したことのみをもって直ちに本件決議2が無効であるとする答案が少なくなかった。

また，設問3は，株主総会の決議の遵守義務が問題となっている場面であり，いわゆる経営判断原則の適用が問題となる典型的な場面ではないため，経営判断原則に言及する場合には，その趣旨や適用範囲について検討した上で言及することが望まれる。しかし，このような検討をすることができている答案は少なく，単純に経営判断原則の適用が問題となる場面であるとし，経営判断原則に照らして検討する答案が多かった。

イ　答案の例

(ア)　優秀又は良好に該当する答案の例

本件決議1の効力を検討するに当たり，事案に即して，甲社のような上場会社において，取締役の業務執行権限に属する事項を株主総会の決議事項とする場合には，不都合が生ずるおそれがあることについて検討するもの

本件決議2について，遊休資産でなくなった資産を売却することは意図されていないとして，本件決議2の効力を限定した上で，甲社の代表取締役社長Aが，甲社に対し，会社法第423条第1項に基づき，損害賠償責任を負うか否かを検討するもの

本件決議1を無効であると解しつつ，法令の解釈を誤って，本件決議2を遵守しなければならないと考えたことについて，Aに過失がなかったかどうかを検討するもの

本件決議2の後に重大な事情の変更が生じたことに鑑み，Aは，改めて株主の意思を確認

しなければならなかったにもかかわらず，これを怠り，事情の変更が生ずる前の本件決議２を遵守することに固執し，その任務を怠ったものと認められるとするもの

株主総会の決議の遵守義務が問題となっている場面であり，経営判断原則の適用が問題となる典型的な場面ではないことを指摘するもの

(イ) 不良に該当する答案の例

本件決議１の効力を検討するに当たり，取締役会設置会社における株主総会の決議事項について規定する会社法第２９５条第２項は，定款で株主総会の決議事項として定めることができる事項について，何ら制約していないことに言及していないもの

甲社の代表取締役社長Ａが，甲社に対し，会社法第４２３条第１項に基づき，損害賠償責任を負うか否かを検討するに当たり，取締役の株主総会の決議の遵守義務（会社法第３５５条）に言及していないもの

設問３においては，本件決議１の効力を検討するように求められているにもかかわらず，本件決議１の効力を検討しないものや，株主総会の手続が適法であったことのみをもって直ちに本件決議１が有効であるとするもの，本件決議１及び本件決議２の効力と全く関連付けて検討することなく，甲社の代表取締役社長Ａが，甲社に対し，会社法第４２３条第１項に基づき，損害賠償責任を負うか否かを検討するもの

本件決議１及び本件決議２の効力と全く関連付けて検討することなく，甲社の代表取締役社長ＡがＰ倉庫を売却したことを，専ら経営判断原則に照らして検討するもの

単に，甲社の取締役会において，本件決議１及び本件決議２への対応について，取締役らから，様々な意見が述べられたことを踏まえて判断していることのみをもって，甲社の代表取締役社長Ａは，甲社に対し，会社法第４２３条第１項に基づき，損害賠償責任を負わないとするもの

3　法科大学院教育に求められるもの

少数株主による株主総会の招集の手続（会社法第２９７条等）並びに議題提案権（同法第３０３条）及び議案要領通知請求権（同法第３０５条）の行使の手続については，比較的よく理解されていた。少数株主による株主総会の招集の手続と議題提案権及び議案要領通知請求権の行使の手続との比較検討において，事案に即して，乙社にとって，いずれの手続を採る方がどのような面で有利又は不利であるかについて具体的に論ずる答案は，多くはなかったが，好印象であった。他方で，乙社が，甲社の臨時株主総会を自ら招集するための法定の要件や，甲社の定時株主総会の開催に当たり議題提案権及び議案要領通知請求権を行使するための法定の要件を条文から十分に拾い上げることができていない答案や，設問１においては，比較検討が求められているにもかかわらず，比較検討に当たるような論述を全くしていない答案も見られた。また，議題提案権，株主総会における議案提案権（同法第３０４条）及び議案要領通知請求権を区別して理解することができていない答案や，甲社の定時株主総会の議決権の基準日（甲社定款第１３条。会社法第１２４条）の意義を誤解している答案も見られた。設問１に限らず，確認する機会が多くない条文であっても，条文を参照しながら，規定されている要件等を正確に理解し，拾い上げ，事案に即して，問いに的確に答えることができること，基準日や株主提案権など，会社法上の基本的かつ重要な条文又は制度については，実務上，具体的にどのように用いられているのかも理解していることが必要であろう。

LEC東京リーガルマインド　司法試験＆予備試験 論文5年過去問 再現答案から出題趣旨を読み解く。商法

買収防衛策としての差別的な内容の新株予約権無償割当てについては，全体的に理解が不十分であった。代表的な判例及び裁判例については，正しく理解していることが期待されるところ，前掲最決平成１９年８月７日や前掲東京高決平成１７年３月２３日を踏まえ，一定の論述をすることができている答案が見られた。もっとも，問題文中の事実関係に即して，乙社の差別的な取扱いが相当性を欠くものでないか否かを検討することができている答案は少なかった。また，同様に，本件新株予約権無償割当てに関して，差止請求が認められるべきであるか否かの判断に当たり，本件新株予約権無償割当てが株主総会の決議に委ねられていることをどのように考慮すべきかについて，適切に検討することができている答案も少なかった。さらに，新株予約権無償割当てと，募集株式の発行等又は募集新株予約権の発行の差異を十分に理解することができていない答案，募集新株予約権の発行の差止めに関する規定（会社法第２４７条）があることを認識していない答案，主要目的ルールの内容を正しく理解していない答案が散見された。会社法上の基本的な条文又は制度や，代表的な判例及び裁判例についての基本的な理解を前提として，事案に応じて柔軟かつ適切に，その理解を応用する能力を養っていくことが期待される。

　取締役会設置会社における株主総会の権限，取締役の株主総会の決議の遵守義務及び取締役の株式会社に対する損害賠償責任についても，理解が必ずしも十分でなかった。設問３においては，本件決議１の効力を検討するように求められているにもかかわらず，本件決議１の効力を検討しない答案や，本件決議１の効力を検討したものの，本件決議１及び本件決議２の効力と全く関連付けて検討することなく，甲社の代表取締役社長Ａが，甲社に対し，会社法第４２３条第１項に基づき，損害賠償責任を負うか否かを検討する答案が多かった。また，本件決議１の効力を検討するに当たり，取締役会設置会社における株主総会の決議事項について規定する会社法第２９５条第２項に言及していないものや，甲社の代表取締役社長Ａが，甲社に対し，会社法第４２３条第１項に基づき，損害賠償責任を負うか否かを検討するに当たり，取締役の株主総会の決議の遵守義務（会社法第３５５条）に言及していない答案が非常に多かった。上記のとおり，問いに的確に答えることができることが必要であろう。解釈上問題となる条文及びその文言に言及しないで，論述をする例が見られ，条文の適用又は条文の文言の解釈を行っているという意識が低いように感じられる。

　従来と同様に，会社法上の基本的な条文又は制度や，代表的な判例及び裁判例についての理解を確実なものとするとともに，事実関係から重要な事実等を適切に拾い上げ，これを評価し，条文を解釈し，これを適用する能力と論理的思考力を養う教育が求められる。

▶ **MEMO**

第1　設問1

1　甲社の臨時株主総会を自ら招集する場合（以下，①）は，会社法（以下，法令名略）２９７条１項の請求をし，会社が株主総会を招集しないときに，裁判所の許可を得て自ら招集することになる（同条４項）。

　　定時株主総会の開催にあたり株主提案権を行使する場合（以下，②）は，３０３条から３０５条の手続に従って，議題及び議案を提案することになる。以下，両者を比較する。

2　開催時期について

　　①について，臨時株主総会は２９７条１項の議決権保有要件さえ満たせば招集することができる。乙は平成２９年５月から３％を超える議決権を保有しているので，平成３０年１月の時点では議決権を６ヶ月前から引き続き有していることになる。よって，保有要件を満たし，乙は直ちに臨時株主総会を招集することができる。

　　②について，定時株主総会は年に１度招集される（２９６条１項参照）。甲では毎年６月に定時株主総会を招集することとされており（甲社定款１２条），平成３０年１月の時点では６月まで待たなければならない。

　　よって，開催時期の点については①の方がよい。

3　保有要件について

　　甲は公開会社であるから，取締役会設置会社である（３２７条１項１号）。

　　①の場合，３％以上の議決権を６ヶ月前から引き続き保有している

【右段】

● 乙社が採ることができる会社法上の手段について，少数株主による株主総会の招集の手続（297等）並びに議題提案権（303）及び議案要領通知権（305）を挙げることができている。

● 本答案は，株主総会の開催時期の選択面での比較検討について，甲社定款も摘示しつつ具体的に言及することができており，出題趣旨に合致する。

● 議決権の保有要件について検討するに当たり，具体的な事実を用いて適切に検討することができている。

ことが要件とされる。上述のように，乙はこの要件を満たす。

　　②の場合，議題の提案にあたっては，１％以上の議決権又は３００個以上の議決権を６ヶ月前から引き続き有することが要件となる（３０３条２項）。議題の提案にあたっては，保有要件は課されていない。議題を株主に実質的に判断してもらうためには，議題を株主に通知してもらう必要がある。この通知を請求できる要件は，１％以上の議決権又は３００個以上の議決権を６ヶ月前から引き続き有することである。乙は平成３０年１月の時点で１％以上の株式を６ヶ月以上保有しているから，この要件を満たす。

　　よって，この点について両者に差はない。

4　その他の手続について

　　①の場合，自ら株主総会を招集するためには，裁判所の許可を得る必要があるから，手続きが煩雑である。

　　②の場合，株主総会の日の８週間前までに請求をすれば足りる（３０３条２項，３０５条）。

　　よって，この点では②の方がよい。

第2　設問2

1　乙としては２４７条に基づく差止請求をすることが考えられる。

　　そもそも同条は，募集新株予約権の発行についての規定である。新株予約権無償割当て（以下，割当てという）の場合については同様の規定が置かれておらず，差止請求が認められないのではないかとも思える。しかし，割当ての場合には通常株主を害することがないため，差止めの規定が置かれなかっただけであり，株主を害するおそれがあ

【右段】

● 出題趣旨・採点実感によれば，各手続の比較検討を行うに当たっては，「議事運営の主導権」や「費用等の手続面の負担」について言及することや，株主提案権を行使する場合には甲社により拒絶される可能性があること（303Ⅱ前段，305Ⅳ）について論述することが期待されていた。本答案は，これらの点について検討できていないが，多くの答案がこれらの点について言及できていなかったため，他の多くの受験生との間で差が開くことはなかったものと推察される。

● 新株予約権無償割当ての差止めの請求（247類推適用）が認められるか否かについて的確に論理展開することができており，出題趣旨に合致する。

る場合には差止請求を認めるべきである。よって，２４７条を類推適用することが可能である。

2　割当ての法令違反（同条1号）

本件新株予約権無償割当て（以下，本件割当てという）は株主平等原則（１０９条1項）に反すると主張する。

そもそも，新株予約権について平等原則の適用があるかが問題になる。

この点，確かに新株予約権は株式ではないから，平等原則が直接に当てはまるわけではない。しかし，新株予約権についても平等であることが予定されているし（２７８条2項参照），新株予約権は株主たる地位に基づいて割り当てられるものであるから，この場合にも平等原則が妥当すると解する。

もっとも，平等も会社の存立が保障されてこそ要請されるものである。平等を求めれば会社の存立が害されるような場合には，平等の要請が後退せざるを得ない。具体的には，敵対的な買収者等の買占めなどによって会社の存立が脅かされるような場合であって（必要性），その手段が相当といえる場合には（相当性），例外的に平等原則違反にはならない。この必要性については，会社の最終的な保有者である株主の判断を尊重すべきである。

本件について検討する。本件で乙は，比較的短期間で株式を売買し，その売買益を得る投資手段をとっていることや，敵対的な買収により対象会社の支配権を取得し経営陣を入れ替える手法を取ったことがある。また，乙は甲の事業に対し理解がないと考えられ，乙が甲の

支配権を取得すれば，甲の財産を切り売りし，経営陣を入れ替える可能性が高い。よって，乙によって会社の存立はおびやかされるおそれがあるといえそうである。そして，本件株主総会には，総株主の議決権の９０％を有する株主が出席しており，本件割当てに対する株主の関心は非常に高いということができる。そして，６７％の賛成により本件会社提案に係る議案は可決されているが，このうち本件会社提案に反対したであろう乙は２０％の議決権を保有しているから，乙を除くと６７％の株主が賛成し，反対した株主はわずか3％であったということができる。よって，株主の大多数が本件会社提案に賛成しており，必要性が高いということができる。

もっとも，取得対価として他の株主は普通株1株であるにもかかわらず，乙のみ1円とされている。そして，乙がこれ以上甲の株式の買い増しを行わない旨を確約した場合には全部を会社が無償で取得するとされている（本件割当ての概要（１０））。そうすると，乙はこれ以上株式の買い増しを行わないか，1円という低い対価で新株予約権を取得されるかの二択を迫られることになる。本来株式の売買は自由だから，このような選択を迫ることは手段として相当といえない。よって，相当性が認められないから，平等原則違反となる。

以上により，乙の主張は認められる。

3　著しく不公正な方法による発行（２４７条2号）

明らかに支配権維持目的の発行であるとしても，必要性，相当性がある場合には適法とされる。本件では，確かに必要性は認められるものの，上述のように相当性が認められない。よって，著しく不公正な

● 乙社による差止事由に関する主張について，株主平等原則（１０９Ⅰ）違反に基づく法令違反の主張（２４７①，最決平19.8.7／百選〔第3版〕〔１００〕参照）を検討できており，出題趣旨に合致する。

● 株主平等原則の「趣旨」が新株予約権無償割当ての場合にも妥当する理由について，上記判例に即して論じることができている。採点実感によれば，このような答案は高く評価されている。

● 上記判例と同様の判断枠組みで検討する場合，採点実感は，「株主の共同の利益等が害されることになるか否かについては，最終的には，株主自身により判断されるべきものであり，判断の正当性を失わせるような重大な瑕疵が存在しない限り，当該判断が尊重されるべきであるという判示部分」に言及すべきであるところ，この判示部分に言及できていない答案が非常に多かったとしている。本答案は，上記判示部分を正確に指摘できているわけではないが，一応言及できている。

● 問題文中の事実をただ羅列するだけでなく，具体的な評価を加えることまでがセットになっている。

● 「本件新株予約権無償割当ての概要(10)」ただし書に該当する部分は，乙社に撤退可能性を保障するものであり，むしろ買収防衛策の「相当性」を肯定する事情に用いるのが一般的である。

なお，買収防衛策の「相当性」が認められるためには，買収防衛策の発動によって買収者に生じる持株比率の希釈化という損害を回避できる可能性が必要であると解されている。この点，①持株比率は低下するものの，新株予約権の価値に見合う取得対価の支払により経済的補償が受けられる場合（ブルドックソース

方法による発行といえ，乙の主張が認められる。

第3　設問3

1　本件決議1の効力について

本件決議1の対象となった議題1は，会社財産の処分を株主総会の決議によってもすることができるとするものである。財産の処分は業務執行の一部であるから，このような決議は362条2項1号に違反し，決議内容の法令違反として無効となるのではないかとも思える。しかし，同号は取締役会限りで迅速な業務執行を行うことができるようにすることを趣旨とするものであり，株主総会にも同様の権限を与えることはこの趣旨には反しない。よって，同号に反せず，本件決議1は有効である。

2　Aの423条1項責任について

(1)　423条1項の責任追及の要件は①任務懈怠，②故意又は過失，③損害の発生及びその額，④因果関係である。

(2)　任務懈怠とは，法令又は定款に違反することをいう。

取締役は株主総会遵守義務を負っている（355条前段）。本件では本件決議2を遵守しており，同条前段違反は認められない。よって，具体的な法令違反はないから善管注意義務（330条・民法644条），忠実義務（355条後段）違反が問題となる。

この点，会社に損害があった場合に常に責任を負わせるとすると，取締役に萎縮効果が生じる。よって，判断の基礎となる資料の収集に不合理な点がなく，その資料を前提とした判断に著しい不合

理がない場合には，任務懈怠が認められない。

本件では，取締役会において様々な意見が出されており，これらの意見はそれぞれ理由があるものである。よって，情報収集に不合理な点はない。

また，355条前段の株主総会遵守義務が法令上定められていること，他でもない社外取締役が常に遵守すべきであると述べたことから，Aは本件決議2に従っており，その判断の内容が著しく不合理とまではいえない。

よって，Aには任務懈怠がない。

(3)　したがって，Aは423条1項責任を負わない。

以　上

事件の事案参照）や，②たとえ取得対価が低廉であり経済的補償が受けられなくても，買収提案の撤回・中止により，買収防衛策の発動による持株比率の希釈化という損害を回避し得る場合には，「相当性」が認められるものと解されている。

本問では，乙社の新株予約権の取得対価は1円と低廉であるが，乙社が買い増しを行わない旨を確約すれば，株主に割り当てられた新株予約権の全部が無償で取得される仕組みであるから，乙社は持分比率の希釈化という損害を回避することができ，甲社からの撤退可能性が保障されているものといえるから，「相当性」が認められるものと考えられる。

● 本答案は，株主総会の決議の遵守義務（355）について言及している点で，出題趣旨に合致する。

● 本答案の「この点」以下に係る論述は，いわゆる経営判断原則を念頭に置いたものとなっているが，本問では，株主総会の決議の遵守義務が問題となる場面（いかなる状況にあっても決議を遵守すれば任務懈怠にはならないといえるかどうか）であり，経営判断原則が問題となる典型的な場面ではない（採点実感参照）。

▶ **MEMO**

設問1
1　前提
　　甲社は，公開会社であるから，取締役会設置会社である（会社法
（以下，法令名省略）３２７条１項１号）。
2　乙社が臨時株主総会を自ら招集する場合
　　乙社としては，２９７条４項に基づいて自ら臨時株主総会を招集す
ることが考えられる。そのためには，以下の手続を要する。
　　まず，乙社は，２９７条１項に基づき，臨時株主総会の招集を甲社
取締役に対して請求する。乙社は，平成２９年５月の時点で甲社の総
株主の議決権の４％を保有し，平成３０年１月までの間，４％以上の
議決権を保有していたのであるから，「総株主の議決権の１００分の
３」「以上の議決権を六箇月」「前から引き続き有する株主」にあた
り，右請求の要件を満たす。
　　甲社が，乙社の請求に対して遅滞なく招集の手続を行わない場合
（２９７条４項１号）や，請求があった日から八週間以内の日を株主
総会の日とする株主総会の招集の通知を発しない場合（同項２号），
乙社は自ら臨時株主総会を招集することができる。
　　乙社が臨時株主総会を招集するとき，２９８条１項本文かっこ書
により，株主総会の決定を行う（２９８条１項）ほか，招集通知を行い
（２９９条），株主総会参考書類及び議決権行使書面の交付等（３０
１条）をも自ら行う必要がある。
3　株主提案権を行使する場合
⑴　乙社の提案が株主総会の目的となっていないとき

- 少数株主による株主総会の招集の手続（297）に関して，正確な条文を摘示しつつ，議決権の保有要件が満たされることにつき，具体的な事実を指摘して適切に検討することができている。

- 臨時株主総会の招集に際しては，裁判所の許可が必要であること（297Ⅳ）にも言及すべきであった。

- 出題趣旨によれば，これらの点は，株主提案権の行使の手続との比較検討を行う際に言及することが期待されていた（株主提案権を行使する場合よりも少数株主の負担となるが，株主総会の議事運営に自己の意向をより反映することができる等）。

　　３０９条５項より，取締役会設置会社においては，株主総会
は，２９８条１項２号に掲げる事項以外の事項については，決議
をすることができないから，乙社としては，まず，議題追加請求
を行う必要がある（３０３条１項）。乙社は6か月前から総株主
の議決権の１００分の１以上の議決権を引き続き有する株主に当
たり（３０３条２項），右請求は認められる。
　　そして，乙社は議題追加請求を行った後，議案提案権（３０４
条）を行使すればよい。
⑵　乙社の提案が株主総会の目的となっているとき
　　議題提案権を行使すればよい。
4　比較検討
　　株主総会を自ら招集するよりも株主提案権を行使する方が手続上の
コストが軽いといえるから，乙社は株主提案権を行使すべきである。
設問2
1　差止めの根拠条文等について
　　新株予約権無償割当て（２７７条）については差止めが明文上認め
られていないところ，乙社としては，２４７条の類推適用により差止
めを請求できないかが問題となる。
　　この点，２７７条について，明文上差止めが認められていないの
は，原則として新株予約権無償割当てにより株主に損害が生じること
が想定できないことから，差止めの必要性が認められないためである
と解される。しかし，本件のように，差別的行使条件が定められ，あ
るいは会社支配権の維持を目的として新株予約権無償割当てがなされ

- 出題趣旨によれば，〔設問1〕の「株主提案権を行使する場合」の手続とは，議題提案権（303）及び議案要領通知請求権（305）の行使の手続を念頭に置いており，本答案は議案要領通知請求権に言及していない点で不十分である。なお，議案要領通知請求権を行使しなければ，他の株主にあらかじめ当該議題を周知させておくことができない上，書面投票を採用している場合には，書面投票株主の賛成を得ることができないことから，議題提案権と議案要領通知請求権はセットで考えておくのが得策である。

- 新株予約権無償割当ての差止めの請求（247類推適用）が認められるか否かについて的確に論理展開することができており，出題趣旨に合致する。

るとき，２３８条１項による新株予約権の発行と同じく，株主に損害を及ぼす恐れが認められるから，このような場合，２４７条を類推適用して，新株予約権無償割当ての差止めを請求することができると解される。

　乙社としては，差止事由として，本件新株予約権無償割当ての(8)にかかる条項（以下，「本件差別的行使条件」とする）が，株主平等原則（１０９条１項）に反すること（２４７条１号）及び，本件新株予約権無償割当てが，著しく不公正な方法により行われる（２４７条２号）ことを主張することが考えられる。

2　株主平等原則違反について

(1)　株主平等原則は，絶対的平等を要請するものではなく，相対的平等を要請するにとどまるものと解されるところ，甲社が，本件差別的行使条件によって乙社と他の株主との取扱いに差異を設けることに，必要性と相当性が認められる限り，このような取扱いは株主平等原則に反しないと解される。そこで，本件差別的行使条件による差別的取扱につき，必要性，相当性があるか検討する。

(2)　まず，必要性について検討する。本件差別的行使条件は，乙社の新株予約権行使を防ぐことで，株主共同の利益を保護するために付されたものであるところ，このような株主共同の利益保護にとって必要性が認められるか否かは株主の意思を基準として判断されるべきであると解される。

　総株主の議決権の９０％を有する株主が出席した本件株主総会において，本件会社提案は，出席株主の６７％が賛成したにとど

まる。すなわち，本件会社提案に賛成した株主は，総株主の議決権の約６０％を有する者にすぎないのであって，乙社を除いた，総株主の議決権の約２０％を有する株主は，本件会社提案に賛成していないこととなる。そうすると，本件差別的行使条件については，必要性を認めることはできないというべきである。

(3)　次に，相当性について検討すると，本件差別的行使条件により，乙社が新株予約権を行使できないことに対して，対価が支払われる等の事情はないから，相当性を認めることはできない。

(4)　以上から，本件差別的行使条件による差別的取扱は，必要性，相当性を欠くから，株主平等原則に反し違法である。

(5)　そして，本件差別的行使条件を付した本件新株予約権無償割当てによって，乙社は，自ら新株予約権を行使することができない結果，持株割合が低下する等の不利益を受ける恐れがあるといえる。したがって，２４７条１号類推適用により本件新株予約権無償割当ての差止めは認められる。

3　不公正発行について

　２４７条２号にいう「著しく不公正な方法により行われる」とは，新株予約権無償割当てが，資金調達目的等の事業遂行上の正当な目的のためでなく取締役らによる会社支配権の維持等の不当な目的のためなされることをいうと解され，複数の目的がある場合，主要な目的を基準として，不公正発行の有無を判断すべきと解される。もっとも，会社支配権の維持を目的とする場合であっても，焦土的経営を行うおそれのある者による買収を防ぐ等，会社の利益を保護するために新株

● 乙社による差止事由に関する主張について，株主平等原則（１０９Ⅰ）違反に基づく法令違反の主張（２４７①，最決平19.8.7／百選［第３版］〔100〕参照）を検討できており，出題趣旨に合致する。もっとも，再現答案①と異なり，株主平等原則の「趣旨」が新株予約権無償割当ての場合にも妥当する理由については論じられていない。

● 株主共同の利益保護の必要性について，その判断を株主の意思に委ねるとした場合，総株主の60％が会社提案に賛成し，反対した株主が20％にとどまる事実からすると，一般的には必要性が肯定されるのではないだろうか。

● 「相当性」に関する詳細なコメントについては，再現答案①コメント参照。なお，本答案は，「対価が支払われる等の事情はない」としているが，「本件新株予約権無償割当ての概要⑽」の本文によれば，乙社の新株予約権の取得対価は「１円」であり，低廉とはいえ対価は支払われることに留意すべきである。

令和元年・司法

予約権無償割当てがなされる場合，例外的に，「著しく不公正な方法」には当たらないと解される。

　本件において，乙社は，①比較的短期間で株式を売買し，その売買益を得る投資手法を取っていること，②敵対的な買収により対象会社の支配権を取得し，経営陣を入れ替え，対象会社の財産を切り売りする投資手法を取ったことがあること，③乙社の代表社員Bが，甲社の事業について理解していないと思われる発言を行っていること等の事実から，焦土的経営を行う恐れがあるといえる。そして，甲社はこのような懸念から，本件新株予約権無償割当てを行ったのであるから，本件新株予約権無償割当ては「著しく不公正な方法により行われる」ものとはいえない。

　したがって，２４７条２号類推適用による差止めは認められない。

設問3

1　決議1の効力

　２９５条２項より，取締役会設置会社である甲社の株主総会は，会社法に規定する事項及び定款で定めた事項に限り，決議をすることができる。決議2は，決議1による定款の定めを前提として，はじめて適法に決議をすることができることとなる。

　そこで，決議1の効力について検討すると，決議1は，本来取締役会の権限である業務執行の決定（３６２条２項１号）を，株主総会に委ねるものであって，内容において違法なものとして，無効ではないかが問題となる（８３０条２項）。

　この点，３６２条２項１号の趣旨は，取締役会による迅速な業務執行の決定により，株主全体の利益を図る趣旨である。そうすると，株主総会の決議による定款変更によって，業務執行の決定を株主総会の決議事項とすることも，このような趣旨には反せず，許される。

　したがって，決議1は適法である。

2　Aの４２３条１項の責任について

　Aは，甲社代表取締役であるから，甲社に対して株主総会決議の遵守義務を負う（３５５条）一方で，善管注意義務をも負う（３３０条，民法６４４条）。Aは，本件決議2に従ってP倉庫を売却しているが，業務遂行上活用する必要性の高いP倉庫を売却すると，競合他社に多数の顧客を奪われるなど，５０億円を下らない損害が甲社に生ずることが見込まれた一方で，P社倉庫の不動産価格が下落する兆候はうかがわれなかったというのであり，P倉庫の売却は，経営判断として著しく不合理な内容のものであったといえる。そこで，AによるP倉庫の売却について，任務懈怠（４２３条１項）が認められるか，株主総会決議遵守義務と，善管注意義務との衝突が問題となる。

　この点，取締役は，究極的には株主の利益のために業務を執行するものであるから，株主総会決議遵守義務は善管注意義務に優先し，株主総会決議に従った業務執行を行った取締役については，善管注意義務違反は成立しえないと解すべきである。

　本件において，Aは，本件決議2に従ってP倉庫を売却したのであるから，善管注意義務は成立しない。したがって，Aには任務懈怠が認められないから，４２３条１項に基づく責任も認められない。

以　上

● 　不公正発行に該当するか否かに関し，裁判例（東京高決平17.3.23／百選［第３版］〔99〕）を踏まえて，同決定における「新株予約権発行を正当化する特段の事情」の有無について，事案に即して具体的に検討できている点で，出題趣旨に合致する。

● 　295条２項に言及できていること，本件決議1は本件決議2の効力の前提となっていることを指摘できており，出題趣旨・採点実感に沿った適切な論述といえる。

● 　本答案も，再現答案①と同様，取締役の業務執行権限に属する事項を株主総会の決議事項とすることができるかについて，取締役会の権限等に関する362条の趣旨に遡った論述を展開しており，説得的である。

● 　本答案は，株主総会の決議の遵守義務（355）について言及している点で，出題趣旨に合致する。

● 　本問の具体的な事実関係を踏まえて，いかなる状況にあっても決議を遵守しなければならないかどうかについて，説得的な理由（取締役は，究極的には株主の利益のために業務を執行するものである）を付して出題趣旨の（ウ）に相当する見解を採用し，結論を導いている点で，高く評価されたものと考えられる。

▶ MEMO

第1　設問1

1　甲社の臨時株主総会を自ら招集する場合

　　乙社は，会社法（以下略）２９７条に基づき，甲社の臨時株主総会の招集を行うことが考えられる。

　(1)　乙社は，平成２９年５月の時点で甲社の総株主の議決権の４％を保有しており，現在は平成３０年１月である。したがって，乙社は甲社の「総株主の議決権の百分の三…以上の議決権を六箇月…前から引き続き有する株主」にあたる。

　(2)　同条の規定により乙社が自ら株主総会を招集するためには，同条４項各号該当事由が認められることに加え，裁判所の許可を得ることが必要である（同項柱書）。

2　乙社が株主提案権を行使する場合

　　乙社は，３０３条に基づき，甲社の定時株主総会の開催に当たり株主提案権を行使することが考えられる。

　(1)　甲社は，公開会社であるため，取締役会設置会社であるから，３０３条２項の適用が問題となる。

　(2)　前述のように，乙社は平成２９年５月の時点で甲社の総株主の議決権の４％を保有しているから，「総株主の議決権の百分の一…以上の議決権…を六箇月…前から引き続き有する株主」にあたる。

　(3)　したがって，乙社は株主総会の日の８週間前までに株主提案権行使の請求をすれば，株主提案権を行使できる（３０３条２項後段）。

3　比較検討

● 少数株主による株主総会の招集の手続（297）に関して，議決権の保有要件が満たされることにつき，具体的な事実を指摘して適切に検討することができている。また，臨時株主総会の招集に際しては，裁判所の許可が必要であること（297Ⅳ）にも言及することができている。

● 「株主提案権」とは，議題提案権（303），議案提案権（304），議案要領通知請求権（305）を指す。本答案は，問題文中の「株主提案権」とは議題提案権のみを指すものと誤解しているように思われる。再現答案②コメントにおいても述べたように，本問では，議案要領通知請求権も併せて行使する必要がある。

　(1)　1の手段については，裁判所の許可が必要な点でやや手続が煩雑な点があるが，自らが提案する議題につき臨時株主総会を定時株主総会よりも前に開催できる点で，メリットがあると考えられる。

　(2)　2の手段については，定時株主総会まで待たなければならず，また８週間前までに株主提案権の請求を行わなければならない点で迅速性に欠けるが，裁判所の許可などを要せず自らが一定の事項を提案できる点でメリットがある。

　(3)　私見としては，1の手段が良いと考える。甲社は自らの資産売却による剰余金の配当増額によって自社の資産が減る事を回避すべく株主総会を招集しない可能性が高く，２９７条４項１号が認められる可能性が高いからである。

第2　設問2

　　乙社は，本件新株予約権無償割当てが「著しく不公正な方法」によるものであるものとして，２４７条２号に基づき本件新株予約権無償割当ての差止めを請求し，同差止めの仮処分（民事保全法２３条２項）を申し立てることが考えられる。

1　まず，新株予約権無償割当ての場合にも２４７条が適用されるか。本条は新株予約権の発行の場合の条文であり，差止めの対象が異なるため問題となる。

　　この点，新株予約権無償割当ても，差別的行使条件の下に割り当てられる場合には，新株予約権の発行と同様に既存株主の持株比率の低下を目的としてなされる場合がありうる。

　　したがって，かかる目的の下なされる無償割当てには株主平等原則

● 時期の選択について具体的に言及することができており，出題趣旨に合致する。

● 「株主提案権」を行使する場合には，甲社により拒絶される可能性があること（303Ⅱ前段，305Ⅳ）にも言及できると，さらに高い評価が得られたものと思われる。

● 本問では，「会社法上の手段」について問われているので，民事保全法上の仮処分について言及する必要はない。

● 新株予約権無償割当ての差止めの請求（247類推適用）が認められるか否かについて論述できており，出題趣旨に合致する。

（１０９条１項）の趣旨にも鑑み，２４７条が類推適用されると考えられる。

2　次に，２４７条2号につき検討する。

(1)ア　新株予約権無償割当ての場合であっても，資金調達の目的ではなく現経営陣の支配権維持を主要な目的として行われた場合には，「著しく不公正な方法」にあたると解する。

イ　本件では，本件新株予約権無償割当てが基準日の翌日に効力が生ずるように割り当てられており，乙社は「非適格者」とされており，割当ての対象に含まれていない。また，新株予約権行使の際に払い込まれる金額はたったの１円であり，資金調達として到底有用とはいえない。そして新株予約権の取得の対価は非適格者については金銭のみが交付されることとなっている。

そうすると，かかる無償割当ての概要は，乙社の持株比率を希釈化させ，甲社の支配権を維持することが主要な目的であるといえる。

ウ　したがって，本件無償割当ては「著しく不公正な方法」によるものであるとも思える。

(2)　もっとも，本件無償割当ては敵対的買収に対する防衛策として例外的に「著しく不公正な方法」とはいえないのではないか。

ア　差別的行使条件の新株予約権無償割当てであっても，特定の株主が会社を食い物にしようとしており，これによって会社の企業価値を毀損し，株主の共同の利益を害するおそれがある場合には，例外的に「著しく不公正な方法」には当たらないと解する。

イ　本件についてみると，乙社は，比較的短期間で株式を売買し，その売買益を得る投資手法をとっていることや，敵対的な買収により対象会社の支配権を取得し，経営陣を入れ替え，対象会社の財産を切り売りする投資手法をとった事実があった。

さらに，乙社の社員Bについて，ソーシャルネットワーキングサービスで，甲社の事業に関して「社会のデジタル化に伴い，事務用品は早晩なくなるであろう。」と述べるなど，甲社の事業に対して理解がないことが指摘されていた。

かかる事情から，乙社が甲社を食い物にしようとしていたことが相当程度うかがわれる。

また，甲社内でも，乙社による甲社の支配権の取得を阻止すべきであるという意見が大勢を占めており，甲社は，株主との対話を重視して乙社の意向を見極めたうえで行うべきであるとし，甲社の取締役らは，株主総会の決議による承認を受けることでも意見が一致していた。

ウ　したがって，本件無償割当ては，甲社の企業価値が毀損され，株主の共同の利益が害されることを防止すべく行われたものであり，「著しく不公正な方法」とはいえない。

3　よって，乙社の上記主張は認められない。

第3　設問3

1　本件決議1の効力

● 247条類推適用の可否を検討する場面で「株主平等原則」やその趣旨を論じるのは不適切である。「株主平等原則」やその趣旨を用いる場面として適切なのは，差別的取扱いを内容とする新株予約権無償割当てが「株主平等原則」又はその趣旨に反し，法令（109Ⅰ）に違反することを理由に差止事由（247①）が認められるとの主張を検討する場面である（出題趣旨・採点実感参照）。

● 乙社にも新株予約権の無償割当て自体はなされている。乙社は新株予約権の「行使」ができないという意味で非適格者となっているにすぎない。採点実感によれば，「非適格者は，新株予約権の割当てを受けることができないと誤解している」答案は，「不良」に該当するものとされている。

● 主要目的ルールの例外について，詳細は再現答案④コメント参照。

● 本答案は，「必要性」に関する規範しか定立していない点で，不十分である。

● 本答案は，「相当性」に関する規範を定立していないため，本問の特殊性の1つである「乙社に撤退可能性が保障されていること」を適切に評価することができなかったものと思われる（詳細は，再現答案①コメント参照）。

令和元年・司法

本件決議は２９５条２項に反し無効ではないか。

(1) 　２９５条の趣旨は、株主意思の尊重と業務の迅速性確保との調整を図る点にある。そして、会社の所有者は株主であるのだから、最終的には業務の迅速性より株主意思の尊重を優先することも可能である。

　　したがって、取締役会決議事項を株主総会決議事項にする決議も有効であると解する。

(2) 　本件においても、定款変更の件につき、株主総会決議事項する本件決議１は有効である。

2　Ａの責任

　「役員等」たるＡは「任務を怠った」（４２３条１項）といえるのか。

　総会決議の遵守義務と経営判断との衝突が問題となる。

　経営判断につき、役員の判断過程と内容に合理性があれば、任務を怠ったとはいえないと解する。

　本件では、売却期日までまだ２か月あったのであり、売却しなかったとしても総会を無視したとはいえない。

　Ａの行為により、「損害」も生じている。因果関係もある。

　したがって、上記責任を負う。

以　上

● 　株主総会の権限に関する２９５条の趣旨に遡った論述ができている。なお、取締役の業務執行権限に属する事項を株主総会の決議事項とすることができるかどうかを検討する際には、２９５条２項が定款で株主総会の決議事項として定めることができる事項について何ら制約していないことに着目できると、より説得的である（採点実感参照）。

● 　〔設問３〕の問題意識に触れることはできているが、その後の論述は株主総会の決議の遵守義務（355）ではなく、経営判断原則に関する論述がメインとなっており、その趣旨や適用範囲についても検討されていないこと、当てはめの検討量も非常に少ないことから、全体として不十分な論述といえる。

▶ **MEMO**

令和元年・司法

第1　設問1
1　甲社の臨時株主総会を自ら招集する場合
 (1)　乙社が甲社に対して株主総会を行わせるためには，297条1項に基づいて株主総会の招集の請求をしなければならない。
　　　上記請求をするためには，持株要件として「総株主の議決権の百分の三以上の議決権を六箇月前から引き続き有する株主」でなければならない。そして，当該請求で「株主総会の目的である事項」（298条1項2号参照）を示さなければならない。
　　　本件で，甲社は公開会社であり，乙社は平成30年1月の六箇月前の時点で，甲社の総株主の議決権の4％を有していたので，持株要件は充足する。そのため，株主総会の権限に属する一定の事項を「株主総会の目的である事項」として，甲社の株主総会の招集を請求できる。
 (2)　しかし，取締役会設置会社の場合，株主総会の目的である事項の決定は，取締役会決議で決定しなければならない（298条4項）。
　　　本件で，甲社は，公開会社である監査役会設置会社であり，甲社の資本金の額は，20億円で大会社なので，取締役会設置会社である（327条1項1号，2号，328条1項）。
　　　したがって，上記の手段では，乙社の一定の事項の提案を甲社に法的に強制することができない。
2　定時株主総会で株主提案権を行使する場合
 (1)　他方，乙社が定時株主総会で一定の事項（議題）を提案する場合

には，甲社が前記の通り，取締役会設置会社であることから，303条2項の要件を充足しなければならない。
　　　本件で，乙社は，前述のとおり，六箇月前の時点で「総株主の議決権の百分の一以上の議決権…六箇月前から引き続き有する株主」（303条2項前段）に当たる。そして，現在は，平成30年1月なので，「株主総会の八週間前」（同項後段）にも該当する。
 (2)　したがって，定時株主総会で株主提案権を行使する場合には，前述した手段と異なって，乙社の提案する一定の事項の決議を甲社に法的に強制できる。
3　よって，乙社は，定時株主総会で株主提案権を行使する手段をとるべきである。
第2　設問2
1　乙社が採ることができる会社法上の手段
 (1)　乙社は，平成30年6月26日，本件新株予約権無償割当ての差止請求の検討をしている。本件新株予約権無償割当ての概要（4）によれば，本件新株予約権無償割当てがその効力を生ずる日が平成30年7月25日なので，上記の手段は妥当とも思える。
　　　しかし，247条柱書が規定する差止請求の対象は単なる新株予約権の差止めなので，適用できないのではないか。
 (2)　247条の趣旨は，既存の株主の経済的利益や持株比率を保護することにある。確かに，新株予約権の無償割当て（277条）は，株主の有する株式の数に応じて新株予約権を割り当てる（278条

●　少数株主による株主総会の招集の手続（297）に関して，議決権の保有要件が満たされることにつき，具体的な事実を指摘して適切に検討することができている。臨時株主総会の招集に際しては，裁判所の許可が必要であること（297Ⅳ）にも言及すべきであった。

●　少数株主による株主総会の招集の手続においては，少数株主が株主総会の目的である事項を定める（298Ⅰかっこ書，同Ⅰ②）。よって，298条4項によることは誤りであり，採点実感においても，「条文に沿った正しい理解を示していない答案」と指摘されている。

●　議題提案権の行使の手続に関しては，概ね検討できている。しかし，再現答案②③コメントにおいても述べたように，本問では，議案要領通知請求権も併せて行使する必要があるから，議案要領通知請求権の行使の手続に関しても論述する必要がある。

●　各手続に関する比較検討ができておらず，〔設問1〕に答えることができていない。採点実感によれば，このような答案は「不良」に該当する。

●　新株予約権無償割当ての差止めの請求（247類推適用）が認められるか否かについて論述できており，出題趣旨に合致する。

２項）。そのため，通常新株予約権無償割当てによって，株主の上記利益が害されることはない。

　しかし，新株予約権無償割当てであっても条件等を会社がつけることによって，特定の株主の上記利益を害することはできる。

　そのため，新株予約権無償割当てであっても，２４７条の趣旨は妥当する。

(3)　したがって，新株予約権無償割当てであっても，２４７条を類推適用することによって，本件新株予約権無償割当ての差止めを請求できる場合がある。

２　乙社の主張及びその可否

(1)　２４７条２号該当性

　ア　２４７条の上記趣旨から，「著しく不公正な方法」とは，不当な目的を達成する手段として，新株予約権の発行をする場合をいう。具体的には，当該新株予約権の発行が，特定の株主の議決権比率を下げ，現経営陣等の支配権の維持・確保を主要な目的とする場合，原則として，不当な目的を達成する手段として，新株予約権を発行する場合に当たり，「著しく不公正な方法」といえる。

　　しかし，特定の株主が株式を買い増すことにより，会社の価値を毀損する場合には，会社の利益，すなわち，株主の共同の利益を害するといえる。そのため，かかる場合に，株主が特定の株主の買い増しを認めない意思を表明したときには例外的に，「著しく不公正な方法」に当たらない。

● 本答案は，主要目的ルールの原則論については的確に論理展開できており，裁判例（東京高決平17.3.23／百選［第３版］〔99〕）にも沿う適切な論述といえる。

● 主要目的ルールの例外について，上記裁判例は，株主全体の利益保護の観点から，当該新株予約権無償割当てを正当化する特段の事情がある場合（具体的には，敵対的買収者が真摯に合理的な経営を目指すものではなく，敵対的買収者による支配権取得が株式会社に回復し難い損害をもたらす事情がある場合）には，対抗手段の必要性・相当性が認められる限り，当該新株予約権無償割当ては不公正発行に当たらない旨判示している。

　本答案は，主要目的ルールの例外を認めるための規範を正しく理解できていない。

　イ　本件で，甲社の取締役会においては，乙社によるこれ以上の買い増しを防止し，乙社による甲社の支配権の取得を阻止すべきであるという意見が大勢を占めた。そして，甲社の取締役らは，乙社の持株比率を低下させる目的で本件新株予約権無償割当てを行おうとしている。そうだとすれば，甲社の経営陣は，特定の株主である乙社の持株比率を低下させ，自己の支配権の維持・確保をするために本件新株予約権無償割当てを行おうとしているといえる。

　　そうだとすれば，甲社は，不当な目的を達成する手段として，本件新株予約権無償割当てを行おうとしているから，原則として，「著しく不公正な方法」に当たる。

　　しかし，新株予約権の無償割当ては，本来株主総会決議を経る必要がない（２７８条３項かっこ書き）。それにもかかわらず，甲社は株主総会を開催している。そして，議題３で，乙社による甲社の支配権の取得を阻止するために本件新株予約権無償割当てを行うこと，乙社によるこれ以上の甲社の株式の買い増しが甲社の企業価値を毀損し，株主の共同利益の利益を害するから，株主の判断に委ねることを明示し，株主に判断の機会を適正に与えている。その上で，本件株主総会の議決権の９０％を有する株主が出席し，議題３は出席株主の６７％もの賛成を得ている。

　　そうだとすれば，乙社によるこれ以上の買い増しは，甲社の企業価値を毀損し，ひいては甲社の株主の利益を害する，と甲

● 採点実感によれば，本問では，買収防衛策としての導入等の是非が株主総会の決議（勧告的決議：会社法の定める決議事項ではなくとも，会社の政策的事項に関する一定の判断を株主総会に仰ぐ場合になされる決議）に委ねられているため，直ちには，主要目的ルールによって結論を導き出すことができないとされている。

● 事実上の決議にすぎない勧告的決議であっても，株主の多数意思を確

令和元年・司法

社の株主は判断したといえる。

したがって，例外的に「著しく不公正な方法」に当たらない。

ウ　よって，２４７条２号違反を理由に本件新株予約権無償割当てを差し止める乙社の主張は認められない。

(2)　２４７条１号該当性

ア　１０９条１項の趣旨は，その株主が有する株式の数及び内容に応じて平等に取り扱うことで，株主に投資を積極的に促すことにある。

しかし，上記の平等は，絶対的なものではなく，株主を区別する目的に合理的な理由があり，その手段が相当程度であれば，上記趣旨に反せず，１０９条１項違反とはならない。

イ　本件で，甲社は，本件新株予約権無償割当ての概要(8)で，乙社を「非適格者」として，他の株主と異なり，新株予約権を行使することができないことにしているので，区別がある。

この区別は，前述したとおり，乙社による甲社の支配権の取得を阻止するという目的があり，これには合理的な理由があるといえる。

しかし，(9)で乙社は，新株予約権の譲渡を制限されているため，市場で投下資本を回収することができない。そして，乙社は，新株予約権の取得の対価として他の株主が甲社の普通株式１株受け取れるのに対して，１円しか受け取ることができない。

さらに，(10)ただし書で，乙社が甲社の株式をこれ以上買い増ししないことを確約した場合には，甲社の取締役会の決議によって，乙社も本件新株予約権無償割当てにより株主に割り当てた新株予約権の全部を無償で取得することができるとしている。しかし，甲社は，上場企業で甲社の株式を市場で取得することは自由であり，これを不当に制限する(10)ただし書は，公序良俗に反し無効となる（民法９０条）。

そうだとすれば，甲社の乙社とその他の株主を区別する上記手段は，相当とはいえない。

ウ　したがって，１０９条１項に違反するので「当該新株予約権の発行が法令…に反する場合」（２４７条１号）に当たるといえる。

(3)　そして，本件新株予約権無償割当てにより，乙社の持株比率が下がるおそれがあるといえるので，「株主が不利益を受けるおそれがあるとき」（２４７条柱書）に当たる。

3　よって，乙社の２４７条１号及び同条柱書該当性の主張は，妥当であるので，乙社は，本件新株予約権無償割当ての差止めを請求することができる。

また，仮の地位を定める仮処分を申し立てる。

第３　設問３

1　本件決議１の効力

(1)　議題１は，本来取締役会の決議で行う「重要な財産の処分」（３６２条４項１号）を株主総会決議で決定しようとするものである。

● 認するという点では意味があり，これを経て買収防衛策が導入された後，これが争われた場合には，勧告的決議を得ていることが「著しく不公正な方法」とはいえない（差止めを認めない）との方向に考慮される事情になると解する見解もある。

● 株主平等原則の「趣旨」が新株予約権無償割当ての場合にも妥当する理由について何も述べられていない（再現答案①では的確に述べられている）。また，ブルドックソース事件決定（最決平19.8.7／百選［第３版］〔100〕参照）の規範をほとんど示すことができていない。

● 「本件新株予約権無償割当ての概要(10)」ただし書に該当する部分は，乙社に撤退可能性を保障するものであり，むしろ買収防衛策の「相当性」を肯定する事情に用いるのが一般的である（詳細は再現答案①コメント参照）。

● 本問では，「会社法上の手段」について問われているので，民事保全法上の仮処分について言及する必要はない。

LEC東京リーガルマインド　司法試験&予備試験 論文5年過去問 再現答案から出題趣旨を読み解く。商法

このような本件決議1は，有効か。

(2)　295条2項は，取締役会設置会社の株主総会で決議することができることを定めている。そこには，「この法律に規定する事項」と規定されているだけで特段の制限は，存在しない。

(3)　そのため，本件でも「重要な財産の処分」について，取締役会ではなく，株主総会の決議で決定しても，会社法に反することはない。

(4)　したがって，本件決議1は，有効である。

2　Aの423条1項責任

(1)ア　「任務を怠った」（423条1項，任務懈怠）とは，法令・定款違反または善管注意義務・忠実義務違反（330条，民法644条，会社法355条）をいう。

そして，結果責任を認めると取締役に萎縮効果が生じるため，将来予測にわたる専門的判断の場合には，その判断の過程，内容に著しく不合理な点がない限り，善管注意義務違反とはならない。

イ　本件で，P倉庫をどのように売却するかは，将来予測にわたる専門的判断に委ねられる事項である。確かに，本件決議2で遅くとも平成30年度中にP倉庫を売却しなければならないとされている。

しかし，Aは経営の専門家であるから，P倉庫を売却によって，確実に甲社に損害が発生する場合，単に本件決議2に従うのではなく，株主に説明するなどして，売却をすることを中止

するべきであった。それにもかかわらず，Aは漫然と本件決議2に従ってP倉庫を売却していることから，その判断の過程，内容に著しく不合理な点がある。

ウ　したがって，善管注意義務違反に当たる。

(2)　そして，Aの上記任務懈怠によって，甲社に「損害」が発生している。

(3)　したがって，Aに損害賠償責任が認められる。

以　上

● 295条2項を摘示した点は，出題趣旨や採点実感にも沿うものであるが，295条2項の趣旨に遡った論述ができれば，より説得的に論理を展開することができた（採点実感参照）。

● 本答案は，取締役の株主総会決議の遵守義務（355）について何ら言及できていない。問題文の「11」には，「適法な株主総会の決議を遵守することは取締役の義務」であることや，「適法な株主総会の決議は，常に遵守すべきである」という意見が述べられており，株主総会決議の遵守義務に言及すべきであることは一見して明白である。採点実感も，遵守義務について言及していないものは「不良」に該当すると評価している。

また，出題趣旨によれば，本問は経営判断原則の適用が問題となる典型的な場面（株主総会等によって業務執行を指示されることなく，取締役が自身の裁量で，他企業への投資や海外進出などの経営判断を行える場面）ではないため，同原則に言及する場合には，その趣旨・適用範囲について検討する必要があった。

令和元年・司法

予備試験

平成27年

問題文

[商　法]

次の文章を読んで，後記の〔**設問1**〕及び〔**設問2**〕に答えなさい。

1．X株式会社（以下「X社」という。）は，昭和60年に設立され，「甲荘」という名称のホテル
　を経営していたが，平成20年から新たに高級弁当の製造販売事業を始め，これを全国の百貨店
　で販売するようになった。X社の平成26年3月末現在の資本金は5000万円，純資産額は
　1億円であり，平成25年4月から平成26年3月末までの売上高は20億円，当期純利益は
　5000万円である。

　　　X社は，取締役会設置会社であり，その代表取締役は，創業時からAのみが務めている。また，
　X社の発行済株式は，A及びその親族がその70％を，Bが残り30％をいずれも創業時から保
　有している。なお，Bは，X社の役員ではない。

2．X社の取締役であり，弁当事業部門本部長を務めるCは，消費期限が切れて百貨店から回収せ
　ざるを得ない弁当が多いことに頭を悩ませており，回収された弁当の食材の一部を再利用するよ
　う，弁当製造工場の責任者Dに指示していた。

3．平成26年4月，上記2の指示についてDから相談を受けたAは，Cから事情を聞いた。Cは，
　食材の再利用をDに指示していることを認めた上で，「再利用する食材は新鮮なもののみに限定
　しており，かつ，衛生面には万全を期している。また，食材の再利用によって食材費をかなり節
　約できる。」などとAに説明した。これに対し，Aは，「衛生面には十分に気を付けるように。」
　と述べただけであった。

4．平成26年8月，X社が製造した弁当を食べた人々におう吐，腹痛といった症状が現れたため，
　X社の弁当製造工場は，直ちに保健所の調査を受けた。その結果，上記症状の原因は，再利用し
　た食材に大腸菌が付着していたことによる食中毒であったことが明らかとなり，X社の弁当製造
　工場は，食品衛生法違反により10日間の操業停止となった。

5．X社は，損害賠償金の支払と事業継続のための資金を確保する目的で，「甲荘」の名称で営む
　ホテル事業の売却先を探すこととした。その結果，平成26年10月，Y株式会社（以下「Y社」
　という。）に対し，ホテル事業を1億円で譲渡することとなった。X社は，その取締役会決議を
　経て，株主総会を開催し，ホテル事業をY社に譲渡することに係る契約について特別決議による
　承認を得た。当該特別決議は，Bを含むX社の株主全員の賛成で成立した。なお，X社とその株
　主は，いずれもY社の株式を保有しておらず，X社の役員とY社の役員を兼任している者はいな
　い。また，X社及びY社は，いずれもその商号中に「甲荘」の文字を使用していない。

6．その後，Y社は，譲渡代金1億円をX社に支払い，ホテル事業に係る資産と従業員を継承し，
　かつ，ホテル事業に係る取引上の債務を引き受けてホテル事業を承継し，「甲荘」の経営を続け
　ている。1億円の譲渡代金は，債務の引受けを前提としたホテル事業の価値に見合う適正な価額

であった。

7．Ｘ社は，弁当の製造販売事業を継続していたが，売上げが伸びず，かつ，食中毒の被害者として Ｘ社に損害賠償を請求する者の数が予想を大幅に超え，ホテル事業の譲渡代金を含めたＸ社の 資産の全額によっても，被害者であるＥらに対して損害の全額を賠償することができず，取引先 への弁済もできないことが明らかとなった。そこで，Ｘ社は，平成２７年１月，破産手続開始の 申立てを行った。

8．Ｅらは，食中毒により被った損害のうち，なお１億円相当の額について賠償を受けられないで いる。また，Ｘ社の株式は，Ｘ社に係る破産手続開始の決定により，無価値となった。

9．Ｂは，Ｘ社の破産手続開始後，上記３の事実を知るに至った。

〔設問１〕

(1) Ａ及びＣは，食中毒の被害者であるＥらに対し，会社法上の損害賠償責任を負うかについて， 論じなさい。

(2) Ａ及びＣは，Ｘ社の株主であるＢに対し，会社法上の損害賠償責任を負うかについて，論じな さい。

〔設問２〕

ホテル事業をＸ社から承継したＹ社は，Ｘ社のＥらに対する損害賠償債務を弁済する責任を負う かについて，論じなさい。

　本問は，役員等の第三者に対する損害賠償責任（会社法第４２９条）について基本的な知識・理解を前提に事例に則した分析・検討を求めるとともに，事業を譲り受けた会社が事業を譲渡した会社の商号を引き続き使用しない場合であっても，譲渡会社の損害賠償債務につき譲受会社がその弁済責任を負うことがあるかどうかについての検討を求めるものである。解答に際しては，①会社法第４２９条に基づく損害賠償責任の意義，②取締役Ｃ及び代表取締役Ａにそれぞれ求められる任務の具体的内容と任務懈怠の有無，③代表取締役Ａの任務懈怠とＥらの損害との因果関係，④株主Ｂに生じた損害の内容について，設問の事実関係を踏まえて，正しく論述するとともに，⑤株主が役員等の第三者に対する損害賠償責任（会社法第４２９条）を追及することの可否について検討することが求められる。さらに，⑥Ｙ社がＸ社の損害賠償債務について弁済する責任を負うかどうかにつき，会社法第２２条を類推適用することの可否，⑦Ｘ社のＥらに対する損害賠償債務が「譲渡会社の事業によって生じた債務」に該当するかどうか等について，設問の事実関係を踏まえて，説得的な論述を展開することが求められる。

▶ MEMO

第1　設問1　(以下，会社法との指摘は省略)
1　小問(1)
(1)　Eらは，A及びCに対し，429条1項に基づき，1億円の損害賠償請求をすると考えられる。
　　429条は，会社は社会経済に大きな影響を与えるのであり，会社の業務執行は取締役に依存することから，取締役に特別の法定責任を課すものである。したがって，「職務」は会社に対する職務を指し，「悪意又は重大な過失」は任務懈怠に対して存すれば足りる。また，文言上限定はないし，第三者保護の必要もあるから，「損害」には原則として直接損害も間接損害も含まれる。
　　以上より，①ACの会社に対する任務懈怠，②任務懈怠に対する悪意・重過失，③損害，④因果関係が認められれば，Eらの請求が認められることになる。
(2)　Cについて
　　まず，Cに任務懈怠が認められるか検討する。Cは取締役として法令遵守義務を負い（355条），上記のような取締役の社会経済に対する影響の大きさに鑑みれば，「法令」には会社の業務執行にかかわるあらゆる法令が含まれる。本件で，Cは食材の使い回しを指示しているところ，かかる措置が衛生上の問題を引き起こし，食品衛生法違反行為となることは容易に予測できる。にもかかわらず，安易に食材の使い回しを行い，食中毒等の問題を引き起こしているのであるから，食品衛生法の遵守義務に違反す

る。会社のコスト削減のためとはいえ，法令違反行為となることが容易に予測できる以上，経営判断原則の適用による救済を受けない。
　　したがって，Cに任務懈怠が認められる（①）。
　　また，食品衛生法に違反することは容易に予測できるから，少なくとも重過失は認められる（②）。そして，Eらに1億円の損害が生じており（③），Cが食材の使い回しをしなければ損害は生じなかったのであるから，因果関係も認められる（④）。
　　したがって，Cに対する損害賠償請求が認められる。
(3)　Aについて
　　まず，Aに任務懈怠が認められるか検討する。Aは，取締役として他の取締役の業務執行に対する監視監督義務を負う（362条2項2号参照）。Aは，Cから食材の使い回しの事実を聞いているにもかかわらず，気を付けるように述べるのみでなんらの措置もとっていない。Cの行為は食品衛生法に反することになるのが明らかであるから，AはCに使い回しをやめるように指示する等，Cに対する監督行為として是正措置をとるべきであったといえる。したがって，Aに監視監督義務違反が認められる。
　　したがって，Aに任務懈怠が認められる（①）。
　　また，Cの行為を認識しながら是正措置をとっていないのであるから，Aは悪意である（②）。そして，Aが是正措置をとっていれば損害は発生しなかったといえるから，③④も認められる。

● 取締役の第三者に対する責任の法的性質に関する判例（最大判昭44.11.26／百選［第3版］〔70〕）を踏まえて，429条の趣旨から適切に論述がなされており，429条に基づく損害賠償責任の意義について論述を求める出題趣旨に合致する。

● 小問(1)と小問(2)では，共通して429条に基づく責任追及の可否が問われている。本答案は，冒頭で429条の要件を論じた上で，その後，各々の小問について要件該当当性を検討しており，流れの良い答案の構成となっている。

● 任務懈怠の有無について，その任務の具体的内容を検討しながら論じられており，出題趣旨に合致する。

● 法令違反行為に経営判断原則の適用がないことについて，正しく指摘できている。

● 自己の定立した全ての要件について，具体的な事情を摘示して適切に当てはめをすることができている。

● ここでも，Aの任務（監視義務）の具体的内容（「使い回しをやめるように指示する等，Cに対する監督行為として是正措置をとるべき」）を検討しながら，Aの監視義務違反の有無について論じられており，出題趣旨に合致する。

したがって，Aに対する損害賠償請求が認められる。
(4) なお，AとCの責任は連帯債務となる（430条）。
2 小問(2)
(1) Bも，A及びCに対し，429条1項に基づき，株式が無価値化したことによって生じた損害について賠償請求すると考えられる。
(2) 文言上限定がなく，株主も独自の損害を被りうるから，株主も「第三者」に含まれる。ただし，間接損害は株主代表訴訟（847条）によって回復し得るし，特定の株主に賠償すれば，会社への責任を免れるとすると424条の趣旨を没却することになる。したがって，株主が請求主体のときは，「損害」は直接損害に限られる。
(3) 直接損害とは，会社の損害の発生の有無を問わず発生する損害をいう。本件のBの損害は，Xが多額の損害賠償義務を負うことになった結果，破産手続を取らざるを得なくなったために生じたものである。そうとすると，株式の無価値化という損害は，X社に損害が生じ，これから生じた波及的損害であるから，会社の損害の発生を前提としており，会社の損害の発生の有無を問わず発生する損害とはいえない。
したがって，Bの損害は直接損害といえず，「損害」にあたらない。
(4) よって，Bの請求は認められない。
第2 設問2

● 「株主Bに生じた損害の内容について，設問の事実関係を踏まえて」論じるという出題趣旨に合致する。この点，株主が「第三者」（429Ⅰ）に含まれるとする解釈は判例（最大判昭44.11.26／百選［第3版］〔70〕）に沿うものであり，間接損害事例において株主は429条に基づく損害賠償請求をすることができないとする解釈は近時の下級審（東京高判平17.1.18／百選［第3版］〔A22〕）に沿うものである。もっとも，「424条の趣旨を没却することになる」とするだけでは不十分である。これについては，「取締役が株主に対し直接その損害を賠償することにより会社に対する責任が免責されるとすると，取締役が会社に対して負う責任を免れるためには総株主の同意を要すると定める424条と矛盾する」といった論述が考えられる。

1 Yは，22条1項の適用により，X社のEらに対する損害賠償債務を弁済する責任を負うことになるか，検討する。
2 まず，「事業を譲り受けた会社」とは，事業譲渡（467条1項）をうけた会社という。そして，事業譲渡とは，①一定の目的に組織化され，有機的に一体となった財産の譲渡で，②譲受会社が当該事業を承継し，当然に競業避止義務を負う（21条1項）結果となるものをいう。なお，競業避止義務は事業譲渡にあたる結果課されるものであるから，効果であって要件ではない。
本件において，X社は従業員という人的資産も含めてホテル事業に係る資産全体を譲渡しているから，①を満たす。また，Y社はホテル事業を承継しているから，②も満たす。
したがって，本件のホテル事業の譲渡は事業譲渡にあたり，Y社は「事業を譲り受けた会社」にあたる。
3 しかし，Y社は「甲荘」という名称を続用しているにすぎず，商号の続用はないため，22条1項の直接適用は認められない。
もっとも，社会通念上当該名称が営業主体を示すものとして扱われる場合には，名称の続用によって，営業主体に変更がない，又は営業主体に変更があっても債務が引き受けられたとの債権者の信頼が生じるから，債権者の信頼を保護する22条1項の趣旨が妥当し，類推適用が認められる。
本件において，続用されているのはホテルの名称であるところ，ホテルの名称はゴルフ場の名称などとは異なり，社会通念上

● 出題趣旨によると，設問2では，①22条の類推適用の可否，②X社のEらに対する損害賠償債務が「譲渡会社の事業によって生じた債務」（22Ⅰ）に当たるかという点が問われていたが，本答案では上記2つの問題点について必要十分に検討されており，出題趣旨に合致する。また，事業譲渡の意義についても，判例（最大判昭40.9.22／百選［第3版］〔85〕）を踏まえた適切な論述がなされている。

● 本問において，Y社はX社の商号を続用しているわけではない。この点について，本答案は，22条1項の直接適用がないことを押さえた上で，22条類推適用の可否について，判例（最判平16.2.20／商法百選［初版］〔18〕）を意識した形で適切に論述しており，出題趣旨に合致する。

営業主体を示すものとして扱われているとはいえない。
　　したがって，類推適用も認められない。
4　仮に，名称が営業主体を示すものであっても，本件の債務は，ホテル事業とは異なる事業における事実行為に基づく損害賠償債務であり，ホテル事業を承継したＹ社が債務を承継したとの信頼は生じないから，「事業によって生じた債務」にあたらない。
5　よって，２２条１項の適用はなく，Ｙ社は弁済する責任を負わない。

以　上

※　実際の答案は４頁以内におさまっています。

● 　前掲判例（最判平16.2.20／商法百選［初版］〔18〕）は，「預託金会員制のゴルフクラブの名称がゴルフ場の営業主体を表示するものとして用いられている場合」には，原則として22条が類推適用されるとしている。本答案は，本事例への類推適用を否定するに当たって，ゴルフ場の名称とホテルの名称には違いがあるため，判例の射程が及ばないことを示しており，判例を用いて事案を解決する姿勢を適切に示せている。もっとも，ホテルの名称はゴルフ場の名称と異なり，社会通念上営業主体を示すものと扱われていないとの認定には疑問の余地があり，そのような認定になった理由を論述する必要がある。

MEMO

第１　設問１(1)
１　ＡのＥらに対する責任
　(1)　Ａは，Ｅらに対し，会社法（以下，法文名省略）４２９
　　条１項に基づき，損害賠償責任を負うか。
　(2)　Ａは，取締役であるから「役員等」（４２９条１項，４
　　２３条１項）に当たる。
　(3)　では，「悪意又は重大な過失」（４２９条１項）の対象
　　は，なにか。明文上明らかではないため，検討する。
　　　４２９条１項の趣旨は，会社が経済社会において重要な
　　役割を担っており，その役員等の職務の重要性から第三者
　　を保護するため，役員等に特別の法定責任を負わせること
　　にある。そこで，悪意又は重大な過失の対象は，損害では
　　なく，任務懈怠で足りるというべきである。
　(4)　本件で，代表取締役であるＡには，善管注意義務（３３
　　０条，民法６４４条，会社法３５５条）と３６２条２項２
　　号から，取締役に対する監視義務が認められる。
　　　Ａが代表取締役を務めるＸ社においては，高級弁当の製
　　造販売事業を行っているにもかかわらず，Ａは，取締役の
　　Ｃが食材の再利用という不適切行為を行っていることを知
　　りながら，「衛生面には十分に気を付けるように」と述べ
　　ただけである。したがって，Ａには，監視義務違反が認め
　　られ，任務懈怠が認められる。

● 判例（最大判昭44.11.26／百選
［第３版］〔70〕）を踏まえて429条
責任の法的性質を述べている点は良
い。もっとも，429条責任の法的性
質の捉え方で異なってくるのは，悪
意・重過失の対象が「任務懈怠か第
三者に対する不法行為か」という点
であり，「任務懈怠か損害か」とい
う点ではない。

● 善管注意義務の根拠条文として
355条（忠実義務）を摘示するのは
誤りである。

● 出題趣旨によれば，「Ｃ及び……
Ａにそれぞれ求められる任務の具体
的内容」を明らかにすることが求め
られている。この点，本答案は，任
務である「取締役に対する監視義務」
の具体的内容が検討されていない点
で，出題趣旨に十分に合致した論述
とはいえない。

　(5)　また，Ａは，上記の注意をＣに対してしただけであった
　　という任務懈怠につき，重大な過失が認められる。
　(6)　Ｅらは，食中毒により被った損害のうち，なお１億円相
　　当の額について賠償を受けられないでいるため，１億円の
　　「損害」が生じている。
　(7)　よって，Ａは，Ｅらに対し，４２９条１項に基づき，１
　　億円の損害賠償責任を負う。なお，後述の通り，ＡはＣと
　　連帯して１億円の損害賠償責任を負う（４３０条）。
２　ＣのＥらに対する責任
　(1)　Ｃは，Ｅらに対し，４２９条１項に基づき，損害賠償責
　　任を負うか。
　(2)　Ｃは，弁当の製造販売業を営むＸ社の取締役でありなが
　　ら，回収された弁当の食材の一部を再利用するように，弁
　　当製造工場の責任者Ｄに対して指示していた。この行為
　　は，弁当製造販売業を営むＸ社に対しての善管注意義務違
　　反といえ，任務懈怠が認められる。
　　　また，任務懈怠につき，Ｃには少なくとも重大な過失が
　　認められ，Ｅらには，１億円の「損害」が発生している。
　(3)　よって，Ｃは，Ｅらに対し，１億円の損害賠償責任を負
　　う。
第２　設問１(2)
１　Ａ及びＣの株主Ｂに対する損害賠償責任の有無

● 出題趣旨によると，「代表取締役
Ａの任務懈怠とＥらの損害との因果
関係」に係る論述も求められていた
が，本答案では因果関係に関する明
確な論述が欠けている。

● Ｃについても，「任務の具体的内
容」が検討されていない。任務懈怠
ないし重過失の検討において，Ｃが
弁当事業部門本部長であることを摘
示・評価し，具体的な義務内容を示
す必要があったと思われる。

(1)　A及びCは，株主Bに対して，429条1項に基づき，損害賠償責任を負うか。

(2)　株主であるBが「第三者」（同項）に当たるか。株主は，株主代表訴訟によって，会社に生じた損害を回復することができるため，問題となる。

　ア　847条2項3項によって，株主代表訴訟が提起できれば，会社に生じた損害を回復することができる。したがって，原則として株主は「第三者」に当たらない。

　　　ただし，会社を取締役が私的に利用し，株主代表訴訟の実効性がない場合には，株主代表訴訟によって会社に生じた損害を回復することができるとはいえない。よって，かかる場合には，例外的に，株主も「第三者」に該当すると考える。

　イ　本件では，会社を取締役A及びCが私的に利用し，株主代表訴訟の実効性がない場合とはいえない。本件で株主Bは，破産手続開始決定により，株式の価値が無価値になり損害が生じているが，その以前において株主代表訴訟を提起して役員等に会社に生じた損害を填補することは可能であった。したがって，例外的に，Bを「第三者」に当たると考える必要もない。

　　　以上より，Bは「第三者」に当たらない。

2　よって，A及びCは，株主Bに対して損害賠償責任を負わ

● 直接損害・間接損害を問わず，株主は「第三者」（429Ⅰ）に含まれないとする解釈は一般的ではない。本問のような間接損害事例はともかく，直接損害事例では会社に損害が生じておらず，株主は代表訴訟を提起できないわけであるから，株主も「第三者」に含まれるとするのが通説である。

ない。

第3　設問2

1　Y社は，X社のEらに対する損害賠償債務を弁済する責任を負う。

2　Y社が譲り受けた「甲荘」というのは，「商号」ではないため，会社法22条1項を適用することはできない。

3　ただし，「甲荘」の譲渡というのは，一定の事業目的のために組織的有機的に営まれた事業の承継であるから，「事業」（同項）の譲渡に当たる。

4　また，商号ではなくとも対外的に信用の対象となる「甲荘」の名称の続用というのは，22条1項の趣旨である外観法理による第三者保護と趣旨を同じくする。したがって，22条1項を類推適用することができると考える。

5　よって，Y社は，X社のEらに対する損害賠償債務を弁済する責任を負う。

以　上

● 問題提起が省かれているため，何の問題点について論じているのかが不明確な論述となっている。また，「甲荘」が対外的に信用の対象となるか否かについて，具体的な検討をする必要がある。本答案の論述では，商号の続用でなくても，名称の続用であれば広く22条1項を類推適用することができるものと読めてしまう。

● X社のEらに対する損害賠償債務が「譲渡会社の事業によって生じた債務」（22Ⅰ）に当たるかという点が出題趣旨で問われていたが，本答案はこの論点を落としている。

第1　設問1⑴について
1　429条に基づく責任を負うか。まず，任務懈怠・過失が
あるか問題となる。
2⑴　まず，ＡＣは会社との関係でいかなる任務を負っていた
のか，問題となる。
　　これについて，まず，Ｃは弁当事業部門本部長として，
弁当事業の適正な遂行・監督という任務を負い，本件との
関係でいえば，衛生面において万全を図る措置をとる義務
があった。
　　また，Ａは代表取締役であり，本件の弁当事業は上程事
項ではないが，取締役はいつでも取締役会を招集できる以
上，かかる事業についても監視・監督任務を負うものとい
える。そして，Ａは本件での弁当の処理について把握して
いる以上，適切な指摘を行う義務があったといえる。
⑵　そして，かかる義務に反し，Ｃは大腸菌など衛生面に関
する適切な措置をとっていない。なお，かかる安全管理に
ついては，経営判断原則は妥当しない。
　　また，Ａも「衛生面には十分に気を付けるように。」と
述べたにとどまり，具体的な監視・監督措置をとっていな
い。この点で任務懈怠がある。
3　上記の任務懈怠について，ＡＣいずれにも期待可能性があ
り，それにもかかわらず結果回避義務に反しており，過失が

あるといえる。
4　以上のとおり，任務懈怠・過失が肯定でき，食中毒という
被害との因果関係も肯定できる。消費者であるＥが「第三
者」に含まれることは，問題なく肯定できる。よって，ＡＣ
は，Ｅに対し，429条に基づく損害賠償責任を負う。
第2　設問1⑵について
1　任務懈怠・過失については，上記⑴同様，肯定できる。
2⑴　もっとも，株主であるＢに対して損害賠償責任を負うか
は別の問題であり，429条の「第三者」が株主を含む
か，問題となる。
　　この問題について，まず429条は，会社の事業の社会
的影響力に伴う被害者救済の実効化の趣旨に立つものであ
るから，任務懈怠によって直接・間接に生じた両損害を包
含するものと考えるべきである。そうすると，一般に，株
主において生じた，株式の価値低下による間接的な損害を
含む，とも思える。
　　しかし，423条のもと，会社に対する損害賠償に係る
代表訴訟という制度がおかれており，かかる制度によって
救済可能な限度では，株主への損害賠償は問題とならない
のが原則と考えるべきである。もっとも，代表訴訟によっ
ても救済できないような場合には，原則どおり，株主にお
いて生じた間接損害も，429条「第三者」において生じ

● 　429条の各要件を検討する前提と
して，再現答案①のように，判例（最
大判昭44.11.26／百選［第3版］
〔70〕）を踏まえて429条の法的性
質を簡潔に論じ，「悪意又は重大な
過失」（429）の対象が任務懈怠で
あること，損害は直接損害・間接損
害を問わないことを論じる必要があ
るところ，本答案ではこれらの検討
を完全に落としてしまっており，出
題趣旨に合致しない。

● 　出題趣旨によると，Ｃ及びＡにそ
れぞれ求められる「任務の具体的内
容と任務懈怠の有無」を検討する
ことが求められていたから，Ｃ及びＡ
の任務を具体的に論じている点は出
題趣旨に合致する。もっとも，Ｃの
任務懈怠違反については，監視・監
督措置をとってないという点ではな
く，賞味期限切れで回収した商品を
再利用することを指示するというＣ
の積極的な任務違反行為に着目しな
ければならない。

● 　出題趣旨によれば，「Ａの任務懈
怠とＥらの損害との因果関係」につ
いても検討が必要であった。

● 　ここでは，429条の法的性質など
を論じることができている。

● 　847条を摘示する必要がある。

● 　「代表訴訟によっても救済できな
いような場合」としては，まず株主
が直接損害を被った場合がある。こ
の点に着目し，直接損害事例におけ

た損害の賠償の対象となると考えるべきである。
(2) 本件では，間接損害であるが，Ｘ社は破産開始手続の段階にあることから，代表訴訟による填補は不可能である。そこで，上記の例外にのっとり，株式価値の低下によって生じた損害として４２９条に基づく損害賠償の対象となる。
(3) よって，ＡＣは，Ｂに対して，４２９条に基づく損害賠償責任を負う。
第3 設問2について
1 債務引受（法23条）の規律は，本件ではとくに広告はなく，適用できない。
2 法人格否認の法理
　ＸとＹを同一視できるような場合，すなわち，一方が他方を濫用している，一方が形骸化している場合として，本件限りで法人格を否認できないか。
　本件では，ＸＹは資本的支配関係にはなく，Ｙは事業を買い受けた会社にすぎなく，形骸化・濫用的な事情はないことから，法人格否認の法理の適用はない。
3 詐害的事業譲渡（法23条の2）の適用はありうる。しかし，譲受会社であるＹ社が詐害の事実について悪意である場合に限られる（法23条の2ただし書）。本件事業の売却価格が適正であることからすると，この規律の適用は困難である。

4 商号譲渡
　商号の続用にかかる責任（商法22条）の規律については，Ｘ社とＹ社は商号を異にする（いずれも「甲荘」を含まない）から，適用できない。
　もっとも，事業の名称・外見は同一であるところ，同条の類推適用による保護はありえないか。すなわち，事業主体の商号は異なっていたとしても，事業の外見・概要が同一である場合には，その外見を信頼した第三者を保護すべきという同条の趣旨のもと，第三者が保護されることになる。そして，その可否は，外見への信頼という観点から，名称や事業内容・運営方法の類似性といった要素を総合的に判断して決すべきである。
　本件では，「甲荘」という名称，所在地が同一であり，ホテルという事業内容も変わっていない。また，ホテル事業に係る資産や従業員も継承されており，事業の外見や事業内容，運営の方法は同一ということができる。そうすると，第三者Ｅの外観への信頼を保護する必要から，法22条を類推適用でき，この構成のもとで，ＹはＥらへの賠償債務を弁済する責任を負う。

以 上

る株主に限り「第三者」に含まれるとする考え方がある。また，支配株主が存在する閉鎖会社に代表訴訟を提起する場合も，結局加害行為が繰り返されるだけで，「代表訴訟によっても救済できないような場合」といえ，この点に着目し，間接損害も含めて株主に429条責任の追及を認める考え方もある。

● およそ適用されない条文について検討を加えるよりも，本問で問題となりうる22条の検討をより厚く行う方が得策である。

● 本問は法人格否認の法理における形骸化事例でも濫用事例でもない。そのため，本問において法人格否認の法理を検討する価値はない。

● 詐害的事業譲渡（23の2）の要件である詐害意思を基礎付ける事情，すなわちＸ社・Ｙ社が債権者を「害することを知って」事業譲渡をしたことを基礎付ける事情が本問では認められない以上，本問において詐害的事業譲渡を検討する価値はない。また，本件事業の売却価格が適正であることは，23条の2の適用を否定する理由にはならないと思われる。

● 名称の続用について，「外見を信頼した第三者を保護すべき」とあるが，どのような信頼なのかが明らかでないため，債務弁済責任が生じる趣旨として説得力に欠ける。判例（最判 平16.2.20／商法百選［初版］〔18〕）は，その信頼の内容について，営業主体の変更がないか，営業主体に変更があっても債務が引き受けられたとの債権者の信頼が生じる旨述べているところ，ここまで論じることができれば，22条類推適用の可否の議論として，より論理的な論述となった。

平成28年

[商　法]（〔設問１〕と〔設問２〕の配点の割合は，３：７）

　次の文章を読んで，後記の〔設問１〕及び〔設問２〕に答えなさい。

1．甲株式会社（以下「甲社」という。）は，平成１８年９月に設立された株式会社であり，太陽光発電システムの販売・施工業を営んでいる。甲社の発行済株式の総数は１０００株であり，そのうちＡが８００株，Ｂが２００株を有している。甲社は，設立以来，ＡとＢを取締役とし，Ａを代表取締役としてきた。なお，甲社は，取締役会設置会社ではない。

2．Ａは，前妻と死別していたが，平成２０年末に，甲社の経理事務員であるＣと再婚した。甲社は，ここ数年，乙株式会社（以下「乙社」という。）が新規に開発した太陽光パネルを主たる取扱商品とすることで，その業績を大きく伸ばしていた。ところが，平成２７年１２月２０日，Ａは，心筋梗塞の発作を起こし，意識不明のまま病院に救急搬送され，そのまま入院することとなったが，甲社は，Ａの入院を取引先等に伏せていた。

3．平成２７年１２月２５日は，甲社が乙社から仕入れた太陽光パネルの代金２０００万円の支払日であった。かねてより，Ａの指示に従って，手形を作成して取引先に交付することもあったＣは，当該代金の支払のため，日頃から保管していた手形用紙及び甲社の代表者印等を独断で用いて，手形金額欄に２０００万円，振出日欄に平成２７年１２月２５日，満期欄に平成２８年４月２５日，受取人欄に乙社と記載するなど必要な事項を記載し，振出人欄に「甲株式会社代表取締役Ａ」の記名捺印をして，約束手形（以下「本件手形」という。）を作成し，集金に来た乙社の従業員に交付した。

　　乙社は，平成２８年１月１５日，自社の原材料の仕入先である丙株式会社（以下「丙社」という。）に，その代金支払のために本件手形を裏書して譲渡した。

4．Ａは，意識を回復することのないまま，平成２８年１月１８日に死亡した。これにより，Ｂが適法に甲社の代表権を有することとなったが，甲社の業績は，Ａの急死により，急速に悪化し始めた。

　　Ｂは，Ｃと相談の上，丁株式会社（以下「丁社」という。）に甲社を吸収合併してもらうことによって窮地を脱しようと考え，丁社と交渉したところ，平成２８年４月下旬には，丁社を吸収合併存続会社，甲社を吸収合併消滅会社とし，合併対価を丁社株式，効力発生日を同年６月１日とする吸収合併契約（以下「本件吸収合併契約」という。）を締結するに至った。

5．Ａには前妻との間に生まれたＤ及びＥの２人の子がおり，Ａの法定相続人は，Ｃ，Ｄ及びＥの３人である。Ａが遺言をせずに急死したため，Ａの遺産分割協議は紛糾した。そして，平成２８年４月下旬頃には，Ｃ，Ｄ及びＥの３人は，何の合意にも達しないまま，互いに口もきかなくなっていた。

6．Bは，本件吸収合併契約について，C，D及びEの各人にそれぞれ詳しく説明し，賛否の意向を打診したところ，Cからは直ちに賛成の意向を示してもらったが，DとEからは賛成の意向を示してもらうことができなかった。

7．甲社は，本件吸収合併契約の承認を得るために，平成28年5月15日に株主総会（以下「本件株主総会」という。）を開催した。Bは，甲社の代表者として，本件株主総会の招集通知をBとCのみに送付し，本件株主総会には，これを受領したBとCのみが出席した。A名義の株式について権利行使者の指定及び通知はされていなかったが，Cは，議決権行使に関する甲社の同意を得て，A名義の全株式につき賛成する旨の議決権行使をした。甲社は，B及びCの賛成の議決権行使により本件吸収合併契約の承認決議が成立したものとして，丁社との吸収合併の手続を進めている。なお，甲社の定款には，株主総会の定足数及び決議要件について，別段の定めはない。

〔設問1〕

　丙社が本件手形の満期に適法な支払呈示をした場合に，甲社は，本件手形に係る手形金支払請求を拒むことができるか。

〔設問2〕

　このような吸収合併が行われることに不服があるDが会社法に基づき採ることができる手段について，吸収合併の効力発生の前と後に分けて論じなさい。なお，これを論ずるに当たっては，本件株主総会の招集手続の瑕疵の有無についても，言及しなさい。

　本問は，他人による手形振出の効力，株式の共有者に対する会社からの通知，株式が共有されている場合における株主権の行使方法，株主総会の決議の瑕疵を争う訴え，合併の差止請求，合併無効の訴え等についての基本的な知識・理解等を問うものである。

　解答に際しては，設問1については，手形署名（記名捺印）の代行による手形行為の有効性及び有効でないとした場合における被偽造者の手形債務の負担の有無を，設問2については，株主総会の招集通知についての会社法第126条第4項の規定の適用及び株式の共有者のうちの一人による議決権の行使につき会社が同意した場合（会社法第106条ただし書）に当該議決権の行使が適法とされるための要件（最高裁平成27年2月19日判決・民集69巻1号25頁参照）を前提に，吸収合併の効力発生前においては株主総会の決議の取消しの訴え（会社法第831条第1項第1号）の可否及び合併の差止請求（会社法第784条の2）の可否等を，吸収合併の効力発生後においては合併無効の訴え（会社法第828条第1項第7号）の可否等を，それぞれ事案に即して整合的に論述することが求められる。

▶ MEMO

第1　設問1について
1　本件手形は，Cが「甲株式会社代表取締役A」の記名捺印をして振り出したものであるが，Cは本件手形を振り出すための代理権を与えられていなかったのであるから，本件手形は偽造手形であるといえる。したがって，甲社は手形債務を負わず，手形金支払請求を拒むことができるとも思える。
2　そうだとしても，いかなる場合も常に被偽造者が手形債務を負わないとすれば，あまりに取引安全を害する。本問において，甲社はCに甲社代表者印等を保管させていたが，このような甲社は手形債務を負わないか。
(1)　前述のように，手形の流通性を高めるためにも，手形取引においては特に取引安全の要請が高いといえる。そこで，被偽造者に帰責事由がある場合には，表見法理により，被偽造者は手形債務を負うべきである。具体的には，①手形が偽造されているなど虚偽の外観が存在し，②かかる外観の作出に被偽造者の帰責性が認められ，③手形債権者がこれを信用して手形取引をした場合には，被偽造者は手形債務を負う。そして，相手方が悪意又は重過失がある場合は表見法理による保護に値しないため，相手方が善意無重過失であることを要する。
(2)　本問において，本件手形はCにより偽造され（①充足），本人である甲社代表者Aは代表者印という極めて重要なものを一経理事務員に過ぎないCに保管させていたのであるから，かか

る偽造には本人たる甲社の帰責事由があるといえる（②充足）。そして，乙社はこれを信用して本件手形を交付され（③充足），甲社はAの入院を伏せていたのであるから，乙社は偽造につき少なくとも善意無重過失であったといえる。
　　さらに，上記表見法理によって保護されるのは，偽造者の直接の相手方に限定されるとする見解もあるが，取引安全を担保して手形の流通性を高めるためにも，その後の相手方も条件を満たす限り保護されると解すべきである。そして，丙社も偽造について善意無重過失であり，手形が真正なものと信じていたのであるから，表見法理によって保護される。
3　したがって，甲社は手形金支払請求を拒むことができない。
第2　設問2（効力発生前について）
1　Dは784条の2に基づき，本件吸収合併の差止請求をすることが考えられる。
(1)　まず，本件株主総会を開催するにあたり，相続により株式の準共有者となったDに対して招集通知がなされていない。これにより，本件株主総会における承認は299条1項違反として無効となり，783条1項違反という「法令……違反」（784条の2第1号）に該当するとも思える。しかし，本問において，株式準共有者のC，D，Eは招集通知を受領すべき者を定めていなかったため（126条3項），甲社は準共有者の一人であるCに通知をすればよく（同条4項），Cに通知はなされ

● 出題趣旨によれば，手形署名の代行による手形行為の有効性について論じることが求められていたところ，本答案は，無権限者Cが直接甲社名義の署名を代行して振り出した本件手形が偽造手形に当たることを端的に指摘できており，適切である。本件手形が機関方式によって振り出されたものである旨答案上明確に言及できれば，さらに丁寧な論述となった。

● 出題趣旨によれば，手形行為が有効でないとした場合，被偽造者の手形債務の負担の有無について論じることが求められていたところ，本答案は，手形の流通性から取引の安全を確保する要請が高いことを理由に，表見法理により被偽造者は手形債務を負うとの理解を示した上で，事案に即して具体的に検討できており，出題趣旨に沿った論述といえる。
　　なお，この点について，判例（最判昭43.12.24／手形百選［第7版］〔13〕）は，無権代理と偽造には方式に差異（代理方式か，機関方式か）があるにすぎず，実質的にはいずれも無権限者による本人名義の手形行為である点において差異はないから，偽造の場合にも表見代理の規定を類推適用できるとする。

● 効力発生前の手段について，差止請求（784条の2）だけでなく，株主総会決議取消しの訴え（831Ⅰ①）も挙げるべきであった（差止請求のみでは決議自体を取り消すことができないため）。

● 「法令……違反」の検討において，本件株主総会ではCに通知されている一方，Dらには通知されていないことから，299条1項に反するとも思えるが，本件株式はCDEの準共有状態にあり（民898参照），CD

ていたため，２９９条１項には違反しない。
(2) では，本件株主総会において，ＣはＤ及びＥに無断で準共有
株式について議決権を行使しているが，これは１０６条本文に
違反しないか。１０６条本文に違反する場合，本件株主総会に
おける承認が無効となり，本件吸収合併が７８３条１項違反で
あるとして，「法令……違反」となり得るため問題となる。
　もっとも，本問において，甲社はＣに議決権行使につき同意
を与えているため，１０６条但書により，Ｃの議決権行使は適
法なものとならないか。
ア　そもそも準共有の株式の権利行使者選定は，準共有物の管
理行為にあたるため，「法令に特別の定め」がない限り，準
共有者の持分の過半数により決するのが民法の原則である
（民法２６４条，２５２条）。そして，会社法１０６条は，
かかる「法令」の「特別の定め」であると解する。
　ここで，同条但書はかかる「特別の定め」の適用を排し，
会社の同意により権利行使者を会社が自由に認めることがで
きると解する見解もある。しかし，このように解せば，準共
有者間の遺産分割に会社が関与し得ることになるため，妥当
でない。
　そこで，会社が同意して「特別の定め」の適用が排除され
た場合には，民法の原則が適用されるべきである。
イ　本問においては，甲社が同意しているため，準共有株式の

権利行使については持分の過半数で決すべきであるところ，
Ｃは２分の１の持分を有するに過ぎないにもかかわらず，独
断で権利行使をしている。したがって，Ｃの議決権行使は１
０６条本文に反する。
　そして，かかる違法は株主総会決議の取消事由（８３１条
１項１号）に該当し，Ｂの議決権数のみでは７８３条１項の
株主総会決議の定足数を満たさないため（３０９条２項１２
号），８３１条２項による裁量棄却もされ得ない。したがっ
て，本件吸収合併契約は７８３条１項に反し，「法令……違
反」があるといえる。
(3) したがって，Ｄが「不利益を受けるおそれがある」場合に
は，上記Ｄの請求は認められる。
2　さらに，Ｄは７８５条２項所定の要件を充足して「反対株
主」となった場合には，株式買取請求を甲社に対してすること
ができる（同条１項柱書）。
第３　設問２（効力発生後について）
　Ｄは吸収合併無効の訴え（８２８条１項７号）を提起すること
が考えられる。
1　この訴えにおける無効事由について明文の規定はないが，吸
収合併は不特定多数の者が関与し，取引安全及び法的安定性の
要請が強いため，無効事由は重大な瑕疵に限定すべきである。
　そして，前述のように本件吸収合併は７８３条１項違反とい

Ｅは会社からの通知を受領する者を
定めていなかったため（126Ⅲ），
甲社は，ＣＤＥのいずれか１人に通
知をすれば足りる（126Ⅳ）。本答
案は，126条３項，４項の規定を適
切に適用した上で，299条違反に関
する検討ができており，出題趣旨に
合致する。

● Ｃは準共有状態にある本件株式に
つき，Ｄらに無断で議決権を行使し
ているが，本件では106条本文に基
づく権利行使者の指定・通知がなさ
れていないため，Ｃによる議決権行
使は認められないのが原則である。
しかし，甲社がＣの議決権行使につ
いて同意を与えていることから，
106条ただし書によって適法となら
ないかが問題となる。出題趣旨によ
れば，判例（最判平27.2.19／会社
百選［第３版］〔12〕）を前提に論
じる必要があり，同判例は，106条
本文は民法の共有に関する規定の
「特別の定め」（民264ただし書）と
解されるところ，会社の同意（106
ただし書）は「特別の定め」である
106条本文の適用を排除するもので
あるとした上で，当該権利の行使が
民法の共有に関する規定に従ったも
のでないときは，たとえ会社が106
条ただし書の同意をしても適法とな
るものではない旨判示している。本
答案は，同判例と同様の理解を示し
た上で，事案に即した検討ができて
おり，出題趣旨に沿った論述といえ
る。

● 効力発生後の手段について，合併
無効の訴え（828Ⅰ⑦）の可否等を
検討できている点で，出題趣旨に合
致する。

う重大な法令違反があるため，無効事由は認められる。
2　もっとも，Dは準共有株式の権利行使者ではないため，「吸収合併する会社の株主……であった者」（828条2項7号）ではないとして，原告適格が認められないのではないか。
(1)　この点について，会社が権利行使者として選定されなかった者を議決権行使者として認める一方で，別の権利行使者として選定されなかった者の原告適格を権利行使者選定の不存在を理由に認めないことは，信義則（民事訴訟法2条）に反するというべきである。
　　そこで，かかる者は「吸収合併する会社の株主……であった者」として，原告適格は認められると解する。
(2)　したがって，Dに原告適格は認められる。
3　また，828条1項7号は「吸収合併の効力が生じた日から6箇月以内」を提訴期間としているが，株主総会決議取消事由の存在による総会決議不存在を無効事由として主張する場合，総会決議取消しの訴えの提訴期間（831条1項柱書）の潜脱とならないためにも，株主総会決議の日から3か月以内に提訴すべきである。
　　したがって，平成28年8月15日までであれば，Dは上記訴えを提起することができる。

以　上

※　実際の答案は4頁以内におさまっています。

● 　本件株式は準共有状態にあり，106条本文に基づく権利行使者の指定・通知がなされていないことから，Dが「株主等」（828Ⅱ⑦）に当たるか，原告適格が問題となる。判例（最判平2.12.4／会社百選［第3版］〔10〕）は，権利行使者を定めて会社に通知していない場合において，権利行使者の指定・通知がないことを理由に会社が権利行使を拒否することが信義則に反するといえるような「特段の事情」がない限り，原告適格を有しないとする。本答案は，同判例と同様の見解を示した上で，「特段の事情」に当たる事情を指摘して妥当な結論を導いており，適切な論述ができている。

● 　本答案は，株主総会決議取消しの訴えの提訴期間が3か月（831Ⅰ）とされている趣旨に鑑み，無効原因として合併承認決議の取消事由を主張することができるのは，決議後3か月以内に限られる旨論述しており，適切である。ここでは，前提として，組織再編の承認決議に取消事由がある場合，決議の取消判決を待つまでもなく（取消判決を待っていては無効の訴えの提訴期間に間に合わないため），組織再編の無効事由として決議取消事由を主張できることについても言及できると，より的確な論理展開となった。

▶ MEMO

第1　設問1について

1　本件手形は，甲社の代表取締役Aではなくいが作成して振り出している。とすると，Cは代表権を有しておらず，本件手形を振り出す権限を有しないため，無権利者による甲社から乙社への振出ということになる。そうすると，本件手形は無効であり，甲社は責任を負わず，丙社からの手形金支払請求も拒めると思える。

2　しかし，丙社は乙社から手形を裏書譲渡されており，丙社の取引の安全を保護する必要がある。そこで，手形法17条に基づき，甲社は丙社からの請求を拒めないのではないか（手形法77条1項1号）。

(1)　約束手形により請求を受けている甲社は，乙社への無権利者の振出という抗弁を丙社へは主張することができない（手形法17条本文）。

(2)　また，丙社は債務者を害することを知って手形を取得したとはいえない（手形法17条但書）。

3　よって，甲社は丙社からの手形金支払請求を拒めない。

第2　設問2について

1　吸収合併の効力発生前の手段について

(1)　まず，Dは，効力発生前であれば吸収合併をやめることを請求するはずである。そこで，784条の2第1号に基づいて吸収合併の差止めを請求することが考えられる。では，甲社と丁社の「吸収合併等が法令……に違反する場合」といえるか。以下，検

討する。

(2)　吸収合併をするためには，消滅会社において株主総会の承認を得なければならない（783条1項）。そこで，Dはその株主総会に瑕疵があるため無効であり（839条参照），783条1項の要件を満たさないとして，「法令」の「違反」を主張する。

(3)　本件の株主総会の具体的な瑕疵についてみていくと，まず甲社は，CDEの株主のうち，招集通知をCにしか送付していない。株主総会の招集通知は「株主」に通知しなければならず（299条1項），「株主総会等」の「招集の手続」に「法令……違反」があるといえないか（831条1項1号）。

ア　この点，CDEは株式を共有しているため，株式会社から「通知」を受けるためには「受領する者」を一人定めなければならない（126条3項）。しかし，CDEはAの地位を相続した後，何も合意しないまま互いに口をきかなくなっている。とすると，甲社に対し，「通知」を「受領する者」を定めたとはいえない。

イ　したがって，126条4項を適用することが可能になり，甲社は，「株式」の共有者の一人に対し「通知」すれば足りる。よって，甲社がCのみに株主総会の招集通知を送ったことは，126条4項により適法であるため，「株主総会等」の「招集の手続」に「法令……違反」があるといえない（831条1項1号）。

(4)　では，甲社がCの議決権行使を認めた措置が「決議の方法」に「法令……違反」があるとして取消事由とならないか（831条

● 本問では，まず無権限者Cが直接甲社名義の署名を代行して振り出した本件手形が偽造手形に当たることを指摘する必要があったが，本答案はこの点について明確に論じられていない。

● 本答案は，手形法17条を摘示して，「人的抗弁」の制限の例外（手形法17条ただし書）が認められるかを検討しているが，偽造は「物的抗弁」であるから，手形法17条の問題にはならない。この点に関しては，再現答案①が良く論述できている。

● 出題趣旨によれば，吸収合併の効力発生前においては，株主総会決議取消しの訴え（831 I ①），及び合併の差止請求（784の2）の可否について検討することが求められている。本答案は，決議取消しの訴えの可否について明示的に検討できていないが，差止請求の中で決議の取消事由の有無について検討できている。

● Cのみに招集通知をした点が瑕疵といえるかについて，株式の共有者に関する規定（126ⅢⅣ）を的確に指摘できており，出題趣旨に合致する。

● 出題趣旨によれば，株式の共有者のうちの1人による議決権の行使に

１項１号）。１０６条ただし書は共有者の権利行使を容認することまで認めているのかが問題となる。

ア　仮に１０６条ただし書が共有者への議決権行使を許容するとなると、会社側が共有者の中から株主を選ぶことになり妥当でない。すなわち、株主が会社の決定権を有するにも関わらず、その株主を会社側が選ぶことは権限分配秩序に反する結果といえる。

イ　そもそも、１０６条本文は民法２６４条の「法令に特別の定めがあるとき」のその「法令」にあたり、民法の共有関係の特則に該当する。そうすると、１０６条ただし書は、広範囲に会社に裁量を認めた趣旨ではなく、民法の共有関係の規定に沿って権利行使者を決定するべきであるとの原則規定の適用を義務付けるだけの効果しか有しないと考える。

ウ　本件でも、甲社が一方的にＣの権利行使を認めたとしても、１０６条ただし書からは正当な権利行使者になるわけではなく、民法２５２条本文の原則規定が適用されるのみである。そして、ＣはＡの株式を相続しているが、８００株中４００株しか有しておらず、過半数を超えていない。したがって、１０６条本文の規定に反し、Ｃは議決権を行使できないにもかかわらずこれを行使しているといえ、「決議の方法」に「法令……違反」がある。

また、裁量棄却（８３１条２項）を検討するに、Ｃが議決権を行使しなければ８００株全て行使できないことになり、そもそも株主総会が成立したとはいえない。そうすると、吸収合併は認められないのであるから、Ｃが議決権を行使したことは「違反する事実が重大」といえる。また、甲社の株主総会が成立しなかったということになるため、「決議に影響」はあるといえる。したがって、裁量棄却は認められない。

エ　もっとも、Ｄ自身は未だ株式の共有者であり、１０６条本文の「通知」をしていない。そうすると、株主総会の原告適格を有していないことになり、そもそも訴えを提起できないのではないか（８３１条１項柱書）。

確かに、原告適格についても１０６条本文の規定を適用しないという理由はないため、原則として、Ｄは「株主等」（８３１条１項柱書）に該当しない。もっとも、会社側が原告適格を否定することに特段の事情が存在すれば、会社側が原告適格を否定することは許されない。

本件についてみると、Ｃの議決権行使を認めておきながら、その共有者であるＤの原告適格を甲社が否定することは、いかにも自己に有利な事情は許容するが不利な事情は認めないという矛盾挙動であり、特段の事情が存在するといえる。したがって、甲社はＤの原告適格を否定できず、Ｄは「株主等」に該当する。

(5)　よって、甲社の株主総会には「決議の方法」に「法令……違反」が存在し、遡及的に取り消される（８３９条参照）。そして、７８３条１項に違反し、「吸収合併等」に「法令……違反」があるため、吸収合併の差止めが認められる（７８４条の２第

つき会社が同意した場合（106ただし書）において、当該議決権の行使が適法となるかどうかについて論じることが求められている。本答案は、会社の同意によって株式の共有者の権利行使を容認した場合の弊害を指摘した上で、概ね、判例（最判平27.2.19／会社百選［第３版］〔12〕）に沿った論述ができており、適切である。

● 上記判例の立場に立って、的確に当てはめがなされており、適切な論述といえる。なお、上記判例は、「共有に属する株式についての議決権の行使は、当該議決権の行使をもって直ちに株式を処分し、又は株式の内容を変更することになるなど特段の事情のない限り、株式の管理に関する行為として、民法252条本文により、各共有者の持分の価格に従い、その過半数で決せられる」旨判示しているところ、本問はもともとＣの持分が過半数を超える事案ではないため、あえて「特段の事情」について検討する必要はないといえる。

● 本答案は、判例（最判平2.12.4／会社百選［第３版］〔10〕）を正しく理解した上で、これを意識しつつ論述しており、適切である。この点、「特段の事情」の有無について、別の判例（最判平3.2.19）が「合併当事会社の株式を準共有する共同相続人間において権利行使者の指定及び会社に対する通知を欠く場合であっても、共同相続人の準共有に係る株式が双方又は一方の会社の発行済株式総数の過半数を占めているのに合併契約書の承認決議がされたことを前提として合併の登記がされている……ようなときは、……特段の事情が存在」する旨判示しており、かかる判旨にも言及できたと、さらに高く評価されたと思われる。

号）。なお，同時に仮処分命令を申し立てるべきである（民事保全法２３条２項）。

2　吸収合併の効力発生後の手段について

(1)　吸収合併の効力が発生してしまった場合には，吸収合併の無効の訴えを提起することが考えられる（８２８条１項７号）。では，「無効」とはいかなる場合をさすか。そして，７８３条１項違反を主張する場合，その法令違反が「無効」事由に該当するかが問題となる。

(2)　会社法が「無効」の訴えを提起する原告適格を限定し，訴えをもってのみ主張することが許されていることからすると，安易に提起されるべきではなく，重大な違法に限定されるべきである。したがって，「無効」とは重大な法令・定款違反に限定されるべきである。そして，吸収合併は会社の組織がすべて変わるという意味において，株主に大きな影響を与える。そこで，株主の意思を尊重しようとした点に７８３条１項の趣旨があるのにもかかわらず，その点に重きをおくことができず吸収合併の根幹の手続がないことと等しい。

　　したがって，７８３条１項の違法は重大な法令違反であり，「無効」事由に該当する。

(3)　また，Ｄは前述のとおり，原則，原告適格を有しないものの，甲社がその点を主張することは，特段の事情があるため訴えを提起できる（８２８条２項７号）。

　　よって，Ｄは吸収合併の無効の訴えを提起することができる（８２８条１項７号）。

以　上

※　実際の答案は４頁以内におさまっています。

● 828条１項７号は，吸収合併の効力が生じた日から６か月以内に，訴えをもってのみ主張できると規定していることから，効力発生後は株主総会決議取消しの訴えではなく吸収合併無効の訴えによること，その中で株主総会決議の瑕疵を主張するには，６か月ではなく３か月以内に提訴する必要があること（再現答案①参照）等を指摘できると良かった。

● 本問における甲社の株主総会が成立しなかったという瑕疵が合併無効事由に該当する旨の論述であることは理解できるが，「そこで，」以下の文章の意味を理解するのは困難である。

▶ MEMO

平成28年・予備

第1　設問1

1　丙は適法に裏書譲渡を受けており，丙は手形債権を取得しているところ，丙は甲に請求できるのが原則である。これに対し，甲は，無権限者による振出である以上，手形債権は成立していないとの物的抗弁をなしうる。かかる反論に対し，丙は，表見法理により，手形債権は適法に成立するとの再反論をなしうる。かかる再反論は妥当か。

2　手形行為においても，相手方の信頼を保護する必要があるから，表見法理が妥当すると解するべきである。具体的には，代理についての表見代理の規定を適用しうる。そして，無権限者が振り出した手形についても，民法１０９条により，①無権限者による振出であって，②虚偽の外観が存在し，③かかる外観について相手方の信頼が存在し，④本人に外観の作出についての帰責事由が存することを要件として，手形債務が成立することになる。

3　本件では，①無権限者による振出であり，②手形用紙や代表者印により代理権が存在するとの外観が存在している。そして，③乙社従業員はこれを信頼し，振出を受けた。④以上につき，本人たる甲においては，Ｃを指示のもとに手形用紙や印鑑を管理させていたという外観作出の帰責事由がある。よって，民法１０９条により，手形債務が成立し，甲は丙の請求を拒むことはできない。

第2　設問2

1　効力発生前

(1)　とるべき手段

　　Ｄは，招集手続に違法があることを前提に，合併についての差止請求ないし差止訴訟を提起すべきである。また，その前提として，合併承認決議の取消訴訟をも提起すべきである。

(2)　本件株主総会の招集手続の瑕疵

　　その前提として，本件株主総会の招集手続の瑕疵について，検討する。

　ア　Ａの死亡により，Ａが有していた株式は，準共有（民法２６４条）状態になる。かかる状態においては，法１０６条所定の指定をすることが権利行使の要件である。本件では，指定がないので，不適法とも思える。しかし本件では，会社が権利行使を容認しており，法１０６条１項但書の要件を満たし，有効となるのが原則である。

　イ　もっとも，権利行使者の指定がない場合に，会社が認めれば常に権利行使が認められるというのは，会社が恣意的に株主を選択できることになり，妥当でない。そこで，民法上の共有物の管理と同視しうる過半数の持分者による権利行使の場合以外は，会社は権利行使者を一部の者にのみ限定することはできないと解するべきであ

● 本問では，まず無権限者Ｃが直接甲社名義の署名を代行して振り出した本件手形が偽造手形に当たることを指摘する必要があったが，本答案はこの点について明確に論じられていない。

● ①本件手形が偽造手形に当たる場合，原則として，被偽造者は手形債務を負わない。しかし，②無権代理と偽造は方式に差異があるにすぎず，実質的には無権限者による本人名義の手形行為である点で差異はないから，③偽造の場合にも表見代理の規定を類推適用することで，例外的に被偽造者も手形債務を負う，という一連の論理展開が設問1に応える上で求められるといえるが，本答案は，上記①②については言及がない上，上記③を唐突に，しかも不正確に論述している点で，不十分な論述となっている。

☆ 改正前民法109条は，改正民法下では109条１項として定められている。

● 条文の摘示は，答案作成上の最低限のルールであり，省略すべきではない。

● 会社法106条を摘示できている点は良いが，「本件では，会社が権利行使を容認しており，法106条１項但書の要件を満たし，有効となるのが原則である」とする部分は，判例法理（最判平27.2.19／会社百選［第３版］〔12〕）の理解としては誤りであり，判例の正しい理解を前提に論述することを求める出題趣旨に反する。

る。このとき，相続人たる地位にあるすべての者が，株主として扱われるべき権利を有する。

ウ　本件では，BとCのみが招集通知を受けている。BとCは，過半数を有してはいない。よって，会社はBとCのみを権利行使者と認めることはできず，Dをも株主と扱うべきであった。よって，BとCにのみ招集通知を発した本件総会決議は，通知もれの違法がある。

(3)　要件

訴訟・請求主体たる「株主」については，上記のとおりDは株主として扱われる権利を有するから，該当する。6か月という期間については，包括承継であるから満たす。よって，要件を満たす。

取消訴訟（法831条1項1号）については，招集手続の違法のため裁量棄却（同条2項）が問題となるが，決議の結論を左右しうる瑕疵であるから，裁量棄却はない。

2　効力発生後

(1)　とるべき手段

合併無効事由が存在することを前提に，合併無効の訴え（法834条7号）を提起すべきである。

(2)　要件

ア　合併無効事由

いかなる違法が合併無効事由になるかについて会社法

● 出題趣旨によれば，「株主総会の招集通知についての会社法第126条第4項の規定の適用……を前提」とした検討が求められている。本答案は，126条4項について摘示できていないだけでなく，招集通知の問題（126条4項の問題）と議決権行使の問題（106条の問題）を混同して論述してしまっており，著しく不当である。

● 合併無効の訴えの根拠条文は828条1項7号である。

上明文の規定がないが，無効の場合には第三者効を有し，法的安定性を著しく害することから，重大な違法がある場合に限ると解するべきである。

本件では，合併承認決議の招集手続に法律違反がある。かかる違法は，裁量棄却の対象にもなりうるところ，重大ではないとも思える。しかし，通知もれは，決議への参加そのものを阻害することにもなり，それ自体重大な違法でありうる。また，本件ではBとCにのみ通知がなされており，他の者への通知いかんによっては決議結果が左右されうるものであったところ，重大性は高度といえる。よって，重大な違法があるといえる。よって，本件では，合併無効事由が存在する。

イ　要件

株主等の要件については，上記の効力発生前の場合と同様である。よって，上記手段をとりうる。

以　上

● 合併無効判決の第三者効についての根拠条文である838条の摘示ができていない。

● 本問は，Cによる議決権行使が106条本文の権利行使者を定めないまま行われた事案から，甲社の合併承認決議（783）の有効性が問題となる事案であったところ，本答案は，この問題点に気付けていない。この点については，再現答案①のような論述をする必要があった。

第1　設問1

　丙社は，甲社に対して，本件手形金の支払請求をする。これに対して，甲社としては，本件手形を振り出したのは何ら振出権限を有しないCであるため，無権代理行為として無効である（民法113条1項）と反論する。本件事情の下では，表見代理規定（同法109，110，112条）の適用が認められるような，本人である甲社の帰責性は認められない。

　したがって，丙社の請求は認められない。

第2　設問2

1　前段について

(1)　Dとしては，本件吸収合併の効力が生じることを差し止めるため，784条の2に基づく請求をすると考える。

(2)　同請求の原告適格は「株主」に認められるところ，Dはそれに当たるか。甲社株式について，CDE3名が相続したところ，いまだ権利行使者を定めていないため，問題となる。

　　共有株式の権利行使に関して，会社関係訴訟を提起する際，共益権は共同相続人間に準共有（民法264条）にあり，権利行使者の選定は共有物の「管理」（252条本文）行為に当たり，過半数で決めることができるとする見解もある。しかし，株式は株式会社の持分であり，その業務執行にかかる共益権を単に財産の共有状態とみることは

妥当ではなく，全員一致で決めなければならないと考える。もっとも，共有関係にかかる株式について，権利行使者を定めない限り一切の権利行使をすることができないとすると，共有関係にある株式を保有する株主の関与がないまま総会運営がなされてしまい，妥当でない。そこで，共有関係にある株主も最低1株以上は保有しているとみて，権利行使者を定めなくても共益権の行使は可能であると考える。

　　そこで，本問において，会社訴訟を提起する共益権はCDEそれぞれが行使可能であるとして，Dは原告適格を有する「株主」に当たる。

(3)　次に，吸収合併消滅会社において，その契約を株主総会決議によって承認を受けなければならない（783条1項）ところ，本件ではその決議に瑕疵があり，結果として決議を欠く合併となることから，「当該合併契約等が法令」「に違反する場合」（784条の2第1号）に当たるか否かを検討する。

　　本件では，DEに本件株主総会の招集通知が発送されていないところ，この手続は299条1項で要求される法定の手続であるため，これを欠くことは831条1項1号の「招集の手続」の「法令」「違反」に当たる。この点，甲社は株主総会に先立ち，共有者Cに対してのみ招集通知を

● 本答案は，「無権代理行為として無効」としているが，本件手形は無権限者Cが直接甲社名義の署名を代行して振り出した偽造手形であるから，誤りである。また，設問1では，表見代理の規定を類推適用して被偽造者の手形債務の負担について検討する必要があるところ，本答案はこの点に関する具体的な検討をしていないから，低い評価にとどまる。

● 判例（最判平2.12.4／会社百選［第3版］〔10〕）は，共同相続人が準共有者としての地位に基づいて株主総会の決議不存在確認の訴え（830Ⅰ）を提起する場合も，権利行使者を定めて会社に通知していないときは，「特段の事情」のない限り，原告適格を有しないとしている。ここでは，上記判例のいう「特段の事情」が認められるかどうかについて検討する必要があった。なお，別の判例（最判平3.2.19）は，「合併当事会社の株式を準共有する共同相続人間において権利行使者の指定及び会社に対する通知を欠く場合であっても，共同相続人の準共有に係る株式が双方又は一方の会社の発行済株式総数の過半数を占めているのに合併契約書の承認決議がされたことを前提として合併の登記がされている……ようなときは，……特段の事情が存在」するとしている。

● 本答案は，DEに招集通知を発しなかったことをもって，招集手続の瑕疵があるとしているが，株式の共

発しているが，会社から権利行使者を指定できるのは，共有者間で権利行使者を定めたにもかかわらず会社に通知していない場合に限定すべきであると考える。なぜなら，そのように解しないと会社から恣意的に株主を選定することができてしまい，会社法の基本的な仕組みに反するからである。本件では，ＣＤＥ間に権利行使者についての決定がされていないことから，甲社がＣに対してのみ招集通知を発したことは，２９９条１項に違反する。

　以上より，７８４条の２第１号の要件を満たす。

(4)　したがって，Ｄの請求は認められる。

2　後段

(1)　この場合，Ｄとしては吸収合併無効の訴え（８２８条１項９号）を提起する。既述の通り，共益権に関してＤは「株主」として認められるため，原告適格が認められる（同条2項9号）。

(2)　無効原因について，明文規定はないが，合併は一般に多数の利害関係人が生じることから，法的安定性の要請が強いため，重大な手続規制違反に限定する。

　本件において，合併無効の訴えの中で吸収合併承認にかかる株主総会決議の取消しが認められれば，これが無効事由に当たると考える。

(3)　したがって，Ｄの請求は認められる。　　　　　以　上

有者に関する規定（126ⅢⅣ）について検討することなく，招集手続の瑕疵を認めるのは不適切であり，知識・理解が不足している。また，本答案は，招集通知の問題（126条4項の問題）と議決権行使の問題（106条の問題）を混同して論述してしまっており，著しく不当である。

● 　本答案は，吸収合併無効の訴え，及び「株主」の根拠条文の摘示を誤っている。正しくは，それぞれ「828条1項7号」，「828条2項7号」である。

● 　828条1項7号は，吸収合併の効力が生じた日から6か月以内に，訴えをもってのみ主張できると規定していることから，効力発生後は株主総会決議取消しの訴えではなく吸収合併無効の訴えによること，その中で株主総会決議の瑕疵を主張するには，6か月ではなく3か月以内に提訴する必要があること等を指摘できると良かった。

平成29年

[商　法]

次の文章を読んで，後記の〔**設問1**〕及び〔**設問2**〕に答えなさい。

1．Ｘ株式会社（以下「Ｘ社」という。）は，会社法上の公開会社であり，株券発行会社ではない。Ｘ社は，種類株式発行会社ではなく，その発行可能株式総数は１０万株であり，発行済株式の総数は４万株（議決権の総数も４万個）である。Ｘ社の事業年度は６月１日から翌年５月３１日までであり，定時株主総会の議決権の基準日は５月３１日である。

2．Ｘ社は，主たる事業である電子機器の製造・販売業は堅調であったが，業績拡大の目的で多額の投資を行って開始した電力事業の不振により多額の負債を抱え，このままでは債務超過に陥るおそれがあった。

　そこで，Ｘ社は，この状況から脱却するため，電力事業を売却し，同事業から撤退するとともに，募集株式を発行し，債権者に当該募集株式を引き受けてもらうことにより負債を減少させる計画を立てた。

3．Ｘ社は，同社に対して５億円の金銭債権（弁済期平成２８年７月１日）を有するＡ株式会社（以下「Ａ社」という。）に対し，Ａ社のＸ社に対する同債権を利用して，募集株式１万株を発行することとして（払込金額は５万円，出資の履行の期日は平成２８年５月２７日），Ａ社にその旨の申入れをしたところ，Ａ社の了解を得ることができた。

　なお，当該募集株式の払込金額５万円は，Ａ社に特に有利な金額ではない。また，Ａ社は，当該募集株式の発行を受けるまで，Ｘ社の株式を有していなかった。

〔**設問1**〕

　Ｘ社がＡ社に対してＸ社の募集株式１万株を発行するに当たって，上記3のＡ社のＸ社に対する５億円の金銭債権を利用するには，どのような方法が考えられるか，論じなさい。なお，これを論ずるに当たっては，その方法を採る場合に会社法上必要となる手続についても，言及しなさい。

4．Ｘ社は，電力事業の売却及び上記3の募集株式の発行により負債額を減少し，債権者に対する月々の弁済額を減額することができたが，電力事業によって生じた負債が完全に解消されたわけではなかった。また，主たる事業においても，大口の取引先が倒産したことなどによって事業計画に狂いが生じ，新たに資金調達をする必要が生じた。そこで，Ｘ社代表取締役Ｙは，Ｙの親族が経営し，Ｘ社と取引関係のないＺ株式会社（以下「Ｚ社」という。）に３億円を出資してもらってＸ社の募集株式を発行することとした（払込金額は５万円，出資の履行の期日は平成２９年

2月1日）。ところが，X社において当該募集株式についての募集事項の決定をした後，Yは，Z社から，同社が行っている事業が急激に悪化したことにより，3億円を払い込むことができない旨を告げられた。Z社の払込みがされずに，当該募集株式の発行ができないこととなると，X社の財務状態に対する信用が更に悪化するだけでなく，払込みをすることができなかったZ社の信用も悪化することが懸念された。そこで，YとZ社は，協議した上で，Z社がX社の連帯保証を受けて金融機関から3億円を借り入れ，これを当該募集株式の払込金額の払込みに充てるとともに，当該払込金をもって直ちに当該借入金を弁済することとした。

5．Z社は，平成29年2月1日，X社の連帯保証を受けて，金融機関（X社が定めた払込取扱機関とは異なる。）から3億円を借り入れ，同日，当該3億円をもって当該募集株式の払込金額の払込みに充て，X社は，Z社に対して，当該募集株式6000株を発行した。

　　なお，当該募集株式の払込金額5万円は，Z社に特に有利な金額ではない。また，Z社は，当該募集株式の発行を受けるまで，X社の株式を有していなかった。

6．X社は，平成29年2月2日，当該払込金をX社の預金口座から引き出して，上記5のZ社の借入金債務を弁済した。

7．その後も，Z社の事業の状態は，悪化の一途をたどった。Z社の債権者であるB株式会社（以下「B社」という。）は，このままではZ社から弁済を受けることができなくなることを危惧し，Z社の保有する上記5のX社の株式をもって，Z社のB社に対する債務を代物弁済するよう求め，Z社もこれに応ずることとした。

　　そこで，平成29年5月29日，Z社は，B社に当該株式の全部をもって代物弁済し，また，B社は，当該株式について，X社から株主名簿の名義書換えを受けた。

〔設問2〕

⑴　上記5の募集株式の発行に関して，X社の株主であるCが，Y及びZ社に対して，会社法上どのような責任を追及することができるか，その手段を含めて論じなさい。

⑵　上記7の代物弁済を受けたB社は，X社の定時株主総会において，当該株式につき議決権を行使することができるか，論じなさい。なお，これを論ずるに当たっては，上記5の募集株式の発行の効力についても，言及しなさい。

　本問は，募集株式の発行に当たって，募集株式を発行する株式会社に対する金銭債権を利用する方法，払込みが仮装された場合の取締役等の責任及び責任追及の方法，払込みが仮装された株式の譲受人が当該株式について議決権を行使することの可否を問うものである。

　解答に際して，設問１については，現物出資の手続（取締役会決議による募集事項の決定，検査役の選任の要否（会社法第２０７条第９項第５号参照）等）や募集株式を発行する株式会社からする相殺の可否（同法第２０８条第３項参照）及びその要件・手続について，論ずることが求められる。設問２(1)については，Ｚ社の払込みが仮装払込みに該当するかどうかを検討した上で，その場合の取締役及び株式を引き受けた者の責任（同法第２１３条の２，第２１３条の３等）について，いずれも株主代表訴訟の対象となることを含めて，論ずることが求められる。また，設問２(2)については，Ｂ社が払込みが仮装された株式の譲受人に該当することを前提に，当該株式につき議決権を行使することができるかについて，同法第２０９条第３項の規定を踏まえて，当該株式の発行の効力（払込みが仮装されたことが当該株式の発行の無効事由になるか）についても言及しながら，整合的に論ずることが求められる。

► MEMO ──────────────────────────────

設問1
1　Ｘ社は，Ａ社のＸ社に対する５億円の金銭債権を出資の目的（会社法（以下法名省略）１９９条１項３号）として，Ａ社に対し募集株式１万株を発行することが考えられる。
2　以下，必要となる手続につき論じる。
　(1)　公開会社であるＸ社においては，「特に有利な金額」（同条３項）の払込金額でもない株式発行の決定は，取締役会の決議で足りる（２０１条１項・１９９条２項）。
　(2)　また，現物出資財産であるＸ社に対する金銭債権に係る負債の帳簿価額を，株式発行にあたり払込金額として定められた価額は超えないから，検査役の選任手続も不要である（２０７条９項５号）。
　　　なお，同号に規定されたデット・エクイティ・スワップは，会社の側から出資の履行に係る債権を相殺に供するものだから，２０８条３項の規制にも抵触しない。
設問2(1)
1　前提として，Ｚ社のＸ社に対する３億円の払込みは，仮装にすぎないとして無効にならないか。
　(1)　会社の資本充実原則から，仮装の払込みは無効である。ただし，預合い（９６５条）とは異なって，見せ金のような仮装払込みは当事者間の内心の問題であり，客観的事情から仮装の意図を認定する必要がある。そこで，払込金

●　本問において，Ｘ社が利用できる手続として，現物出資を挙げることができており，出題趣旨に合致する。

●　出題趣旨によると，現物出資に関する手続として，①取締役会決議による募集事項の決定，②検査役の選任の要否，③募集株式を発行する株式会社からする相殺の可否等の検討が求められていた。本答案は上記①〜③全てについて，簡潔に検討することができており，出題趣旨に合致する。もっとも，②については，出資の履行期日（平成28年５月27日）には，Ａの債権の弁済期（同年７月１日）が到来していないため，「弁済期が到来しているものに限る」（207Ⅸ⑤かっこ書）との抵触が問題となる。この点についても具体的に検討できると良かった。

額，払い戻されるまでの期間の長短，その間の会社資産としての運用の事実の有無を総合的に考慮し，仮装の意図が認定できる場合に，当該払込みは無効となると解する。
　(2)　本件では，払込金額は３億円と巨額である。そして，Ｘ社はＺ社からの払込みの翌日には，３億円をＸ社の預金口座から引き出してＺ社の借入金債務の弁済にあてており，実質的にＺ社に払い戻している。その間に，Ｘ社が会社資産として運用した事実も見られない。
　(3)　以上を総合的に考慮すると，Ｘ社・Ｚ社の仮装の意図が認定でき，Ｚ社の払込みは無効である。
2　したがって，「出資の履行を仮装することに関与した取締役」（２１３条の３第１項，施行規則４６条の２第１号）にあたるＹ，及び「引受人」（２１３条の２第１項１号）のＺ社は，それぞれ２１３条の３，２１３条の２に規定する責任を負う。
3　そして，Ｘ社の株主であるＣは，Ｘ社に対し上記責任を追及する訴えの提起を請求し（８４７条１項），６０日経過後に自ら株主代表訴訟を提起して（同条３項），上記責任を追及することができる。
設問2(2)
1　募集株式の発行の効力
　　上述のようにＺ社の出資は無効となるところ，これにより

●　出題趣旨によると，設問2(1)では，Ｚ社の払込みが仮装払込みに該当するかどうかの検討が求められていた。本答案は，この点について，判例（最判昭38.12.6／百選［第3版］〔8〕）に即した規範を立てた上で，問題文の各事実を摘示して検討することができている。

●　Ｙ及びＺ社に対する責任追及の手段として，株主代表訴訟について検討できており，出題趣旨に合致する。

株式発行自体も無効とならないか。

　この点，改正前の引受担保責任の規定が廃止されたことから，株式発行自体も無効とする考え方もある。しかし，２０９条２項が「株主の権利を行使することができない」と規定していることは，むしろ株式発行自体は有効であり，ただその権利行使が制限されるにすぎないとの考え方と整合する。そして，株式発行を有効と解したとしても，会社その他の利害関係人は２１３条の２や２１３条の３の責任追及が可能であるから，特段の不利益もない。

　そこで，株式発行自体は有効であると解するから，Ｚ社に対する６０００株の発行も有効である。

2　議決権行使の可否

(1)　では，Ｚ社からＸ社株式による代物弁済を受けたＢ社は，その議決権の行使を制限されるか。

　ア　出資の仮装があった株式発行も有効であり，ただ出資の履行があるまで株主の権利行使が制限される（２０９条２項）という瑕疵が付着している。そして，株式の譲渡があった場合も，当該瑕疵は同時に移転する（民法４６８条２項参照）。それゆえ，新株主であっても，出資の履行があるまでは権利行使が制限されるのが原則である。

　　ただし，会社の側から株式の譲渡に伴う名義書換請求

に応じた場合は，「債務者の異議をとどめない承諾」（同条１項）があったのと同視できるから，会社は権利行使の制限を対抗できないと解する。

　イ　本件では，Ｘ社株式による代物弁済という形でＺ社からＢ社に株式譲渡があるところ，Ｘ社はＢ社からの名義書換請求に応じている。

　ウ　したがって，Ｘ社はＢ社の議決権行使の制限を対抗できず，Ｂ社はその議決権の行使を制限されない。

(2)　そして，Ｂ社はＸ社の定時株主総会の基準日（１２４条１項）までに名義書換を受けているから，Ｂ社はＸ社株式につき議決権を行使できる。

以　上

平成29年・予備

● 　出題趣旨によると，本問では，払込みが仮装されたことが当該株式の発行の無効事由になるか否かについての検討が求められていた。本答案は，この点について，反対説に言及しつつ，条文の文言に基づいた検討ができており，出題趣旨に合致する。

● 　出題趣旨によると，本問では，Ｂ社が，払込みが仮装された株式の譲受人に該当することを前提に，当該株式につき議決権を行使することができるかについて，２０９条３項の規定を踏まえた検討をすることが求められていた。本答案は，Ｂ社が，払込みが仮装された株式の譲受人に該当することを前提に，当該株式について議決権を行使できるかを論じることができている点では出題趣旨に合致するが，２０９条３項に言及できなかったために，議決権行使の可否に関する論述について出題趣旨が想定していたものとは異なる論述に終始している。

☆　いわゆる「異議をとどめない承諾」について規定していた改正前民法468条１項は，改正民法下では削除された。もっとも，明文はないものの，債務者による抗弁放棄の意思表示は可能とされている。この意思表示により，譲受人は抗弁事由のない債権を譲り受けたことになるが，会社の側から株式の譲渡に伴う名義書換請求に応じただけでは，抗弁放棄の意思表示があったと解することはできない（∵放棄される抗弁が何であるかが明確に示されていないため）。

第1　設問1
1　株式の発行においては，出資の履行（208条1項）がなければすることができない。そこで，Xとしては，出資の履行に代えて本件5億円の金銭債権を利用することが考えられるが，それについては①払込金と本債権とを相殺する手段，②本件債権を現物出資する手段，がそれぞれ考えられるので，各々その当否と内容を検討する。

● 本問において考えられる方法として，相殺及び現物出資があるということを指摘できており，出題趣旨に合致する。

2(1)　①の手段について
　　まず相殺という手段について，これをAからすることはできない（208条3項）。もっとも，Xから株式を発行したのち，その出資金債権と右債権をXから相殺することも考えられる。この場合，Xとしては払込期日を株式の発行後に定めておくべきであり，このことを取締役会決議で決定しておくべきである（209条1項1号，199条1項4号，同2項，201条1項）。

● 本答案は，現物出資の手続によらない相殺を許容しているが，これが許容されるかについては争いがあるため，理由を示して論述する必要があったといえる。

(2)　②の手段について
　　次に，本件債権を現物出資した上で，これを混同消滅（民法179条）させるという手段について，現物出資であれば原則としてやはり取締役会決議が必要となる（199条1項4号，201条1項）。さらに207条1項から，検査役の選任が必要となるようにも思える。もっとも，債権の場合は，207条9項5号により，例外的にこれが不要となる。

● 現物出資の手続に関し，取締役会決議が必要なこと，及び，検査役の選任の要否について，検討することができており，この点は出題趣旨に合致する。これに加え，弁済期が到来していることといった要件や金銭債権の価額に関する要件等について検討する必要があった。

本件でも，取締役会決議さえあれば本手段をとることができる。
3　以上の2つの手段について，手続はいずれも取締役会決議で足りるので，そのいずれをとっても良いと考える。

第2　設問2(1)
1　Cとしては，株主代表訴訟（847条1項）を提起し，Y，Zに対してそれぞれ213条の2第1項1号，213条の3第1項の責任を追及することが考えられる。Cが継続して6か月以上Xの株式を有していれば，この訴訟提起が認められる。そこで，以下，YZに対する請求が認められるかを検討する。

● Y及びZ社に対する責任追及手段として，株主代表訴訟を指摘できている。

2(1)　Yに対して
　　Yへの請求が認められるためには，本件Zによる払込みが仮装のものであることを要する。
　　そして，払込みとは，資本充実原則から，それが実体のあるものでなければならず，実体を欠く場合その払込みは仮装のものと評価すべきである。具体的には，当該払込みから借入金返済までの時間の長短，当該金員の運用実績の有無，当該金員が会社財産に及ぼす影響の度合い，の諸点を考慮すべきである。
　　本件についてこれを見ると，払込みのなされた平成29年2月1日の翌日には，払込金3億円はXの口座から引き出され，Z借入債務の返済に充てられており，払込みから借入金

● Zによる払込みが仮装払込みに当たるかどうかについて，資本充実原則という原則を踏まえた上で，判例（最判昭38.12.6／百選［第3版］〔8〕）を参考にした規範を定立することができている。また，当てはめにおいても，本問における具体的な事実を摘示し，詳細に検討することができている。

返済までの期間はわずか1日と極めて短い。そして、その期間の間に同金員を運用した形跡は一切ない。そして、本件払込みにかかる3億円は、それ自体巨額である上、当時業績の悪化していたXにとってはその財産の基礎に重大な影響をもたらすものであるといえる。

　以上の諸点を検討すれば、本件払込みは仮装のものであったと評価できる。そして、Yはまさに以上の仮装払込みをZと共謀したのであり、会社法施行規則46の2第1号の責任主体である。また、213条の3第1項ただし書にいう免責事由もない。

　よって、Yは本件仮装払込みにかかる3億円をXに対して支払う義務を負い、Cの請求は認められる。

(2) Zに対して

　Zは、以上の仮装払込みを自らなした者であるから、213条の2第1項1号により、やはり仮装にかかる3億円について、そのXに対する支払義務を負う。よって、Cの請求は認められる。なお、Zは、Yと連帯して（213条の3第2項）その支払義務を負う。

3　以上より、Y、Zに対するCの請求は認められる。

第3　設問2(2)

1　Bが本件株式につき議決権を行使するためには、そもそも本件株式が有効に成立していることが必要である。そこで、仮装

● 本答案は、「213条の3第1項ただし書にいう免責事由もない」としているが、本問は、213条の3第1項ただし書が適用できない事例であると考えられる。すなわち、「出資の履行を仮装した」取締役等は、「注意を怠らなかったことを証明した場合」であっても、213条の3第1項の責任を負う（同項ただし書かっこ書）。そして、「出資の履行を仮装した」か否かは、具体的な行為態様や「出資の履行」の仮装に際して果たした役割等に基づいて判断されるところ、「仮装払込みをZと共謀した」というYの行為態様からすれば、Yは「出資の履行を仮装した」といえるからである。

の払込みによって発行された株式は有効か否かが問題となる。

　この点、転々流通する株式について、その無効を広く認めてしまっては流通の安全を害する。また、仮装とはいえ権限のある者から発行がなされている以上、発行の瑕疵としても大きいものでない。またそもそも、209条2項は、このような株式は有効に成立していることを前提としていると解される。

　よって、仮装払込みによって発行された株式も、なお有効に成立するものと解すべきである。

　本件においても、本件株式の発行にあたっては仮装払込み以外に瑕疵はなく、よって同株式は有効に成立しているといえる。

2　だとしても、209条3項によれば、仮装払込みにかかる募集株式を譲り受けた者について、「悪意又は重大な過失」のある場合、その譲受人について、払込み済みまでの株主の権利の行使を否定する。

　もっとも、そもそも払込みの仮装などは外観から明らかでない上に、本件で特にこれをBにおいて知っていた、あるいは知り得たような事情もない。とすれば、Bは仮装払込みの事実につき「悪意又は重大な過失」がないというべきである。

3　以上より、Bは本件株式について、当該株主総会において株主権を行使することができる。

以　上

● 株式の発行の効力について、条文の文言や株式の性質を踏まえた検討をすることができており、出題趣旨に合致する。

● 払込みが仮装された株式につき議決権を行使することができるかについて、209条3項を摘示して検討することができており、出題趣旨に合致する。

第1　設問1
1　まず，AがXに対して有する金銭債権と出資の履行を相殺することができるかが問題になるものの，208条3項よりこれをすることはできない。
2(1)　では，金銭債権を現物出資として出資の履行をすることができないか。
(2)ア　もっとも，207条9項5号はかっこ書で弁済期が到来しているものについて明記しているところ，金銭債権の弁済期は平成28年7月1日であるにもかかわらず，出資の履行の期日は平成28年5月27日であり，弁済期が未到来である。このような場合にまで現物出資が許容されるか。
　イ　この点，207条9項は柱書で各号に該当する場合には207条の手続を踏まなくてよいとしており，これにあたる場合にも現物出資が成立することを許容している。また，208条3項のように相殺が禁止された趣旨は，相殺された場合には実質的に財産が出資されておらず，資本が増加しないことにある。そうならば，弁済期が未到来の債権を出資したとしても，債務がなくなることから，資本は増加しており，上記弊害は生じない。よって，弁済期が未到来の金銭債権についても現物出資が許容される。
3　そして，現物出資の場合には207条所定の手続を踏む必要がある。まず，1項にあるように検査役の選任を申立て，4項

5項によって調査報告をしなければならない。
第2　設問2
1　(1)について
(1)ア　まず，CはYに対し，429条1項に基づき損害賠償請求することができるか。
　イ　まず，429条1項の法的性質とはいかなるものか。
　　そもそも，429条の趣旨は会社が現代社会の中で大きな役割を担い，その会社の所存は取締役に依存しているところ，かかる事情から取締役の責任を定めた点にある。そうならば，429条は法が特別に定めた法定責任といえる。
　ウ　本件では，Cは会社財産が増えなかったことにより会社経営が悪化し，自己の株価が低下したことを損害とするところ，これは間接損害である。429条1項の趣旨は，前述のとおりであるところ，損害の範囲は広く解すべきで間接損害も含むといえることから，本件における損害も含まれる。
　エ　しかしながら，株主が「第三者」に含まれるか問題になるところ，間接損害の場合には株主代表訴訟（847条3項1項）があるため，含まれない。よって，Cは株主であるため「第三者」といえない。
　オ　以上より，429条1項による請求は認められない。
(2)ア　では，CはY，Zに対し株主代表訴訟をすることができるか。

● 相殺の可否について，一応触れられている。しかし，208条3項は，その文言上，会社側からの相殺は禁止されていないと解することもできるため，同条を解釈し，会社側からの相殺が認められるか否かを論じるべきであった。

● 弁済期が未到来であることに着目し，207条9項5号かっこ書に言及できている。もっとも，本問で検討すべきなのは，弁済期未到来の債権について，会社が期限の利益を放棄することで，207条9項5号の手続を利用できるか否かである。本答案は，この点について論じることができていない。

● 「債務がなくなる」という結果は，相殺をした場合でも変わらないはずであり，本答案の論述は説得力を欠く。

● 207条4項及び5項は，検査役の義務を規定したものであり，X社が取りうる方法とその手続を問われている本問において，これに言及する必要はない。他方，取締役会決議による募集事項の決定については言及できていない。

● 429条1項は，役員等の「第三者」に対する損害賠償責任について規定するものであるところ，設問2(1)で問題となっている責任は，Z社及びYの仮装払込み責任であり，この責任は「株式会社」に対する責任であって，法的性質を大きく異にする。出題趣旨のとおり，まずZ社の払込みが仮装払込みに該当するかどうかを検討する必要があった。

イ　X社は公開会社であるため、２項は用いられないところ、Cは「６か月前から引き続き株式を有する」株主と仮定する。Yは代表取締役であるため、「役員等」にあたる。本件が仮装払込みといえる場合には、２１３条の３より「責任を追及する訴え」といえる。Zについては、「２１３条の２第１項……支払……を求める訴え」といえ満たす。

ウ（ア）　では、本件は仮装払込みといえるか。本件は不返還合意がなく「預合い」とはいえない。そこで、見せ金といえるか否かが問題となる。

（イ）　この点、見せ金は行為そのものは適法であるものの、全体的に見て実質的に金銭が払い込まれているとはいえないものという。よって、見せ金か否かは実質的に判断されるべきである。具体的には、（ⅰ）期間の長短、（ⅱ）資金の運用の有無、（ⅲ）会社財産に与える影響をみる。

（ウ）　本件についてみるに、平成２９年２月１日に借り入れをしたのにもかかわらず、次の日である２日に引き出しており、１日しか経ておらず期間は短い。その間に何かしらの取引を行ったとする事情もなく、資金の運用があるといえない。本件は３億円と高額であり、事業が悪化したX社にとっては大きい金額で会社財産に与える影響も大きい。よって、実質的に見て金銭が払い込まれているといえず、見せ金にあたる。

● 本問におけるZ社の払込みが仮装払込みに該当するかどうか、及び、その責任追及方法として株主代表訴訟を用いることができるかどうかについて、検討することができている。

● 判例（最判昭38.12.6／百選［第３版］〔8〕）を意識して規範を定立することができている。

● 本問の具体的な事実を摘示し、評価した上で、先に定立した規範に従い、当てはめをすることができている。

（エ）　よって、本件は仮装払込みといえる。

（オ）　Zは「引受人」であるため、２１３条の２第１項１号の責任を負う。YはZと協力してかかる払込みをしており、「関与した取締役」にあたる。そして、Zはこれらの話を自分から申し入れており、「注意を怠らなかった」とはいえない。よって、Zは２１３条の３第１項の責任を負う。そして、２１３条の３第２項より、二人は連帯責任を負う。

エ　以上より、Cの株主代表訴訟は認められる。

2　(2)について
(1)　Bは、X社の議決権を行使することができるか。
(2)ア　まず、仮装払込みにおける募集株式の発行は有効か。そうでなければ、B社へ移転したとしても効力を有しないこととなるため、問題となる。

イ　この点、２０８条５項は出資の履行をしないことにより失権することを定めており、期日までに払い込まれない場合でも株式が有効であることを前提としている。また、２１３条の２、３の規定は、不足分を後から補てんすることを定めており、それまで株が有効であることを前提としている。加えて、株を有効とすることで株式間の平等を図ることもできる。よって、仮装払込みの場合でも新株発行は有効であるといえる。したがって、本件も仮装払込みであるが、株の効力は有効である。

● 「関与した取締役」に当たるか否かの検討において、会社法施行規則46条の2に言及することができていない。また、２１３条の３第１項ただし書かっこ書を見落としている。

● 208条５項の理解が誤っている。期日までに出資の履行がなかった場合、募集株式の引受人は、当該募集株式の株主となる権利を喪失し、当該募集株式は発行されなかったことになる。

(3) また，１２４条１項は基準日において株主名簿にある者が議決権行使することを定めるところ，基準日は５月３１日であるのに対し，名義書換えを行ったのは５月２９日であり，基準日における株主といえる。

名義書換えも行われており，株券を発行していないことから，１３０条１項より株式会社その他第三者に対抗できることとなり，ＢはＸに対抗できる。

加えて，Ｘ社は種類株式発行会社でない公開会社であるため，譲渡制限株式を発行していないこととなる。よって，本件株式には譲渡制限はないといえ，１３６条以下の手続は不要である。

(4) 以上より，Ｂは議決権行使ができる。

以　上

※　実際の答案は４頁以内におさまっています。

● 出題趣旨によると，本問では，Ｂ社が議決権を行使できるかについて，209条３項を踏まえて検討することが求められていたが，本答案は209条３項に言及できていない。そのため，本答案の論述は出題趣旨に合致しないものといえる。

▶ MEMO

平成29年・予備

第1　設問1

　会社法（以下，法名略）２０８条３項によれば，募集株式の引受人は，出資債務と株式会社に対する債権とを相殺することができない。他方，２４６条２項によれば，新株予約権者は，会社の承諾を得て，払い込みに代えて，会社に対する債権をもって相殺することができる。

　後者の手続として，まず，２３８条１項によれば，募集事項の決定として，各号に定める事項を決定する必要がある。この決定は同条２項によれば，株主総会の決議にて行う。Ｘ社は公開会社であるから，２４０条１項より，取締役会の決定で決する。

第2　設問2

1　問(1)について

　Ｘ社株主Ｃは，株主代表訴訟を提起する（８４７条１項）。この請求を受けて，Ｘ社が６０日以上何もしなければ，Ｃは自ら，Ｘ社のために，訴えを提起できる（８４７条３項）。

⑴　Ｙの責任

　２１３条の３によれば，出資の履行の仮装に関与した取締役は，賠償責任を負う。

　Ｘ社代表取締役ＹとＺ社が，協議した上で，Ｚ社がＸ社の連帯保証を受けて金融機関から３億円を借り入れ，これをＸ社の募集株式の払込金額の払込みにあてるとともに，当該払込金をもってただちに当該借入金を弁済した点について，払込金がＸ社の運転資金となった実績がなく，また，Ｘ社が払込金を所持していた期間が短すぎる点からして，仮装払込みにあたる。

　Ｙはこれに主体的に関与したので，２１３条の３に基づき，３億円の賠償責任を負う。

⑵　Ｚ社の責任

　２１３条の２第１項第１号に基づき，３億円の賠償責任を負う。

2　問(2)について

　Ｚ社に対する募集株式の発行の効力は，無効である。なぜなら，仮装払込みを有効とすると，会社財産の保護が図られず，会社債権者を害するからである。

　無効な株式を代物弁済として受け取った第三者がいたとしても，無効なものを有効にする根拠がないので，無効のままである。よって，Ｂ社は議決権を行使することができない。

　なお，Ｘ社が当該株式を追認することもできない。

以　上

● 　本問で問われているのは，募集株式の発行のために考えられる方法である。新株予約権の発行と募集株式の発行は全く別の手続であるから，本問で新株予約権の発行に言及する意味はない。むしろ，両者の区別がついていないのではないかと，会社法の理解を疑われかねない記述といえる。

● 　Ｚ社の払込みが仮装払込みに該当するか否かを判断するための規範が明示されていない。当該論点は，本問の結論を左右する，重要な論点といえるため，規範を定立した上で，丁寧に当てはめをすべきであった。

● 　本答案は，仮装払込みが無効であることから，直ちに募集株式の発行も無効となると考えていると思われるが，このように考える論理的な必然性はない。この点については，再現答案①のように，２０９条や２１３条の２，２１３条の３などの規定に言及しつつ検討すべきであった。

平成30年

[商　法]

　次の文章を読んで，後記の〔設問１〕及び〔設問２〕に答えなさい。

1．甲株式会社（以下「甲社」という。）は，トラックによる自動車運送事業を主たる目的とする
　会社法上の公開会社であり，かつ，監査等委員会設置会社である。甲社は種類株式発行会社では
　なく，平成２４年から平成２９年５月３１日までの間，その発行済株式の総数は１００万株であ
　った。甲社は，近い将来その発行する株式を金融商品取引所に上場する準備を進めており，その
　発行する株式について，１００株をもって１単元の株式とする旨を定款で定めている。なお，甲
　社には，単元未満株主は存在せず，また，会社法第３０８条第１項括弧書き及び第２項の規定に
　より議決権を有しない株主は存在しない。

2．甲社の定款には，監査等委員である取締役の員数は３名以上５名以内とすること，事業年度は
　毎年４月１日から翌年３月３１日までの１年とすること及び毎年３月３１日の最終の株主名簿に
　記載された議決権を有する株主をもってその事業年度に関する定時株主総会において議決権を行
　使することができる株主とすることが定められている。

3．甲社の監査等委員である取締役は，社内出身者Ａ，甲社の主要取引先の一つである乙株式会社
　の前会長Ｂ及び弁護士Ｃであり，いずれも平成２８年６月２９日に開催された定時株主総会にお
　いて選任された。なお，Ｂ及びＣは，社外取締役である。

4．Ｄは，平成２４年から継続して甲社の株式１万株を有する株主として株主名簿に記載されてい
　る。Ｄは，甲社の株式の上場には財務及び会計に関する知見を有する社外取締役を選任すること
　などによるコーポレート・ガバナンスの強化が必要であると考え，ＡからＣまでに加えて，新た
　に監査等委員である取締役を選任するための株主提案をすることとした。Ｄは，平成２９年４月
　１０日に，甲社の代表取締役Ｅに対し，監査等委員である取締役の選任を同年６月末に開催され
　る定時株主総会の目的（以下「議題」という。）とすること及び公認会計士Ｆを監査等委員であ
　る取締役に選任する旨の議案の要領を定時株主総会の招集通知に記載することを請求した。

5．他方で，甲社は，トラックによる運送需要の増加によって，その業績が好調な状況にあったこ
　とから，迅速かつ積極的に事業の拡大を図ることとし，これに必要となるトラックの購入や駐車
　場用地の確保のための資金に充てる目的で，平成２９年５月８日に取締役会の決議を経た上，募
　集株式の数を２０万株，募集株式の払込金額を５０００円，募集株式の払込みの期日を同年６月
　１日，甲社の主要取引先の一つである丙株式会社（以下「丙社」という。）を募集株式の総数の
　引受人として，募集株式を発行した。この募集株式の払込金額は丙社に特に有利な金額ではなく，
　また，その発行手続に法令違反はなかった。そして，甲社は，丙社からの要請もあり，この募集
　株式２０万株について，丙社を同月２９日に開催する定時株主総会における議決権を行使するこ

とができる者と定めた。

6. 甲社は，平成２９年６月２９日に開催した定時株主総会（以下「本件株主総会」という。）の招集通知に上記４の議題及び議案の要領を記載しなかった。

〔設問１〕

　　株主Ｄから上記４の請求を受けた甲社が本件株主総会の招集通知に上記４の議題及び議案の要領を記載しなかったことの当否について，論じなさい。なお，甲社の定款には，株主提案権の行使要件に関する別段の定めはないものとする。

7. 甲社の監査等委員である取締役としてのＢの報酬等は，１年間当たり金銭報酬として６００万円のみである。また，Ｂは，甲社の監査等委員である取締役に就任するに当たり，定款の定めに基づき，会社法第４２３条第１項の責任について，Ｂが職務を行うにつき善意でかつ重大な過失がないときは，同法第４２５条第１項の最低責任限度額を限度とする旨の契約を甲社と締結した。

8. その後，甲社には本店所在地近辺においてトラックの駐車場用地を確保する必要が生じたが，甲社は適当な土地を見付けることができない状況にあったところ，Ｂが全部の持分を有する丁合同会社（以下「丁社」という。）の保有する土地が，場所及び広さ共に甲社が必要とする駐車場用地として適当であったことから，甲社は丁社からこの土地をトラックの駐車場として賃借することとした。甲社の代表取締役Ｅは，甲社の事業の都合上，本店所在地近辺における駐車場用地の確保が急務であったことから，賃料の決定に際して丁社の全部の持分を有するＢの意向を尊重する姿勢をとっていた。平成２９年７月１日，Ｅが甲社を代表して，Ｂが代表する丁社との間で，この土地について，賃貸期間を同日から平成３０年６月３０日まで，賃料を１か月３００万円とする賃貸借契約（以下「本件賃貸借契約」という。）を締結した。なお，本件賃貸借契約の締結に当たり，甲社は，会社法上必要な手続を経ていた。本件賃貸借契約の賃料は周辺の相場の２倍というかなり高額なものであったが，甲社は平成３０年６月３０日までの間に丁社に対して同月分までの賃料を支払った。

〔設問２〕

　　上記８の事実に関するＢの甲社に対する会社法上の損害賠償責任の有無及びその額について，論じなさい。

　本問は，株主提案権の行使要件と新株発行による総議決権数の変動との関係及び利益相反取引（直接取引）に基づく取締役の任務懈怠責任と責任限定契約との関係を問うものである。

　設問1は，公開会社かつ取締役会設置会社であって単元株式制度を採用している株式会社における株主提案権（議題提案権（会社法第303条）及び議案要領通知請求権（同法第305条））の行使要件を指摘した上で，どの時点で議決権保有要件を充足する必要があるかを検討しなければならない。株主提案権行使時点では議決権保有要件を充足するが，株主提案権行使後の新株発行及び議決権付与（同法第124条第4項本文）により株主総会の時点では議決権保有要件を充足しない場合に，当該議題及び議案の要領を招集通知に記載しなかった会社の取扱いの当否を検討することになる。会社法にはこのような場合を規律する直接明文の規定がないため，適切な規範を定立して事案に当てはめる必要がある。

　設問2は，監査等委員会設置会社における利益相反取引をした社外取締役の損害賠償責任（会社法第423条第1項）の発生要件につき，同条第3項及び第4項や会社が被った損害額にも触れた上で，損害賠償責任の有無を事案に即して検討することが求められる。その検討に当たっては，同法第428条第1項及び第2項の適用があるかを判断するために，本件賃貸借契約が同法第356条第1項第2号の直接取引のうち「自己のため」又は「第三者のため」のいずれに該当するかを認定する必要がある。前者とする場合には，帰責事由がないことをもって同法第423条第1項の責任を免れることができず（同法第428条第1項），また，同法第427条の責任限定契約による責任軽減が認められないことになる（同法第428条第2項）。他方，後者とする場合には，同契約による責任軽減の可否が問題となり，同契約で限度として定めた最低責任限度額（同法第425条第1項第1号ハ）の算定が必要となる。ただし，職務を行うにつき悪意又は重大な過失があるときは，責任軽減は認められない（同法第427条第1項）。いずれの場合でも，損害賠償責任が発生するとしたときは，具体的な賠償責任額を算定しなければならない。

▶ MEMO

第1　設問1

　以下より，不当である。

1　本件でのDの4の請求は，会社法（以下省略）303条1項及び305条1項に基づく請求である。

2(1)　本件では，甲社は，公開会社であり，監査等委員会設置会社であることから，327条1項1号及び3号より，取締役会設置会社である。

(2)　また，甲社の発行済株式の総数は100万株であり，100株をもって1単元の株式とする旨を定款で定めているため，その議決権の総数は1万議決権である。

　　本件では，Dは甲社の株式1万株を有しているため，甲社において，100議決権を有しているといえる。

　　そのため，Dは「総株主の議決権の百分の一……以上の議決権……を有する株主」（303条2項）にあたる。

(3)　さらに，Dは上記の請求を平成29年4月10日に行っており，本件株主総会は平成29年6月29日に開催されているため，「株主総会の日の8週間……前まで」（303条2項後段，305条1項本文）に請求しているといえる。

3　上記請求に対する甲社の反論として，甲社の丙社に対する，平成29年6月1日における募集株式の発行により，本件株主総会時点においては，甲社の発行済株式の総数は12

● 議題提案権（303）及び議案要領通知請求権（305）の行使要件を検討する前提として，甲社が公開会社かつ取締役会設置会社であり，単元株式制度を採用していることを示すことができており，適切である。

● 議決権保有要件は，議案要領通知請求権（305Ⅰただし書）との関係でも問題となることを指摘すべきである。

● 行使要件として，6か月間の継続保有要件（303Ⅱ前段，305Ⅰただし書）の充足性も検討すべきである。

0万株であり，その議決権の総数は，1万2000議決権となり，Dは303条1項及び305条1項の要件を満たさないと主張することが考えられるが，以下より，認められない。

(1)　303条1項及び305条1項の趣旨が，株主の意見を会社運営に反映させるという点にある以上，議決権の要件を満たすか否かについては，その請求時を基準として判断すべきである。

(2)　本件では，Dの4の請求時たる平成29年4月10日時点では，上記の甲の丙に対する募集株式の発行はなされておらず，Dは請求時において，303条1項及び305条1項の議決権の要件を満たす。

　　したがって，Dの請求は認められるべきであり，甲社が本件株主総会の招集通知に議題及び議案の要領を記載しなかったことは不当である。

第2　設問2

　以下より，Bは甲社に対し，423条1項に基づき，1800万円の損害賠償責任を負う。

1　本件では，Bは甲社の社外取締役であり，「取締役」（423条1項）にあたる。

2(1)　本件では，「取締役」たるBが丁社を代表して，甲社と本件賃貸借契約を締結しており，丁社はBが全部の持分を

● 出題趣旨によれば，「株主提案権行使時点では議決権保有要件を充足するが，株主提案権行使後の新株発行及び議決権付与（同法第124条第4項本文）により株主総会の時点では議決権保有要件を充足しない場合に，当該議題及び議案の要領を招集通知に記載しなかった会社の取扱いの当否を検討すること」が求められていた。本答案は，124条4項本文・同ただし書を摘示して上記の問題を検討できていない点では不十分である（この問題点の詳細については，再現答案②コメント参照）。もっとも，本答案は，上記の問題点について，303条・305条の趣旨から自分なりに考察する姿勢が評価されたものと思われる。

有する合同会社であるため，本件賃貸借契約による丁社の利益は事実上，Bの利益となる。

そのため，Bは丁社と事実上，同一人格であるといえ，本件賃貸借契約は「取締役が自己……のために株式会社と取引をしようとするとき」（３５６条１項２号）にあたる。

(2) また，本件賃貸借契約の賃料は周辺の相場の２倍というかなり高額のものであり，甲社は平成３０年６月３０日までの間に丁社に対して同月分までの賃料として３６００万円を支払っているが，本来であれば，１８００万円の賃料で足りていたといえる。

そのため，本件賃貸借契約の締結により，上記の差額分である１８００万円の損害が甲社に生じており，「３５６条１項２号……の取引によって株式会社に損害が生じたとき」（４２３条３項柱書）にあたる。

したがって，４２３条３項１号より，Bは「任務を怠ったもの」と推定される。

3 Bの反論として，本件では，Bは甲社と責任限定契約（４２７条１項）を締結していることから，以下の通り，Bの負う責任は６００万円にとどまると主張することが考えられるが，以下より，認められない。

(1) 確かに，本件では，甲社の監査等委員である取締役とし

てのBの報酬等は，１年間当たり金銭報酬として６００万円であり，Bは甲社の社外取締役として「取締役」（４２５条１項１号ハ）にあたるところ，その最低限度額は１２００万円となり，「賠償の責任を負う額」たる１８００万円から最低責任限度額たる１２００万円「を控除して得た額」として６００万円の範囲でBは責任を負うとも思える。

(2) もっとも，本件賃貸借契約は「３５６条１項２号……の取引」であり，「自己のためにした取引」にあたるため，４２８条２項及び同条１項より，責任限定契約の存在を抗弁として主張することができない。

以　上

● 出題趣旨によれば，本件賃貸借契約が356条１項２号の直接取引のうち「自己のため」又は「第三者のため」のいずれに該当するのかを認定する必要があるとされている。本答案は，「ために」の解釈について，名義説・計算説のいずれに立つのかを明らかにしていないが，一応，上記出題趣旨に合致する論述はすることができている。

● 423条３項に言及し，損害額がいくらなのかについても丁寧に検討できている。

● 出題趣旨によれば，Bの甲社に対する損害賠償責任を検討する上で，423条４項にも触れることが求められていた。したがって，Bが「監査等委員」（423Ⅳかっこ書）であって，同条４項が適用されないことを述べられると良かった。

● 出題趣旨によれば，本件賃貸借契約を「自己のため」の直接取引とする場合には，帰責事由がないことをもって423条１項の責任を免れることができず（428Ⅰ），また，427条所定の責任限定契約による責任軽減も認められない（428Ⅱ）。本答案は，この点をきちんと踏まえて結論を出しており，的確な論理展開として高く評価されたものと思われる。

第1　設問1
1　Dは，甲社の平成29年6月29日に開催される定時株主総会において，株主提案権（303条）を行使しようと平成29年4月10日に株主総会の議題と議案を招集通知に記載することを請求しているが，甲社は招集通知にDの提案を記載しなかった。
2　甲社は監査等委員会設置会社であるため，取締役会設置会社である（327条1項3号）。
　　取締役会設置会社においては，総株主の議決権の100分の1以上又は300個の議決権を6か月以上前から引き続き保有する株主に限り，株主提案権を行使することができるとされている（303条2項）。
　　Dは平成24年より継続して6か月以上にわたり甲社株式を1万株（100単元）有する株主であるところ，平成29年4月10日に株主提案をした時点において，1万株（100単元）／100万株（10000単元），すなわち甲社株式全体の100分の1の議決権を保持しているため，その時点で甲社の株主提案権を行使する資格がある。
3　それに対して，甲社としては，平成29年6月1日に丙社に対して募集株式20万株を発行しており，6月29日の定時株主総会において丙社について議決権を行使することができる者と定めているから，定時株主総会の時点においてDの

保有株式は総議決権の120分の1となり，100分の1以上の要件を満たさなくなるため，招集通知にDの提案を記載しなくとも不当ではないと主張することが考えられる。では，どちらの主張が正当か。
4　思うに，株主提案権が行使できる期間を株主総会の開催される8週間前までとしているのは，少なくとも総会開催の8週間前の時点で条文の要件を満たす株主には株主提案権を保障している趣旨であり，その後の事情の変更により総会当日の持ち株割合が条文の要件を満たさなくなったとしても，株主提案権の行使には影響しないと考える。
5　本問において，少なくとも総会開催の8週間前である4月の段階では甲社の総株式数は100万株であり，1万株を保有するDは総議決権の100分の1以上という基準を満たしているため，Dは株主提案権を行使できる者として取り扱われるべきであると解する。
　　したがって，甲社がDの提案を招集通知に記載しなかった対応は不当であると考える。
第2　設問2
1　Bは利益相反取引（356条1項2号）をして甲社に損害を与えたとして，423条1項，3項によって責任を負うことが考えられる。
2　まず，Bが本件土地を賃料300万円で甲社に賃貸した行

出題趣旨によれば，「株主提案権行使時点では議決権保有要件を充足するが，株主提案権行使後の新株発行及び議決権付与（同法第124条第4項本文）により株主総会の時点では議決権保有要件を充足しない場合に，当該議題及び議案の要領を招集通知に記載しなかった会社の取扱いの当否を検討すること」が求められていた。
　この点，丙社は基準日後，株主総会前の募集株式の発行により株主になった者であるから，当該基準日に係る権利を行使できないのが原則である（124Ⅰ）。しかし，基準日制度が会社の便宜のための制度にすぎないことや実務上の要請から，会社が認めれば，基準日後に株式を取得した者でも議決権を行使することができる（124Ⅳ本文）。本問では，甲社は，丙社を議決権を行使できる者と定めているが，これにより，基準日株主たるDが株主提案権の行使要件を満たさなくなってしまったため，「当該株式の基準日株主の権利を害することができない」と規定する124条4項ただし書に抵触するのではないかが問題となる。
　この問題については，124条4項の趣旨等を踏まえて，説得的な論述ができれば，結論としては適当・不当のいずれでも良いと思われる。例えば，甲社の迅速かつ積極的な事業拡大のための丙社への募集株式発行には何ら問題がなく，Dの権利行使を妨害しようとする特段の事情も認められない本問事案の下では，甲社の取扱いは124条4項ただし書に抵触せず，適当であるといった論述が考えられる。
　なお，124条4項ただし書に抵触する場面としては，基準日後に基準日株主から株式を譲り受けた者に対して，会社がその議決権の行使を認

為について利益相反取引（３５６条１項２号）にあたるかどうか，検討する。
(1)　Ｂは甲社の監査等委員を兼ねる「取締役」である。
(2)　「ために」とは名義のことを指すと解される。丁合同会社はＢが全部の持分を有する１人会社であり，かつ，Ｂは丁社の代表であるから，Ｂは丁社と同視できる。そこで「自己」であるＢの「ために」株式会社である甲社と取引をしたといえる。よって，３５６条１項２号の取引をしたといえる。
(3)　４２３条３項においては，３５６条１項２号の取引によって株式会社に損害が生じた場合には，取引を行った取締役は任務懈怠が推定され（４２３条３項１号），４２３条１項の責任を負うこととなる。甲社は本件土地について，１か月３００万円という相場の２倍の賃料にてＢと賃貸借契約を締結し，実際に１２か月分の賃料を支払っている。そこで，甲社には相場賃料と３００万円との差額である１５０万円×１２か月分の計１８００万円の損害が生じていると考えられ，更に損害とＢのした取引行為の間には因果関係が肯定できる。
　　なお，Ｂは監査等委員である取締役であるため，４２３条４項は適用されない。
　　したがって，４２３条３項にてＢの任務懈怠が推定され

るa こととなる。
(4)　次に，Ｂが甲社との間で締結している責任限定契約が適用されるか検討する。Ｂは甲社との間で４２５条１項の最低責任限度額を限度とする旨の契約を締結している。Ｂは甲社の社外取締役であるから４２５条１項１号ハの取締役であり，年収６００万円に２を乗じた１２００万円が限度額となる。
　　しかし，本問では，責任限定契約が適用されるのは，Ｂが職務を行うにつき善意かつ重過失がないときに限られるとされている。Ｂは，本件土地の賃料の決定において，ＥがＢの意向を尊重して相場より２倍も高い賃料に設定したことにつき悪意であったと推測される。また，Ｂが仮に相場より２倍もの賃料であることにつき知らなかったとしても，甲社との賃貸契約を締結するにあたり，Ｂは少なくとも適正賃料につき調査する義務があったと考えられるが，それをしなかった点で重過失があると考える。したがって，責任限定契約は適用されないと解する。
(5)　したがって，Ｂは，甲社に生じた損害全額である１８００万円について甲社に対して４２３条１項により損害賠償義務を負うと考える。
以　上

めるようなケースが挙げられる。

●　甲社がいくらの損害額を被ったのかという点や，４２３条３項に言及することができており，出題趣旨に合致する。また，Ｂが「監査等委員」（４２３Ⅳかっこ書）であって，４２３条４項が適用されないことも述べることができており，本問事案を丁寧に分析して的確な論理展開ができている。

●　本答案は，本件賃貸借契約は「自己のため」の直接取引であるという構成を採っている。そうすると，帰責事由がないことをもって４２３条１項の責任を免れることができず（４２８Ⅰ），また，４２７条所定の責任限定契約による責任軽減も認められない（４２８Ⅱ）はずである（したがって，最低責任限度額を算出する意味もない）。しかし，本答案は，結論としては「責任限定契約は適用されない」としているものの，その理由が４２８条２項の適用によるというものではなく，Ｂに重過失があったというものであるから，誤りである。

第1　設問1

1　株主Dは議題の提案及び議案の要領を通知するよう請求している。もっとも、甲社は招集通知に議題及び議案の要領を記載しなかった。かかる対応は会社法上認められるか。議題提案権（会社法（以下略）303条1項）及び議案通知請求（305条1項）が適法になされているといえるか。

2(1)　まず、甲社は監査等委員設置会社であるから、取締役会設置会社である（327条1項3号）。そのため、議題提案権においても議題通知請求権においても株主総会の日の8週間前までに請求することが必要である（303条2項・305条1項）ところ、平成29年6月29日に開催された株主総会について、Dは同年4月10日に請求を行っており、かかる要件は満たす。

(2)ア　もっとも、請求には総株主の議決権の100分の1以上の議決権又は300個以上の議決権を持っていることが必要である。そして、100株をもって1単元とされている以上、Dは有する議決権は100個であるため、株主総会時において議決権の100分の1である120個を下回っており、また300個に満たない。

　　　もっとも、100分の1の割合については請求を行った時点では条件を満たしていたため、Dの請求は適法であるとも思える。そのため、どの時点において条件を満

たしていることが必要といえるか問題となる。

イ　ここで、当該株主総会についての提案権であるし、株式会社において株式発行が行われることは株主であれば予見することができるから、株主総会時点において条件を満たしている必要があるのが原則である。もっとも、株主の利益を害するために株式発行が行われた場合には、かかる株主の権利を保護するため株式総会時点を基準とせず、請求時において条件を満たしていれば請求が認められると考える。

ウ　本件では、Dの請求後である同年6月1日に20万株の発行が行われている。もっとも、迅速かつ積極的に事業の拡大を図り、これに必要となるトラックの購入や駐車場用地の確保のための資金に充てる目的で株式の発行を行っており、その目的が不当なものとはいえない。そして、募集株式の払込金額も特に有利な価格でもなく、その発行手続に法令違反もなかったため、かかる点にも不当な点はない。さらに、丙社に対して基準日後の取得であるにもかかわらず議決権行使を認めているが、これは会社法上認められている（124条4項）ものであるし、丙社からの要請もあって議決権行使を認めたものであり、不当な目的があるとは認められない。そのため、株主の利益を害するために株式発行が行われたとはいえ

● 議題提案権（303）及び議案要領通知請求権（305）の行使要件を検討する前提として、甲社が取締役会設置会社であることや、行使期間要件（303Ⅱ後段、305Ⅰ本文）・議決権保有要件の充足性を検討できている点は良い。

　もっとも、行使要件として、6か月間の継続保有要件（303Ⅱ前段、305Ⅰただし書）の充足性も検討すべきであり、その前提として、甲社が公開会社であることも指摘すべきであった。

● 本答案は、「株主提案権行使時点では議決権保有要件を充足するが、……株主総会の時点では議決権保有要件を充足しない場合に、当該議題及び議案の要領を招集通知に記載しなかった会社の取扱いの当否を検討」している点で、出題趣旨に合致する（この問題点の詳細については、再現答案②コメント参照）。

　この点、本答案は、検査役選任請求と議決権保有要件が争点となった判例（最決平18.9.28／百選［第3版］〔59〕）の趣旨を踏まえて規範を定立し、本問事案の事実を指摘しつつ具体的に検討することができている。

● 124条4項本文を指摘することができている。

ず，Dの請求は条件を満たしているとはいえない。
3　したがって，Dの議題提案及び議案通知請求は適法になされたものとはいえず，甲社の対応は会社法上認められる。
第2　設問2
1　まず，Bは甲社に対して損害賠償責任（423条1項）を負うか。本件賃貸借契約はBが全部の持分を有する丁社との間で行われているため，利益相反取引（356条1項2号3号・365条1項）にあたり，任務懈怠が推定（423条3項1号）されないか。
2　本件賃貸借契約は直接取引（356条1項2号）にあたるか。
(1)　ここで，実質的な利益帰属主体が問題となる場合には間接取引（同項3号）によるべきであるし，基準の明確性の観点から，「自己又は第三者のために」とは，自己又は第三者の名義によることを指す。
(2)　本件では，甲社と取引を行っているのは丁社でありBではないから，直接取引にはあたらない。
3　では，間接取引にあたるか。
(1)　ここで，「利益が相反する取引」とは，間接取引規制が取締役が会社を害して自己の利益を図ることを防ぐ趣旨であることから，客観的にみて会社と取締役の利益が相反する類型の取引を指すと考える。

(2)　本件では，甲社は丁社と取引を行っているものの，丁社はBが全部の持分を有する会社であり，実質的な支配者はBといえる。さらに，甲社は賃料の決定に際してBの意向を尊重しているため，Bは本件契約に影響を与えるおそれがあったといえる。そのため，客観的に見て会社と取締役の利益が相反する類型の取引であるといえ，「利益が相反する取引」にあたる。そのため，間接取引にあたる。
4　そして，甲社は本件賃貸借契約締結にあたって会社法上必要な手続を経ていたが，賃料が周辺の相場の2倍となる高額なものであり，相場との差額である1800万円について甲社に「損害」が生じている以上，間接取引を行ったBに任務懈怠が推定される。また，1800万円について「損害」が認められる。
5　もっとも，甲社とBの間で責任限定契約がなされているため，Bの責任は1200万円の範囲にとどまるとも思える（425条1項1号ハ）。もっとも，Bは本件賃貸借契約の締結にあたって賃料の決定に関与しているため，相場の2倍を超える賃料額を決定したことにつき，職務を行うについて重過失があるといえ，責任限定契約は適用されない。
6　したがって，Bは甲社に対し1800万円の範囲で損害賠償責任を負う。

以　上

● 356条1項2号の「ために」とは，通説である名義説の立場に立てば，取引の法律上の当事者になること（自己又は第三者の「名で」）を意味する。したがって，取締役自身が会社の相手方となる場合（「自己のため」），及び取締役が他の会社等を代表する場合（「第三者のため」）がこれに当たると一般的に解されている。
　この点，本件賃貸借契約はEが甲社を代表して，Bが代表する丁社との間で締結されている以上，Bと丁社を同一視するかどうか（「自己のため」か「第三者のため」か）は別にしても，少なくとも本件賃貸借契約が直接取引に該当することはほぼ争いないものと思われる。

● 出題趣旨によれば，本件賃貸借契約が直接取引に当たることを前提に，「自己のため」又は「第三者のため」のいずれに当たるかを検討した上で，責任限定契約の適用の有無や責任軽減の可否について検討することが求められていた。本答案は，本件賃貸借契約を間接取引としているため，428条を指摘することができておらず，出題趣旨に合致しない。

第1　設問1
1　甲社が議題及び議案の要領を記載しなかったことは適法
　か。Ｄによる本件議題及び議案の要領通知自体が適法か問題
　となる。
　(1)　甲社は監査等委員会設置会社であるから取締役会設置会
　　社にあたる（会社法（以下法令名省略），３２７条１
　　項）。したがって，議案の要領通知を甲社に対し３０５条
　　１項に基づき請求するには，総株主の議決権の１００分の
　　１を有することが要件の一つとなる。Ｄは甲社の発行済株
　　式１００万株のうち１００分の１にあたる１万株を，議案
　　記載することを甲社に対して請求した平成２９年５月８日
　　時点において有している。もっとも，本件株主総会時には
　　甲社は丙社に対し２０万株発行に伴い発行済株式が
　　１２０万株となっており，Ｄは持株比率１００分の１の要
　　件を満たさなくなっていることから問題となる。
　(2)　この点，法が議案要領通知請求権を少数株主権とした趣
　　旨は，議案は株主であれば誰でも提出することができ（３
　　０４条），議案を株主総会の荒らし目的でたくさん提出す
　　ることや，議案要領通知に会社が応じ，各株主に対する通
　　知コストがかさむことを防ぎ，会社の事務処理上の便宜を
　　図ることにある。他方で，議案の要領を株主に通知しても
　　らうことで，議案を提出した株主の共益権保護を図ること

　　にもある。とすれば，会社の事務処理上の便宜と株主の共
　　益権保護との調和を図るため，議案要領通知請求をした時
　　点で１００分の１要件を満たしていた株主が，株主総会時
　　に当該要件を満たさなくなっていても例外的に会社は当該
　　株主の議案要領通知に応じる義務があると解する。
　(3)　本件についてみると，Ｄが甲社に対し議案要領通知請求
　　をした時点でＤは１００分の１要件を満たしており，甲社
　　が後に丙社に対し２０万株発行したことを知りえず，これ
　　によって１００分の１要件を満たさなくなったことにつき
　　Ｄに帰責性はない。したがって，Ｄの株主としての共益権
　　の要保護性は高い。
2　よって，甲社がＤの議案要領通知請求に応じなかったこと
　は違法である。
第2　設問2
1　Ｂは４２３条１項に基づき甲社に対し損害賠償責任を負う
　か。本件賃貸借契約の締結が利益相反取引（３５６条１項２
　号）に該当し，「任務を怠った」といえるかが問題となる。
2(1)　「自己又は第三者のために」とは，自己又は第三者の名
　　義においてを意味するところ，Ｂは丁社名義で甲社との間
　　で本件賃貸借契約を締結しており，「第三者」たる丁社の
　　名義においてといえる。
　(2)　「取締役」たるＢが利益相反取引をする必要があるとこ

● 議題提案権（303）及び議案要領
　通知請求権（305）の行使要件を検
　討する前提として，甲社が取締役会
　設置会社であることや，議決権保有
　要件の充足性を検討できている点は
　良い。
　　もっとも，行使要件として，行使
　期間要件（303Ⅱ後段，305Ⅰ本
　文）や６か月間の継続保有要件
　（303Ⅱ前段，305Ⅰただし書）の
　充足性も検討すべきであり，後者の
　要件充足性を検討する前提として，
　甲社が公開会社であることも指摘す
　べきであった。

● 「会社の事務処理上の便宜を図る
　こと」と「株主の共益権保護を図る
　こと」が調和すると，どうして「株
　主総会時に当該要件を満たさなく
　なっていても例外的に会社は当該株
　主の議案要領通知に応じる義務があ
　る」ことになるのか，論理展開が不
　明瞭である。
　　また，かかる論理展開を前提にす
　ると，株主が議案要領通知請求をし
　た時点で議決権保有要件を満たして
　いれば，もはや「Ｄの株主としての
　共益権の要保護性」を検討する必要
　はないはずである。

● 124条４項本文を指摘した検討が
　できていない。

● 名義説の立場に立つ理由（競業避
　止義務（356Ⅰ①）と異なり，間接
　取引（356Ⅰ③）が明文で規制され
　ているため，自己又は第三者の「計
　算」（経済的利益の帰属）と解釈す
　る実益がない，など）も述べられる

ろ，本件賃貸借契約の当事者は甲社と丁社であるため問題となる。この点，Bは丁社の全部の持分を有しており，経済的に丁社と一体になっているといえる。したがって，「取締役」であるBが本件賃貸借契約を締結したといえる。

(3) 本件賃貸借契約は「取引」である。

(4) したがって，本件賃貸借契約は利益相反取引にあたり，甲社取締役会において重要な事実を開示し承認を受けなければならないところ（365条1項，356条1項本文），Bは本件賃貸借契約につき甲社取締役会の承認を受けていない。

(5) よって，Bは甲社取締役としての「任務を怠った」といえる。

3(1) Bは，甲社の社外取締役であり「役員等」（423条1項）にあたる。

(2) 423条1項の責任は債務不履行責任であり，故意又は過失が要件となるところ，Bは甲社の取締役として，甲社の利益を犠牲にして，相場の2倍の賃料で本件土地を甲社に賃貸し，もって丁社の利益を図っていることから，利益相反取引にあたることは明白であり，取締役会の承認を受けなかったことに過失があるといえる。

(3) 本件賃貸借契約の締結により，甲社に相場の賃料と本件賃貸借契約の賃料との間の差額につき「損害」が発生している。

(4) 「損害」は150万円×12か月分＝1800万円となる。

(5) もっとも，Bは425条1項の最低責任限度額を限度とする旨の契約を甲社と締結しており，その額は600万円×2＝1200万円（425条1項ハ）である。

(6) よって，Bは最低責任限度額たる1200万円の限度で甲社に対し損害賠償責任を負う。

以　上

と良かった。

● 本答案は，直前の論述で本件賃貸借契約を「第三者のため」の直接取引と認定しているから，「Bは丁社の全部の持分を有しており，経済的に丁社と一体になっている」などと改めて論述する必要はなかったように思われる。

● 問題文によれば，本件賃貸借契約につき「甲社は，会社法上必要な手続を経ていた」とされているため，取締役会の承認（365Ⅰ，356Ⅰ柱書）を受けているものと思われる。
　また，出題趣旨によれば，取締役の任務懈怠責任の推定（423ⅢⅣ）について触れることが求められているところ，本答案は，これらについて触れることができていない。

● Bが「第三者のため」の直接取引をしているとした場合には，「職務を行うにつき善意でかつ重大な過失がないとき」に限り，責任限定契約（427）によって責任が軽減される。したがって，Bの主観的事情についての検討が必要不可欠であるが，本答案では，この点について何ら検討することができておらず，不十分である。

令和元年

[商　法]

　次の文章を読んで，後記の〔**設問1**〕及び〔**設問2**〕に答えなさい。

1. 甲株式会社（以下「甲社」という。）は，加工食品の輸入販売業を営む取締役会設置会社であり，かつ，監査役設置会社である。甲社は，種類株式発行会社ではなく，その定款には，譲渡による甲社株式の取得について甲社の取締役会の承認を要する旨の定めがあるが，株主総会の定足数及び決議要件について，別段の定めはない。

2. 甲社の発行済株式の総数は200株であり，平成28年12月1日に創業者Aが急死するまでは，Aが100株を，Aの妻Bが全株式を有し代表取締役を務める乙株式会社（以下「乙社」という。）が40株を，Aの長男Cが30株を，Aの長女Dが20株を，Aの二女Eが10株を，それぞれ有していた。

3. 甲社の定款には，取締役は3人以上，監査役は1人以上とする旨の定めがあり，また，取締役及び監査役の任期をいずれも選任後10年以内に終了する事業年度のうち最終のものに関する定時株主総会の終結の時までとする旨の定めがある。Aが死亡する直前では，A及びCが甲社の代表取締役を，D及びEが取締役を，甲社の従業員出身Fが監査役を，それぞれ務めていた。甲社の役員構成については，Aの死亡後も，Aが死亡により取締役を退任したこと以外に変更はない。

4. Aの死亡後，Aの全相続人であるB，C，D及びEが出席した遺産分割協議の場において，Cは，Aが有していた甲社株式100株を全てCが相続する案を提示した。しかし，Dが強く反対したため遺産分割協議が調わず，当該株式については株主名簿の名義書換や共有株式についての権利を行使すべき者の指定がされないままであった。

5. この頃から甲社の経営方針をめぐるCとDの対立が激しくなった。Cは，何かにつけてDを疎んじ，甲社の経営を独断で行うようになった。Cは，甲社の経営の多角化を積極的に進めるために，知人の経営コンサルタントに多額の報酬を支払って雑貨の輸入販売業にも進出した。しかし，その業績は思うように伸びず，ついには多額の損失が生ずるようになった。Dは，このままでは甲社の経営が破綻するのではないかと恐れ，平成31年3月頃，Cの経営手腕の未熟さについてBに訴えた。Bは，CとDが協力して甲社を経営していくことを望んでいたが，他方では，Cの経営手腕に不安を抱いていたので，この際，DがCに代わって甲社の経営を担うのもやむを得ないとの考えに至り，Dを支援することとした。

6. 平成31年4月22日，乙社は，Dが全株式を有し代表取締役を務める丙株式会社（以下「丙社」という。）との間で，乙社を分割会社，丙社を承継会社とする吸収分割（以下「本件会社分割」という。）を行い，これにより，乙社が有する甲社株式40株を全て丙社に承継させた。丙

社は甲社に対して株主名簿の名義書換請求をしたが，Cは甲社を代表して本件会社分割による甲
社株式の取得が甲社の取締役会の承認を得ていないことを理由にこれを拒絶した。このことがあ
ってから，Cは，Dを強く警戒するようになり，Dを甲社の経営から排除することを考え始め
た。

7．令和元年5月9日にCの招集により開催された甲社の取締役会には，C，D，E及びFが出席
した。定例の報告が終わった後，Cは，決議事項として予定されていなかったDの取締役からの
解任を目的とする臨時株主総会の開催を提案した。驚いたDは激しく抵抗したが，Cは決議につ
いて特別の利害関係を有するという理由でDを議決に参加させることなく，C及びEの賛成をも
って，Dの取締役からの解任を目的とする臨時株主総会を同月20日午前10時に甲社本店会議
室で開催することを決議した（以下「本件取締役会決議」という。）。

〔設問1〕

　上記1から7までを前提として，本件取締役会決議の効力を争うためにDの立場において考え
られる主張及びその主張の当否について，論じなさい。

8．Cは，令和元年5月10日，本件取締役会決議に基づき，乙社，C，D及びEに対し，臨時株
主総会の招集通知を発した。同月20日午前10時に甲社本店会議室で開催された臨時株主総会
（以下「本件株主総会」という。）には，C，D及びEが出席したが，乙社を代表するBは病気
と称して出席しなかった。本件株主総会では，定款の定めに基づき，Cが議長となり，Dを取締
役から解任する旨の議案につき，C及びEは賛成し，Dは反対した。Dは，丙社を代表して丙社
が本件会社分割により取得した甲社株式40株についても議決権を行使して当該議案につき反対
する旨主張した。しかし，議長であるCは，これを認めず，行使された議決権60個のうち40
個の賛成があったとして，Dを取締役から解任する旨の決議の成立を宣言した（以下「本件株主
総会決議」という。）。

〔設問2〕

　本件株主総会決議の効力を否定するためにDの立場において考えられる主張（〔設問1〕の本
件取締役会決議の効力に関する事項を除く。）及びその主張の当否について，論じなさい。

令和元年・予備

　本問は，取締役の解任を目的とする株主総会の招集を決定する取締役会決議の効力（〔設問1〕）及び取締役を解任する株主総会決議の効力（〔設問2〕）を，それぞれその効力を否定する立場からの主張とその当否という形で問うものである。

　設問1では，Dは，まず，本件取締役会決議が予定されていなかった事項に関する決議であった点が違法であると主張することが考えられるが，会社業務に関し臨機応変に対応すべき取締役会では，決議事項として予定されていなかった事項であっても必要に応じ決議することができると解される。次に，Dは，Dを特別利害関係人（会社法第369条第2項）に当たるとして議決に参加させなかった点が違法であると主張することが考えられる。代表取締役を解職する取締役会決議については，当該決議の対象となる代表取締役は特別利害関係人に当たるとする判例（最判昭和44年3月28日民集23巻3号645頁）があり，これとの距離感を踏まえて検討することが求められる。そして，Dが特別利害関係人に当たるとする場合には，本件取締役会決議が成立要件（同条第1項）を満たしているか，当たらないとする場合には，瑕疵のある取締役会決議の効力が問題となる。

　設問2では，Dは，株主総会決議の取消しの訴え（会社法第831条第1項）を提起するため，取消事由として，まず，Aが保有していた甲社株式100株を定足数要件の分母に算入すれば定足数（同法第341条）を満たさないため，決議の方法の法令違反に当たる（同法第831条第1項第1号）と主張することが考えられる。当該100株については，遺産分割未了のまま相続人B，C，D及びEの共有状態にあり，権利行使者の指定・通知がないので，甲社の同意がない限り議決権を行使することができない（同法第106条）ため，「議決権を行使することができる株主の議決権」（定足数要件の分母。同法第341条）には含まれないと文言上は考えられるが，他方，共有株式は権利行使者の指定・通知があるまで暫定的に議決権を行使できないだけで，定足数要件の分母には含まれるという解釈があり，このような解釈も踏まえつつ検討することが求められる。次に，Dは，取消事由として，本件会社分割による譲渡制限株式の承継は譲渡承認を要しない「一般承継」（同法第134条第4号）に該当するから，株主名簿の名義書換の不当拒絶があり，丙社は名義書換がなくとも自己が株主であることを甲社に対抗できるため，丙社に招集通知を発しなかった点は招集の手続の法令違反に，丙社の議決権を認めなかった点は決議の方法の法令違反に，それぞれ当たる（同法第831条第1項第1号）と主張することが考えられる。会社分割は，合併と同じく組織再編の一形態とされているが，他方，合併と異なり分割会社は依然として存続し，承継される権利義務の範囲は当事会社の裁量に委ねられており，このような異同も踏まえつつ検討することが求められる。

▶ MEMO

第1 設問1
1 Dは本件取締役会決議（会社法３６９条１項）には瑕疵があり，無効であると主張する。
(1) 取締役会の瑕疵について明文はない。そのため，法の一般原則により違反がある場合には，瑕疵があるため無効になる。
(2) 理由は，瑕疵として①決議事項として予定されていなかった，Dの取締役からの解任を目的とする臨時株主総会の開催を提案したこと，②Dが議決に参加できなかったことを主張する。
(3) ①について
　取締役会においては機動的な意思決定が必要とされる。また目的たる事項を招集通知に記載しなければならないという明文はない。したがって，決議事項として予定されていなかった事項を決議したとしても瑕疵を構成しない。
　本件でも決議事項として予定されていなかった臨時株主総会の開催を議決したことも瑕疵とはならない。
(4) ②について
　Dが特別利害関係人（３６９条２項）にあたる場合，決議に参加することができない。特別利害関係人とは，定型的に，会社と利害関係があり忠実義務（３５５条）を果たすことが困難である取締役をいう。
　Dは解任される取締役であるため，自己の進退について私心を排することができない。したがって，忠実義務を果たすことが困

難といえ，特別利害関係取締役にあたる。このため，Dが決議に参加できなかったことは瑕疵を構成しない。
2 そして，取締役はCDEの３人でありDは議決に加わることができないため，２名の賛成によって過半数の賛成となる。本件取締役会決議はCとEの賛成によって過半数の賛成となっている。したがって，決議は有効に成立しており，本件取締役会決議の効力を争うことはできない。
第2 設問2
1 Dは本件株主総会決議の決議取消しの訴え（８３１条１項）を提起する。
(1) Dは「株主」である。また，「三箇月以内」であれば出訴期間内である。
(2) Dは決議取消事由として，①株主たる丙社に対して招集通知（２９９条１項）を欠いたことが「招集手続」の「法令違反」（８３１条１項１号）である，②丙社が議決権（１０５条１項３号）を行使できなかったことが「決議方法」の「法令違反」である，③定足数が本来１０１株必要（３４１条）であるところ，６０株しか行使されておらず，「決議方法」の「法令違反」があることを主張する。
(3) ①②について
　ア 原則として丙社は，名義書換（１３０条１項）を経ていないため，株主であることを会社に対抗できない。もっとも，丙社

● 出題趣旨によれば，本問において，Dは，①本件取締役会決議が予定されていなかった事項に関する決議であった点，及び②Dを特別利害関係人に当たるとして議決に参加させなかった点が違法であると主張することが考えられる。本答案は，上記２点について的確に問題点を把握することができている。

● 本答案は，上記コメント①について，適切な理由を付して的確かつ端的に結論を出しており，出題趣旨に合致する。

● 取締役会における特別利害関係人の意義を正しく述べることができている。

● 本答案は，上記コメント②について，判例（最判昭44.3.28／百選［第３版］〔66〕）に従って適切に検討できている。もっとも，出題趣旨によれば，上記判例との距離感を踏まえて検討することが求められていた。上記判例では「代表取締役の解職」が問題となったのに対し，本問では「取締役からの解任を目的とする臨時株主総会の開催」が問題となっており，かかる事案の違いも踏まえて意識的に検討できれば，より出題趣旨に合致する答案となった。なお，取締役の解任を総会議案とする取締役会決議と特別利害関係が問題となった裁判例（東京地決平29.9.26／H30重判〔6〕）も併せて参照されたい（再現答案②コメント参照）。

● 本答案は，出題趣旨が想定する取消事由を漏れなく指摘できている。

● 株式譲渡とその対抗要件（130）に関する原則論，及び名義書換の不当拒絶があった場合には名義書換な

は名義書換請求をしているがCは取締役会の承認がないことを理由に拒絶している。かかる拒絶が不当拒絶にあたる場合，丙社は株主として扱われることを要求できる。

　　１３０条１項の趣旨は会社の便宜にあるところ，正当な理由なく拒絶がされた場合，信義則違反として不当拒絶にあたる。

　　丙社は会社分割（７５７条）によって譲渡を受けているところ，これは「一般承継」（７５９条，１３４条４号）にあたる。したがって，譲渡承認を経なくとも名義書換請求が認められるはずである。

イ　そして，「株主」たるDと「共同」して丙社は請求している（１３３条２項）といえる。したがって，適式な手続によって請求がされているため，これを拒絶する正当理由はない。よって，信義則違反であり不当拒絶にあたる。よって，丙社が株主であるということを会社に対抗できる。

ウ　これにより丙社に通知をしなかったことは法令違反となる。これは「重大」な違反であり裁量棄却（８３１条２項）の余地はない。また，議決権を行使させなかったことも法令違反となる。これも違反は重大であり裁量棄却の余地はない。

(4)　③について

ア　本件株主総会決議の議案は役員の「解任」（３４１条）についてである。そして，甲社には株主総会の定足数について別段の定めはない。したがって，定足数は過半数である。本件株主

●　くして株主たる地位を主張できること（最判昭41.7.28／百選［第3版］〔15〕参照）について，的確かつ端的に論じられている。

●　本答案は，会社分割による株式の承継は「一般承継」（134④）に当たる旨簡潔に述べて検討を終えている。もっとも，出題趣旨によれば，会社分割は，合併と同じく組織再編の一形態とされているが，他方，合併と異なり分割会社は依然として存続し，承継される権利義務の範囲は当事会社の裁量に委ねられており，このような異同も踏まえつつ検討することが求められていた（詳しくは，再現答案②コメント参照）。

●　本答案は，一貫して，原則論から丁寧に論理展開する姿勢を保っており，参考にすべき模範的な答案といえる。

総会決議では６０個の議決権が行使されていて過半数たる１０１株を満たさない。したがって，原則として定足数違反である。

イ　もっとも，１００株は「共有」（１０６条）状態である。これが「行使することができる議決権」（３０９条１項）に当たるかどうかが問題となる。

　　定足数の趣旨は，少数による専横がされることを防止することにある。そうだとすれば，共有状態であっても定足数に含まれる。

　　本件でも，１００株は「行使することができる議決権」に含まれるため，定足数は１０１株である。

ウ　このように解したとしても，共有状態の株式は行使が「管理」（２５２条）にあたるため，持分の「過半数」の賛成によって行使することができる。現在法定相続分に基づいて準共有状態であるため，Bは２分の１，CDEが６分の１ずつ持分を有する。そのため，Bともう１人の賛成によって行使することができるため，行使は容易である。したがって，不都合はない。

エ　よって，定足数違反という法令違反がある。かかる違反は重大であるため，裁量棄却の余地はない。

2　以上のように，Dの訴えは認められる。

以　上

●　ここで摘示すべき文言は，「議決権を行使することができる株主の議決権」（定足数要件の分母，341）である。

●　出題趣旨によれば，「共有株式は権利行使者の指定・通知があるまで暫定的に議決権を行使できないだけで，定足数要件の分母には含まれるという解釈」があり，本答案も，定足数の趣旨や，共有状態の株式の行使の容易性等を踏まえて，定足数要件の分母に含まれるとの解釈を示しており，出題趣旨に合致する優れた論述といえる。

令和元年・予備

第1　設問1について

1　まず，本件取締役会決議の効力を検討するにあたって，瑕疵ある取締役会決議の効力が明文の規定なく問題になる。

　　この点，法の一般原則からして，瑕疵ある取締役会決議は原則として無効であると考える。もっとも，軽微な瑕疵をもって決議を無効であるとすれば，法的安定性を害することになる。そこで，瑕疵が決議の結果に影響を与えないような特段の事情がある場合には例外的に有効であると考える。

2　では，本件ではどのような瑕疵があるか，以下検討する。

　　まず，決議事項として予定されていなかった，Dの解任の決議を株主総会の決議事項にする旨の動議は許されないとの主張が考えられる。この点，株主は株主総会への出席は権利であり，その準備，出席するか否かの判断の機会を与えるために取締役会設置会社では動議は許されないが（会社法（以下略）309条5項本文），取締役の出席は義務であり，経営の専門家であるから，常に議題になりそうな事項については調べておく必要がある。したがって，株主とは異なり，上記のような機会を与える必要はなく，動議も可能である。

　　したがって，上記は瑕疵にはあたらない。

3　次に，Dを「特別の利害関係を有する取締役」（369条2項）として決議に参加させなかったことは瑕疵にあたるとの主張が考えられる。本条の趣旨は，会社の犠牲のもとに自己の利益を図るおそれのある者を決議から予め排除することで，会社運営の健全性を確保する点にある。そうだとすれば，「特別の利害関係を有する取締役」とは，当該決議につき会社と共通しない利益を有する者をいう。

　　本件において，解任の決議を議題にすることは自身の取締役としての地位が危うくなるもので，Dとしては保身に走りうる場面である。したがって，会社の利益に限られず，自身の身分といった会社と共通しない利益を有する者にあたる。よって，Dは当該決議について「特別の利害関係を有する取締役」にあたる。

　　よって，Dは決議に参加できないのであり，参加させなかったことは瑕疵にあたらない。

　　したがって，本件取締役会決議は有効である。

第2　設問2について

1　本件株主総会決議の効力を争う手段として株主総会決議取消の訴え（831条1項）を提起すると考えられるところ，Dは甲社の「株主」であり，「三箇月以内」に甲社（834条17号）に対し，訴えを提起すれば訴訟要件は満たされる。

2　では，本案要件はどうか，以下検討する。

　　丙社に招集通知を発しなかったことは，299条1項に違反し，「招集の方法」が「法令」に違反すると主張すること

● 　本答案は，瑕疵のある取締役会決議の効力に関し，その原則論及び例外則について適切に理由を付しつつ的確かつ端的に論述できており，模範的な答案といえる。

● 　出題趣旨によれば，会社業務に関し臨機応変に対応すべき取締役会では，決議事項として予定されていなかった事項であっても必要に応じ決議することができるとされている。本答案も，同趣旨の論述ができている上，株主総会との違い（309Ⅴ）まで適切に指摘しており，出題趣旨に合致する説得的な論述といえる。

● 　なお，取締役の解任を総会議案とする取締役会決議と特別利害関係が問題となった裁判例（東京地決平29.9.26／H30重判〔6〕）において，解任の対象とされた取締役らは，取締役会決議で決定されたのは株主総会の議案にすぎず，取締役解任の可否は株主総会の議決によることからすれば，対象取締役は，間接的な利害関係を有するにとどまり，特別利害関係取締役に該当しない旨主張したのに対し，裁判所は，「対象取締役が，自己の解任に係る議案について反対の議決権を行使することで，そもそも株主に当該取締役解任の可否を問う機会すら奪うことがあり得るのであるから，対象取締役は，特別利害関係取締役であるとして，議決に加わることができない」と判示している。

● 　出題趣旨によれば，株主名簿の名義書換の不当拒絶に関しては，①丙社に招集通知を発しなかった点が招集手続の法令違反に当たり，②丙社

が考えられる。

　この点，会社は株主名簿に記載されたものを株主として扱えば足りる（１２４条１項）ところ，丙社は名義書換が認められていないのであるから，乙社を株主として扱えば足りるのが原則である。もっとも，甲社による名義書換の拒絶は不当拒絶でないか。

　甲社の株式は譲渡禁止とされているが，その譲渡は会社の承認が必要である。では，本件会社分割による包括承継は譲渡にあたるか。この点，譲渡禁止の趣旨は，会社にとって都合の悪いものが株主となることを防止することにある。そうだとすれば，このような趣旨は特定承継に限らず包括承継にも妥当する。もっとも，相続等のような包括承継にまで会社の承認を要求すれば承継人にとって酷である。そこで，包括承継であっても承継するものを選ぶことのできる，特定承継に類似するものにあっては，譲渡にあたると考える。

　会社分割は確かに包括承継ではあるものの，何を承継するのか選択することができるものであるから，特定承継に類似するものであって，譲渡にあたる。

　本件でも丙社は乙社から本件会社分割によって４０株承継しているものの，譲渡にあたり会社の承認が必要なところ，その承認はないのであり，会社に対抗できないから，不当拒絶にあたらない。

　よって，丙社に招集通知を発しなかったことは法令に違反しない。

３　次に，ＣＤＥ合計６０株しか出席していないことは定足数（３０９条１項）をみたしていないとして，「決議の方法」が法令に違反すると主張することが考えられる。

　この点，相続された株式は遺産分割協議がすむまで準共有状態になり，権利行使者の指定をするまで権利行使ができない（１０６条本文）のであるから，「議決権を行使できる」とはいえず，定足数の分母には含まれない。

　よって，Ａが有した準共有状態にある１００株は定足数の分母には含まれず，１００株分の６０株の出席でも定足数を満たす。

　したがって，このことは法令違反でない。

４　そして，乙社から丙社に承継された４０株を賛成に組み込んだことは「著しく不公正」（８３１条１項１号）にあたり，取消事由になる。

　よって，上記瑕疵を主張すればＤの上記訴えは認められる。

以　上

の議決権を認めなかった点が決議方法の法令違反に当たる。このように，２つの瑕疵が問題となるところ，本答案は，上記①の瑕疵のみの指摘にとどまっている。

● 　出題趣旨によれば，本問では，会社分割による譲渡制限株式の承継が譲渡承認を要しない「一般承継」（１３４④）に該当するかについて，会社分割と合併との異同を踏まえつつ検討することが求められていた。

　この点，合併や相続の場合は，被承認会社（人）が消滅・死亡しているため，仮に合併・相続による譲渡制限株式の承継について譲渡等承認手続を要求した場合，発行会社が承継を承認しないときに誰が株主としての権利を行使するのかという問題が生じるのに対し，会社分割による譲渡制限株式の承継の場合は，発行会社が承認しないときには分割会社が株主としての権利を行使することになるため，特に問題は生じない。また，会社分割により譲渡制限株式を承継した承継会社等が，発行会社の他の株主にとって好ましくない者であるおそれは，通常の譲渡制限株式の譲渡と同様に存在する。したがって，会社分割による譲渡制限株式の承継は，合併・相続と同様に「一般承継」と解すべきではないと解する見解が有力に主張されている。

● 　Ａが保有していた甲社株式100株が定足数の分母に含まれるかという問題について，本答案は，再現答案①と異なり，106条本文の文言から定足数の分母に含まれないとする解釈を端的に述べている。

● 　本問では，丙社に承継された40株が賛成に組み込まれたという事実はない。

令和元年・予備

第1　設問1について
1　Dは特別利害関係人（369条1項）に当たらず，Dを議決に加えずなされた本件取締役会の解任決議は無効であるとの主張が考えられる。
(1)　特別利害関係人とは，忠実義務（355条）違反を惹起しうる会社と相反する利害関係を有する者を指す。取締役会決議において取締役解任の決議がなされる場合，その対象となっている取締役は，自らの解任を免れるという利益のために，会社利益を考慮することなく解任決議に反対する可能性がある。そのため，会社利益と相反する利害関係を有する者に当たる。
(2)　本問では，Dは自らの解任につき決議されている取締役に該当する。以上より，Dは特別利害関係人に該当し，これを除いて行われた本件取締役会決議は無効とならず，Dの上記主張は認められない。
2　次に，本件決議事項があらかじめ定められていなかったことを，本件取締役会決議の無効事由として主張できるか。
(1)　株主総会をする場合，株主の通知には，決議の目的事項について記載することが必要となる（298条1項2号，299条4項）。一方で，取締役会においては，会社経営の専門家である取締役による自由で円滑な議論のために，招集通知において議題を記載する義務が定められていない

（368条1項参照）。以上より，取締役会において議決前に決議事項を知らせなかったとしても無効事由にはならない。
(2)　以上より，上記主張は認められない。
　　以上より，Dの主張はいずれも認められない。
第2　設問2について
1　丙社は40株を保有しており，これを行使することを認めなかった本件株主総会の効力が否定されるとの主張が考えられる。
(1)　まず，丙社は会社分割により株式を取得しており，譲渡承認決議を要するか。会社分割が「譲渡」（136条1項）にあたるかが問題となる。
ア　譲渡制限株式の趣旨は，会社運営上不都合な株主を会社に関与させず，会社の円滑な運営を実現する点にある。会社分割により，会社運営上不都合な株主が会社運営に関与する可能性が存在し，譲渡と会社分割には類似性がある。以上より，会社分割は「譲渡」に当たる。
イ　本問では，会社分割がなされており，株主であることを主張するには，原則137条1項などの方法に拠らねばならない。
(2)　では，譲渡承認がなされていない譲渡制限株式の譲渡の効力をいかに解するべきか。

●　本答案は，再現答案①②と異なり，瑕疵のある取締役会決議の効力に関して何ら記述できていない。

●　本答案は，適切な理由を付してDが特別利害関係人に当たることを論述できている。なお，出題趣旨によれば，本問では「取締役からの解任を目的とする臨時株主総会の開催」が問題となっているのに対し，判例（最判昭44.3.28／百選［第3版］〔66〕）では「代表取締役の解職」が問題となっており，これとの距離感を踏まえて検討することが求められていた（東京地決平29.9.26／H30重判〔6〕・再現答案②コメント参照）。

●　出題趣旨によれば，会社業務に関し臨機応変に対応すべき取締役会では，決議事項として予定されていなかった事項であっても必要に応じ決議することができるとされている。本答案も，これと同趣旨の論述ができている。

●　本答案は，再現答案①②と異なり，株主総会決議取消しの訴え（831Ⅰ）の要件に関して何ら記述できていない。
●　条文の摘示を誤っている。
●　本答案は，再現答案①②と異なり，株主名簿の名義書換の不当拒絶が問題となることを論述できていない。
●　会社分割により譲渡制限株式を承継した承継会社等が，発行会社の他の株主にとって好ましくない者であるおそれは，通常の譲渡制限株式の譲渡と同様に存在するという趣旨の論述ができている点は，適切である。もっとも，出題趣旨によれば，会社分割による譲渡制限株式の承継が譲渡承認を要しない「一般承継」

　ア　前述の譲渡制限株式の趣旨に照らせば，譲渡承認がなされていない譲渡制限株式の譲渡の効力は，会社との関係では無効である。

　イ　よって，丙社の会社分割による株式の取得は甲社との関係では，無効であり，これを行使することを認めなかった本件株主総会の効力は否定されず，上記主張は認められない。

2　次に，行使された議決権が６０個にとどまり，定足数に足りず（３０９条１項，３４１条），無効であるとの主張が考えられる。Ａが生前有していた１００株は準共有状態であったが，これが議決権に含まれるかが問題となる。

⑴　確かに，行使するものを定め会社に通知をしたり，会社が権利行使に同意をすれば，共有された株式も行使可能である。

　しかし，相続人らの同意が取れない場合に共有株式が事実上行使不可能となる場合は少なくない。そのため，共有株式を定足数計算で考慮した場合，大株主が死亡することにより，共有株式が行使できず定足数を継続的に割り込み株主総会が機能不全になるおそれがある。以上より，共有株式は定足数計算に含めないのが妥当である。

⑵　以上より，定足数は，共有株式を除いた１００株を基準としてなすべきであり，過半数を超える６０議決権の株式

が行使されている以上，本件株主総会の効力は否定されず，有効であるというべきである。

　　　　　　　　　　　　　　　　　　　　　以　上

（１３４④）に該当するかについて，会社分割と合併との異同を踏まえつつ検討することが求められていた。本答案は，会社分割が「一般承継」かどうかについて検討できていない点で，不十分である。

●　Ａが保有していた甲社株式100株が定足数の分母に含まれるかという問題について，本答案は，「定足数要件の分母には含まれる」という解釈を意識しつつ，自分なりに理由を付して具体的に検討できている。もっとも，「定足数要件の分母には含まれない」との立場に立つ場合には，まず106条を摘示し，本問では，権利行使者の指定・通知がないため，甲社の同意がない限り議決権を行使できず，「議決権を行使することができる株主の議決権」（341）には含まれないという条文上の理由を述べるべきである。

令和元年・予備

設問1について
1　Dは以下のような違法事由を主張し本件取締役会決議の効力を否定する。
2　まず、Cが取締役会決議に先立って通知することなく、突然D解任を目的とする株主総会決議の開催という提案をしたことが366Ⅱに反すると主張する。

　　この点、株主総会においても決議に先立って目的となる事項を通知することが要求されている（299Ⅳ、298Ⅰ②）。かかる趣旨は経営に知識に乏しい株主に対して、総会の目的となる事項を通知することで、総会の決議のための準備をする機会を与える点にある。他方で、取締役は経営の専門家であり、このような株主に対する配慮に対応する機会を与える必要性に乏しい。故に取締役会決議ではあらかじめ目的となる事項として通知されていない事項についても決議できると考える。

　　したがって、Dのかかる主張は認められない。
3　次にDとしてはCがDを決議に参加させなかったことの違法性を主張する。

　　ここで「特別の利害関係」（369Ⅱ）の意義が問題となる。

　　この点、同条の趣旨は取締役に一切の私心を捨てさせ、健全な経営判断をさせるために目的となる事項につき利害関係

を有するものを決議から排除する点にある。

　　すると、「特別な利害関係」とは目的となる事項と当該取締役の利益が衝突する場合をいう。本件で目的となる事項はDの解任であり、Dはその解任の対象である。よって、「特別の利害関係」を有する。

　　Cの対応は適切であり、かかるDの主張は認められない。
4　以上により、Dは本件取締役会決議の効力を覆すことはできない。
設問2について
1　Dは「株主」（831Ⅰ柱書）であるから本件株主総会の「三箇月以内に」「訴え」をもって、以下のように「決議の方法」（831Ⅰ①）が「法令」に違反し本件株主総会決議の取り消しを求める。
2　まず、Dは会社分割で40の株を取得しているが、これにつき甲の承認請求は必要となるか。「譲渡」（107Ⅰ①）に会社分割のような一般承継が含まれるか問題となる。

　　この点、同条の趣旨は閉鎖的な会社において、好ましくないとされる者が株主になり経営に参画することを防ぐ点にある。すると、特定承継の場合のみ規制すれば足りる。よって、「譲渡」に一般承継は含まれない。

　　本件のDの会社分割による取得も「譲渡」に当たらないから、Dは会社に対して承認請求（137）する必要はない。

● 本答案も、再現答案③と同様、瑕疵のある取締役会決議の効力に関して何ら記述できていない。

● 本答案は、一貫して条文の摘示が略字でなされているが、答案は第三者が読んで採点するものであるから、正しく条文を摘示しなければ、要らぬところで点差がつきかねない。

● 本答案は、再現答案②と同様、株主総会との違いを踏まえつつ、出題趣旨に沿う論述ができており、適切である。

● 裁判例（東京地決平29.9.26／H30重判〔6〕）は、369条2項の趣旨は、「特定の取締役が、会社に対する忠実義務（同法355条）を誠実に履行することが定型的に困難と認められる個人的利害関係ないしは会社外の利害関係を有する場合に、取締役個人と会社の間の利害対立を事前に防止するために、当該取締役の議決権行使を否定するところにある」としている。

● 本問で株式を取得したのは「D」ではなく「丙社」である。

● 会社分割による株式の承継について譲渡承認を要するかという問題点に言及することはできている。

　　もっとも、出題趣旨によれば、本問では、甲社による名義書換請求の拒絶が不当拒絶に当たるかどうかを検討する中で、会社分割による譲渡

3　では，会社に対して株主名簿の書き換えを請求する必要はあるか。「譲渡」（１３０Ⅰ）に会社分割などの一般承継が含まれるか問題となる。

　この点，同条の趣旨は変動する株主の管理について会社の便宜を図った点にある。するとあらゆる譲渡の態様が含まれなければ，かかる趣旨を全うできない。よって，「譲渡」には一般承継も含まれると考える。

　本件において，会社分割によるDの取得も「譲渡」にあたるため，会社に対抗するためにはDは名義書換を要する。

4　しかし，Dの取得した４０株については名義書換がなされていない。よって甲に対抗できないように思える。もっとも，会社が過失や故意により不当に名義書換を拒んでいる場合は，前述の趣旨を及ぼし会社の保護を図る必要がない。故に，不当拒絶の場合は，株主は名義書換なくして会社に自己が株主であることを対抗できると考える。

　本件において，Dが名義書換を請求した際，甲は取締役会の承認を受けていないことを理由にこれを拒んでいる。しかし，前述のようにDの会社分割による取得については，承認を得る必要はない。よって不当な拒絶と言え，Dは会社分割により取得した４０の株式について自己が株主であることを甲に対抗できる。

5　したがって，４０の株式に基づいて議決権を行使できるところ，これが認められてないから１０９条という「法令」に「決議の方法」が反していると言える。

6　なお，Dが適正に議決権を行使できれば決議結果が変わっている可能性があり「決議に影響を及ぼ」（８３１Ⅱ）すため裁量棄却はされない。

　もっとも，決議内容がDの解任であるためDは「特別の利害関係を有する者」（８３１Ⅰ③）にあたるか問題となる。この点，趣旨が健全な決議を図る点であるから，「特別な利害関係を有する者」とは，他の株主と共通しない利益を有する株主をいう。自身の解任の可否が議題になっている以上Dは「特別な利害関係を有する者」にあたる。もっとも，「著しく不当な決議」はなされないから，やはり裁量棄却はされない。

7　よって，本件株主総会決議は取り消される。

以　上

制限株式の承継が譲渡承認を要しない「一般承継」（134④）に該当するかどうかを検討し，その際，会社分割と合併との異同を踏まえつつ検討することが求められていた。本答案は，会社分割が「一般承継」（134④）に該当するかどうかという視点から論じることができておらず，出題趣旨から外れてしまっている。

● 上記コメントのとおり，甲社による名義書換請求の拒絶が不当拒絶に当たるかどうかの検討と，会社分割による譲渡制限株式の承継が譲渡承認を要しない「一般承継」（134④）に該当するかどうかの検討はセットであるが，本答案は，これらを別々の項目で検討しており，本問で何がどのように問題となっているのかを正しく把握できていないものと思われる。

● 取締役会における特別利害関係人とは異なり，株主総会における特別利害関係人は，株主総会に参加した上，議決権を行使すること自体は妨げられないが，これにより著しく不当な決議がなされた場合，株主総会決議の取消事由となる（831Ⅰ③）。本問では，Dの議決権は20個であり，「行使された議決権60個のうち40個の賛成があったとして，Dを取締役から解任する旨の決議」が成立しているから，831条1項3号の取消事由を検討する実益はない。

司法試験&予備試験
論文5年過去問 再現答案から出題趣旨を読み解く。商法

2020年4月20日　第1版　第1刷発行
2022年6月10日　　　　　第2刷発行

　　　　　編著者●株式会社　東京リーガルマインド
　　　　　LEC総合研究所　司法試験部

　　　　発行所●株式会社　東京リーガルマインド
　　　　　〒164-0001　東京都中野区中野4-11-10
　　　　　　　　アーバンネット中野ビル

　　　　LECコールセンター　📞 0570-064-464
　　　　　　　受付時間　平日9:30 ～ 20:00／土・祝10:00 ～ 19:00／日10:00 ～ 18:00
　　　　　　　※このナビダイヤルは通話料お客様ご負担となります。

　　　　書店様専用受注センター　TEL 048-999-7581 ／ FAX 048-999-7591
　　　　　　　受付時間　平日9:00 ～ 17:00／土・日・祝休み
　　　　www.lec-jp.com/

　　　　印刷・製本●株式会社シナノパブリッシングプレス

©2020 TOKYO LEGAL MIND K.K., Printed in Japan　　　　　ISBN978-4-8449-4200-9

【速修】矢島の速修インプット講座　Input

講義時間数

144時間

憲法	20時間	民訴法	16時間
民法	32時間	刑訴法	16時間
刑法	28時間	行政法	16時間
会社法	16時間		

通信教材発送／Web・音声DL配信開始日

2022/7/4(月)以降、順次

Web・音声DL配信終了日

2023/9/30(土)

使用教材

矢島の体系整理テキスト2023
※レジュメのPDFデータはWebup致しませんのでご注意ください。

タイムテーブル

講義
4時間　途中10分休憩あり

担当講師

矢島 純一
LEC 専任講師

おためしWeb受講制度

おためしWEB受講制度をお申込みいただくと、講義の一部を無料でご受講いただけます。

詳細はこちら→　

矢島講座ラインナップ

[速修]矢島の速修インプット講座	[論完]矢島の論文完成講座
[短答]矢島の短答対策シリーズ	[最新]矢島の最新過去問&ヤマ当て講座
[スピチェ]矢島のスピードチェック講座	選択科目総整理講座[矢島の労働法]

講座概要

本講座（略称：矢島の【速修】）は、既に学習経験がある受験生や、ほとんど学習経験がな〔て〕も短期間で試験対策をしたいという受験生が、**合格するために修得が必須となる事項を**〔効〕率よくインプット学習するための講座です。**合格に必要な重要論点や判例の分かりやすい**〔解〕説により科目全体の**本質的な理解を深める講義**と、覚えるべき規範が過不足なく記載され〔自〕然と法的三段論法を身に付けながら知識を修得できるテキストが両輪となって、**本試験に**〔対〕応できる実力を養成できます。忙しい毎日の通勤通学などの隙間時間で講義を聴いたり、復〔習〕の際にテキストだけ繰り返し読んだり、自分のペースで無理なく合格に必要な全ての重要〔知〕識を身に付けられるようになっています。また、本講座は**直近の試験の質に沿った学習がで**〔き〕るよう、**テキストや講義の内容を毎年改訂**しているので、本講座を受講することで**直近の試**〔験〕考査委員が受験生に求めている知識の質と広さを理解することができ、試験対策上、誤った〔方〕向に行くことなく、**常に正しい方向に進んで確実に合格する**力を修得することができます。

講座の特長

1 重要事項の本質を短期間で理解するメリハリある講義

最大の特長は、**分かりやすい講義**です。全身全霊を受験指導に傾け、寝ても覚めても法律〔の〕ことを考えている矢島講師の講義は、思わず惹き込まれるほど面白く分かりやすいので、忙〔し〕い方でも途中で挫折することなく受講できると好評を博しています。講義中は、日頃から過〔去〕問研究をしっかりとしている矢島講師が、**試験で出題されやすい事項を、試験で出題される**〔形〕を踏まえて解説するため、講義を聴いているだけで**確実に合格に近づく**ことができます。

2 司法試験の合格レベルに導く質の高いテキスト

使用する**テキストは、全て矢島講師が責任をもって作成**しており、合格に必要な重要知識〔が〕体系ごとに整理されています。**受験生に定評のある基本書、判例百選、重要判例集、論証集の内**容がコンパクトにまとめられており、試験で出題されそうな事項を「矢島の体系整理テキスト〔」〕だけで学べます。矢島講師が**過去問をしっかりと分析した上で、合格に必要な知識をインプッ**〔ト〕トできるようにテキストを作成しているので、**試験に不要な情報は一切なく、合格に直結す**〔す〕る知識を短時間で効率よく吸収できるテキストとなっています。すべての知識に重要度のラン〔ク〕ク付けをしているため一目で覚えるべき知識が分かり、受験生が講義を復習しやすい工夫もさ〔さ〕れています。また、テキストの改訂を毎年行い、**法改正や最新判例に完全に対応しています**。

3 短答対策だけでなく論文対策にも直結するインプットを実現

論文試験では、**問題文中の事実に評価を加えた上で法的な規範にあてはめて一定の結論を導**〔く〕くという法的三段論法をする能力の有無が問われます。論文試験に通用する学力を修得するに〔は〕は、**知識のインプットの段階でも、法的三段論法をするために必要な知識を修得しているとい**〔う〕うことを**意識することが重要**です。矢島の【速修】のテキストは、論文試験で書く重要な論点に〔つ〕ついては、規範と当てはめを区別して記載しており、**講義では規範のポイントや当てはめの際**〔の〕の事実の評価の仕方のコツを分かりやすく説明しています。講師になってからも論文の答案を〔書〕書き続けている矢島講師にしかできない質の高いインプット講義を聴いて、**合格に必要な法的**〔三〕三段論法をする能力を身に付けて合格を確実なものとしてください！

通学スケジュール □…無料で講義を体験できます。

科目	回数	日程
憲法	1	22.5.28 (土)
	2	31 (火)
	3	6.4 (土)
	4	7 (火)
	5	11 (土)
民法	1	6.14 (火)
	2	18 (土)
	3	21 (火)
	4	25 (土)
	5	28 (火)
	6	7.2 (土)
	7	5 (火)
	8	12 (火)
刑法	1	7.16 (土)
	2	19 (火)
	3	23 (土)
	4	26 (火)
	5	30 (火)
	6	8.2 (火)
	7	6 (土)
会社法	1	8.9 (火)
	2	16 (火)
	3	20 (土)
	4	23 (火)
民訴法	1	8.27 (土)
	2	30 (火)
	3	9.3 (土)
	4	6 (火)
刑訴法	1	9.10 (土)
	2	13 (火)
	3	17 (土)
	4	20 (火)
行政法	1	9.24 (土)
	2	27 (火)
	3	10.1 (土)
	4	4 (火)

18：00～22：00

生講義実施校

水道橋本校 03-3265-5001

〒101-0061　千代田区神田三崎町
2-2-15　Daiwa三崎町ビル（受付1階）

JR水道橋駅東口より徒歩3分、都営三田線水道橋駅より徒歩5分、
都営新宿線・東京メトロ半蔵門線神保町駅A4出口から徒歩8分。
■受付／平日11:00～21:00　土日・祝9:00～19:00
■開館／平日9:00～22:00　土日・祝9:00～20:00

※通学生限定、Webフォローについては
水道橋本校にお問い合わせください。
※通学生には、講義当日に教室内で教材
を配布いたします。

通信スケジュール

科目	回数	教材・DVD発送/Web・音声DL配信開始日
憲法	1	
	2	
	3	22.7.4 (月)
	4	
	5	
民法	1	
	2	
	3	
	4	
	5	8.1 (月)
	6	
	7	
	8	
刑法	1	
	2	
	3	
	4	8.29 (月)
	5	
	6	
	7	
会社法	1	
	2	9.12 (月)
	3	
	4	
民訴法	1	
	2	9.26 (月)
	3	
	4	
刑訴法	1	
	2	10.11 (火)
	3	
	4	
行政法	1	
	2	10.24 (月)
	3	
	4	

受講料

受講形態	科目	回数	講義形態	一般価格	大学生協・書籍部価格	代理店書店価格	講座コード
				税込（10%）			
通学 通信	一括	36	Web※1	112,200円	106,590円	109,956円	通学:LA22587 通信:LB22597
			DVD	145,750円	138,462円	142,835円	
	憲法	5	Web※1	19,250円	18,287円	18,865円	
			DVD	25,300円	24,035円	24,794円	
	民法	8	Web※1	30,800円	29,260円	30,184円	
			DVD	40,150円	38,142円	39,347円	
	刑法	7	Web※1	26,950円	25,602円	26,411円	
			DVD	35,200円	33,440円	34,496円	
	会社法/民訴法/ 刑訴法/行政法※2	各4	Web※1	15,400円	14,630円	15,092円	
			DVD	19,800円	18,810円	19,404円	

※1音声DL＋スマホ視聴付き　※2いずれか1科目あたりの受講料となります

LEC Webサイト ▷▷▷ **www.lec-jp.com/**

🖱 情報盛りだくさん！

 資格を選ぶときも、
講座を選ぶときも、
最新情報でサポートします！

▶ 最新情報
各試験の試験日程や法改正情報、対策講座、模擬試験の最新情報を日々更新しています。

▶ 資料請求
講座案内など無料でお届けいたします。

▶ 受講・受験相談
メールでのご質問を随時受付けております。

▶ よくある質問
LECのシステムから、資格試験についてまで、よくある質問をまとめました。疑問を今すぐ解決したいなら、まずチェック！

▶ 書籍・問題集（LEC書籍部）
LECが出版している書籍・問題集・レジュメをこちらで紹介しています。

🖱 充実の動画コンテンツ！

 ガイダンスや講演会動画、
講義の無料試聴まで
Webで今すぐCheck！

▶ 動画視聴OK
パンフレットやWebサイトを見てもわかりづらいところを動画で説明。いつでもすぐに問題解決！

▶ Web無料試聴
講座の第1回目を動画で無料試聴！気になる講義内容をすぐに確認できます。

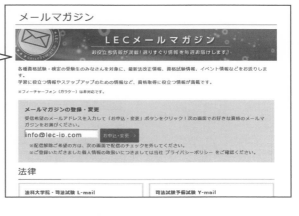

LEC 全国学校案内

*講座のお問合せ、受講相談は最寄りのLEC各校へ

LEC本校

■北海道・東北

札 幌本校　☎011(210)5002
〒060-0004 北海道札幌市中央区北4条西5-1　アスティ45ビル

仙 台本校　☎022(380)7001
〒980-0022 宮城県仙台市青葉区五橋1-1-10　第二河北ビル

■関東

渋谷駅前本校　☎03(3464)5001
〒150-0043 東京都渋谷区道玄坂2-6-17　渋東シネタワー

池 袋本校　☎03(3984)5001
〒171-0022 東京都豊島区南池袋1-25-11　第15野萩ビル

水道橋本校　☎03(3265)5001
〒101-0061 東京都千代田区神田三崎町2-2-15　Daiwa三崎町ビル

新宿エルタワー本校　☎03(5325)6001
〒163-1518 東京都新宿区西新宿1-6-1　新宿エルタワー

早稲田本校　☎03(5155)5501
〒162-0045 東京都新宿区馬場下町62　三朝庵ビル

中 野本校　☎03(5913)6005
〒164-0001 東京都中野区中野4-11-10　アーバンネット中野ビル

立 川本校　☎042(524)5001
〒190-0012 東京都立川市曙町1-14-13　立川MKビル

町 田本校　☎042(709)0581
〒194-0013 東京都町田市原町田4-5-8　町田イーストビル

横 浜本校　☎045(311)5001
〒220-0004 神奈川県横浜市西区北幸2-4-3　北幸GM21ビル

千 葉本校　☎043(222)5009
〒260-0015 千葉県千葉市中央区富士見2-3-1　塚本大千葉ビル

大 宮本校　☎048(740)5501
〒330-0802 埼玉県さいたま市大宮区宮町1-24　大宮GSビル

■東海

名古屋駅前本校　☎052(586)5001
〒450-0002 愛知県名古屋市中村区名駅4-6-23　第三堀内ビル

静 岡本校　☎054(255)5001
〒420-0857 静岡県静岡市葵区御幸町3-21　ペガサート

■北陸

富 山本校　☎076(443)5810
〒930-0002 富山県富山市新富町2-4-25　カーニープレイス富山

■関西

梅田駅前本校　☎06(6374)5001
〒530-0013 大阪府大阪市北区茶屋町1-27　ABC-MART梅田ビル

難波駅前本校　☎06(6646)6911
〒542-0076 大阪府大阪市中央区難波4-7-14　難波フロントビル

京都駅前本校　☎075(353)9531
〒600-8216 京都府京都市下京区東洞院通七条下ル2丁目
東塩小路町680-2　木村食品ビル

京 都本校　☎075(353)2531
〒600-8413　京都府京都市下京区烏丸通仏光寺下ル
大政所町680-1 第八長谷ビル

神 戸本校　☎078(325)0511
〒650-0021 兵庫県神戸市中央区三宮町1-1-2　三宮セントラルビル

■中国・四国

岡 山本校　☎086(227)5001
〒700-0901 岡山県岡山市北区本町10-22　本町ビル

広 島本校　☎082(511)7001
〒730-0011 広島県広島市中区基町11-13　合人社広島紙屋町アネクス

山 口本校　☎083(921)8911
〒753-0814 山口県山口市吉敷下東 3-4-7　リアライズⅢ

高 松本校　☎087(851)3411
〒760-0023 香川県高松市寿町2-4-20　高松センタービル

松 山本校　☎089(961)1333
〒790-0003 愛媛県松山市三番町7-13-13　ミツネビルディング

■九州・沖縄

福 岡本校　☎092(715)5001
〒810-0001 福岡県福岡市中央区天神4-4-11　天神ショッパーズ
福岡

那 覇本校　☎098(867)5001
〒902-0067 沖縄県那覇市安里2-9-10　丸姫産業第2ビル

■EYE関西

EYE 大阪本校　☎06(7222)3655
〒530-0013　大阪府大阪市北区茶屋町1-27　ABC-MART梅田ビル

EYE 京都本校　☎075(353)2531
〒600-8413　京都府京都市下京区烏丸通仏光寺下ル
大政所町680-1 第八長谷ビル

LEC提携校

＊提携校はLECとは別の経営母体が運営をしております。
＊提携校は実施講座およびサービスにおいてLECと異なる部分がございます。

■ 北海道・東北

北見駅前校【提携校】　☎0157(22)6666
〒090-0041　北海道北見市北1条西1-8-1　一燈ビル　志学会内

八戸中央校【提携校】　☎0178(47)5011
〒031-0035　青森県八戸市寺横町13　第1朋友ビル　新教育センター内

弘前校【提携校】　☎0172(55)8831
〒036-8093　青森県弘前市城東中央1-5-2
まなびの森　弘前城東予備校内

秋田校【提携校】　☎018(863)9341
〒010-0964　秋田県秋田市八橋鯲沼町1-60
株式会社アキタシステムマネジメント内

■ 関東

水戸見川校【提携校】　☎029(297)6611
〒310-0912　茨城県水戸市見川2-3092-3

所沢校【提携校】　☎050(6865)6996
〒359-0037　埼玉県所沢市くすのき台3-18-4　所沢K・Sビル
合同会社LPエデュケーション内

東京駅八重洲口校【提携校】　☎03(3527)9304
〒103-0027　東京都中央区日本橋3-7-7　日本橋アーバンビル
グランデスク内

日本橋校【提携校】　☎03(6661)1188
〒103-0025　東京都中央区日本橋茅場町2-5-6　日本橋大江戸ビル
株式会社大江戸コンサルタント内

新宿三丁目駅前校【提携校】　☎03(3527)9304
〒160-0022　東京都新宿区新宿2-6-4　KNビル　グランデスク内

■ 東海

沼津校【提携校】　☎055(928)4621
〒410-0048　静岡県沼津市新宿町3-15　萩原ビル
M-netパソコンスクール沼津校内

■ 北陸

新潟校【提携校】　☎025(240)7781
〒950-0901　新潟県新潟市中央区弁天3-2-20　弁天501ビル
株式会社大江戸コンサルタント内

金沢校【提携校】　☎076(237)3925
〒920-8217　石川県金沢市近岡町845-1　株式会社アイ・アイ・ピー金沢内

福井南校【提携校】　☎0776(35)8230
〒918-8114　福井県福井市羽水2-701　株式会社ヒューマン・デザイン内

■ 関西

和歌山駅前校【提携校】　☎073(402)2888
〒640-8342　和歌山県和歌山市友田町2-145
KEG教育センタービル　株式会社KEGキャリア・アカデミー内

■ 中国・四国

松江殿町校【提携校】　☎0852(31)1661
〒690-0887　島根県松江市殿町517　アルファステイツ殿町
山路イングリッシュスクール内

岩国駅前校【提携校】　☎0827(23)7424
〒740-0018　山口県岩国市麻里布町1-3-3　岡村ビル　英光学院内

新居浜駅前校【提携校】　☎0897(32)5356
〒792-0812　愛媛県新居浜市坂井町2-3-8　パルティフジ新居浜駅前店内

■ 九州・沖縄

佐世保駅前校【提携校】　☎0956(22)8623
〒857-0862　長崎県佐世保市白南風町5-15　智翔館内

日野校【提携校】　☎0956(48)2239
〒858-0925　長崎県佐世保市椎木町336-1　智翔館日野校内

長崎駅前校【提携校】　☎095(895)5917
〒850-0057　長崎県長崎市大黒町10-10　KoKoRoビル
minatoコワーキングスペース内

沖縄プラザハウス校【提携校】　☎098(989)5909
〒904-0023　沖縄県沖縄市久保田3-1-11
プラザハウス　フェアモール　有限会社スキップヒューマンワーク内

※上記は2022年5月1日現在のものです。

書籍の訂正情報の確認方法と
お問合せ方法のご案内

このたびは、弊社発行書籍をご購入いただき、誠にありがとうございます。
万が一誤りと思われる箇所がございましたら、以下の方法にてご確認ください。

1 訂正情報の確認方法

発行後に判明した訂正情報を順次掲載しております。
下記サイトよりご確認ください。

www.lec-jp.com/system/correct/

2 お問合せ方法

上記サイトに掲載がない場合は、下記サイトの入力フォームより
お問合せください。

lec.jp/system/soudan/web.html

フォームのご入力にあたりましては、「Web教材・サービスのご利用について」の
最下部の「ご質問内容」に下記事項をご記載ください。

・対象書籍名（○○年版、第○版の記載がある書籍は併せてご記載ください）
・ご指摘箇所（具体的にページ数の記載をお願いします）

お問合せ期限は、次の改訂版の発行日までとさせていただきます。
また、改訂版を発行しない書籍は、販売終了日までとさせていただきます。

※インターネットをご利用になれない場合は、下記①〜⑤を記載の上、ご郵送にてお問合せください。
①書籍名、②発行年月日、③お名前、④お客様のご連絡先（郵便番号、ご住所、電話番号、FAX番号）、⑤ご指摘箇所
　送付先：〒164-0001 東京都中野区中野4-11-10 アーバンネット中野ビル
　　　　　東京リーガルマインド出版部 訂正情報係

・正誤のお問合せ以外の書籍の内容に関する質問は受け付けておりません。
　また、書籍の内容に関する解説、受験指導等は一切行っておりませんので、あらかじ
　めご了承ください。
・お電話でのお問合せは受け付けておりません。

講座・資料のお問合せ・お申込み

LECコールセンター 0570-064-464

受付時間：平日9:30〜20:00/土・祝10:00〜19:00/日10:00〜18:00

※このナビダイヤルの通話料はお客様のご負担となります。
※このナビダイヤルは講座のお申込みや資料のご請求に関するお問合せ専用ですので、書籍の正誤に関する
　ご質問をいただいた場合、上記「②正誤のお問合せ方法」のフォームをご案内させていただきます。